孙月红 著

孤勇者

寻索抗日英烈陈三才

江苏人民出版社

图书在版编目（CIP）数据

孤勇者：寻索抗日英烈陈三才 / 孙月红著.
南京：江苏人民出版社, 2025.9. -- ISBN 978-7-214-30813-9

Ⅰ. K827=6
中国国家版本馆CIP数据核字第2025H10R47号

书　　名	孤勇者——寻索抗日英烈陈三才
著　　者	孙月红
责任编辑	郝　鹏　魏　冉
责任监制	王　娟
出版发行	江苏人民出版社
地　　址	南京市湖南路1号A楼,邮编:210009
照　　排	江苏凤凰制版有限公司
印　　刷	江苏凤凰新华印务集团有限公司
开　　本	718毫米×1000毫米　1/16
印　　张	17
字　　数	240千字
版　　次	2025年9月第1版
印　　次	2025年9月第1次印刷
标准书号	ISBN 978-7-214-30813-9
定　　价	98.00元

（江苏人民出版社图书凡印装错误可向承印厂调换）

序

暗夜尽头有微光

每当我走过南京雨花台烈士陵园东殉难处前的那条路，脑海中总会浮现一个定格的身影：陈三才，那位38岁的清华学子、上海滩的商界精英，如一棵挺拔的水杉，昂首站立在深秋的刑场上。他的目光穿透肃杀的空气，凝望着远方深邃碧蓝的天空，平静地等待着死亡的降临。耳畔，仿佛回荡着陈三才的表嫂汤杨锡琳、表侄女汤美丽以及三姐陈定志那撕心裂肺、震撼山野的恸哭——那是2015年，陈三才的族人陈定馥先生来雨花台烈士纪念馆与我见面交流后，留给我的、再也无法抹去的画面。

陈定馥先生离去时，郑重地将一叠资料交到我手中。那是昆山的陆宜泰先生耗费无数心血征集、整理的陈三才相关资料。透过这些泛黄的纸张和照片，一个鲜活而崇高的灵魂逐渐清晰：1902年，陈三才出生于昆山名门，天资聪颖，14岁被保送至清华学堂（清华大学前身）读中等科，参加过五四运动。从清华毕业后，他考入美国伍斯特理工学院，攻读电气工程专业。才华横溢的他担任足球队、网球队队长，是留学生中的翘楚。学成归国后，他怀抱实业救国之志，担任美商北极冰箱公司总经理。他更热心公益，身兼上海清华同学会会长、联青社社长，是中国工程师学会发起人，还是沪上工商学界极具号召力的领袖。

然而，当山河破碎、国难当头，这位生活优渥的富商精英，却毅然将安逸抛诸脑后。1932年"一·二八"淞沪抗战的硝烟中，陈三才驾驶汽车，以工程师的身份带领同仁奔赴闸北战场最前沿。面对枪林弹雨，他毫无惧色，运用专业知识，争分夺秒地为守军设计和修筑"既能防御又能反击"的工事。从血肉横飞的战场归来后，他又马不停蹄地奔走于商界，联络志士，募集巨款和物资，并一次次亲自押送，将希望送到浴血奋战的将士手中。

1937年，"八一三"淞沪会战爆发，他更是频繁出入险境，为浦东炮兵秘密运送船只和精密仪器，甚至亲手绘制标注日军舰艇方位的草图。在他的协助下，中国官兵巧妙伪装，夜袭敌舰。

上海沦陷后，危机四伏，他甘冒奇险，协助中央银行将收集的数十吨铜币（防止日军用于制造子弹）秘密转运至北极公司在法租界的仓库，并派遣亲信日夜看守。

陈三才的孤勇远不止于此。眼见汪精卫叛国投敌，组建伪政府，荼毒同胞，他胸中的义愤如烈火燃烧，于是秘密筹划，意图炸毁令人闻风丧胆的汪伪特务魔窟"76号"；更不惜重金买来枪弹，周密部署，买通人员，伺机枪杀头号汉奸汪精卫。

令人惋惜的是，因计划遭泄密，陈三才被汪伪特务绑架。当汪精卫亲自提审他，以伪"电政司司长"（一说"外交部部长"）的高官厚禄相诱时，陈三才严词拒绝，遂被枪杀于南京雨花台。

在我孤陋寡闻的学识中，陈三才的这段往事，在中国抗战史上大概是第一人吧，堪称绝响。陈三才虽然就义于雨花台，但他不是雨花台烈士，没有参加任何党派，只是一介平民。支撑他的，纯粹是"欲诛国贼耳"的赤子之心与家国大义。

陈三才为什么能做到如此？这个问题多年来如巨石般压在我心头。他有漂亮的妻子，是上海享有盛名的美籍舞蹈家；他坐拥豪宅，出有车，食有鱼，生活优渥如在云端。上海沦陷时，他的亲友大多远避重洋或退守重庆，他本有无数机会离开上海。是什么让这位享有盛誉的电气专家、商界巨子，甘愿放弃一切，选择一条注定通向死亡的荆棘之路？

带着这个震撼灵魂的叩问，我走近了陆宜泰先生。这位来自陈三才故乡昆山锦溪镇的地方文史学者，他的追寻之路本就是一曲悲壮的史诗。1999年8月23日，清华大学一纸公函发往昆山市民政局，询问陈三才的烈士事迹，欲在90周年校庆时将其英名补刻于"清华英烈纪念碑"上。然而，令人痛心的是，这位为国捐躯六十载的昆山之子，在家乡几乎无人知晓。这巨大的历史空白与清华的郑重追询，瞬间点燃了陆宜泰心中追寻真相的火种。从此，他如同踏入一条幽暗而漫长的隧道，执着地追寻着那些被岁月尘封的答案：为何清华大学校史馆没有陈三才的抗战档案？为何陈三才牺牲一甲子，社会各界却一无所知？为何陈三才还不是烈士？最核心的叩问就是，一个前程似锦的富商才俊，为何舍弃一切，以命相搏，只为"诛国贼"？

陆宜泰先生的追寻，也为我点亮了探索的灯。当时，我正沉浸于研究抗战时期上海地下斗争的史料，陈三才的故事发生在同一时空，他的行动是否与抗日地下斗争有关？这个疑问促使我深入研读陆先生提供的所有资料——百年前清华大学与美国伍斯特理工学院的档案、旧上海工商学界的档案记录、民国名士的回忆、军统与汪伪特务的记述、陈三才后人的追思、泛黄的报纸报道以及上百张弥足珍贵的老照片，甚至一段当年陈三才在北极公司拍摄的彩色视频……资料之丰，令人惊叹。清华大学校史馆负责人曾两度亲赴昆山拜访陆先生，他们坦言，在清华园65位英烈中，陆先生为陈三才建立的档案是最为翔实、最为厚重的。

阅读这些浸透血泪与忠诚的文字，一种无法抑制的创作冲动在我胸中奔涌。2016年底，利用一个短暂的双休日，我伏在键盘上，完成了一篇17000字的长文《陈三才：刺杀汪精卫的上海实业家》。之后，我把文章发给了《上海滩》编辑部主任葛昆元先生。葛先生阅后立即来电，盛赞其史料价值，并迅速分两期刊登在《上海滩》2017年第2期和第3期上。又承蒙《新民晚报》厚爱，于2017年7月26日至28日分3期连载。随后，《文摘旬刊》等报刊也予以转载。这位"孤勇者"的故事，开始被更多人知晓。

然而，陆宜泰先生的脚步并未停歇。陈三才的名字虽渐为人知,但追寻真相、为烈士正名的征程远未结束。他持续不断地发来新发现的史料,每一份都如拼图碎片,让陈三才的形象更加清晰、丰满。这份坚持,源于一个庄重的承诺,也源于对历史真相的敬畏。从1999年8月23日清华大学那封开启追寻的来信,到2020年9月3日那个永载史册的日子——在纪念中国人民抗日战争暨世界反法西斯战争胜利75周年的庄严时刻,经党中央、国务院批准,退役军人事务部公布第三批185名著名抗日英烈名录,陈三才的名字赫然在列!

整整21个春秋寒暑,从53岁到74岁,陆宜泰先生从壮年步入暮年,将他生命中最富创造力的年华,毫无保留地献给了为陈三才正名的漫漫长路。这21年,是个人生命的壮烈远征,更是对民族记忆的虔诚守护。此刻,陈三才的名字不仅镌刻在清华英烈的丰碑上,更铭刻在中华人民共和国的英烈名册中,历史终于还他应有的荣光。

尘埃落定,夙愿得偿。陆宜泰先生心中又萌生了一个更宏大的愿望:为陈三才立传。他动情地对我说,陈三才的挚友、学术泰斗顾毓琇先生,毕生怀念这位同窗英烈,曾多次想为其撰写传记,却因种种原因夙愿未酬。"顾老未竟之志,我们来实现!"陆先生的话语,让我久久不得平静。

命运的齿轮再次转动。2024年1月9日,我与江苏人民出版社的资深编辑郝鹏老师谈及正在创作的传记。听到我讲述陈三才和陆宜泰先生的种种事迹后,郝老师眼中迸发出热切的光芒。他说:"每一个为抗战牺牲的先烈,都值得被历史铭记。""明年是抗战胜利80周年,如果能出版这本书,是对陈三才最深切的纪念,是对陆老先生20多年追寻的肯定,也是对抗战精神最有力的传承!"郝老师的话,对我这段时间的辛苦写作无疑是最好的鼓励。没过几天,郝老师来电告知,他已向社里申报选题,争取在2025年出版这本书。

我一边写作一边期待着。

2025年2月26日,手机铃声响了,我一看是郝老师来电,心中瞬间升腾起喜悦,预感一定有好消息。果然,电话那头的郝老师告诉我，选题顺利通过！这个好消息为这本心血之作的诞生，按下了最终的确认键。

于是，《孤勇者——寻索抗日英烈陈三才》这本书应运而生。它不仅仅是一部记录陈三才以商贾之身行壮士之举的短暂、辉煌而壮烈的人生传记，更是寻索者陆宜泰用20余年心血写就的史诗。它试图回答那个最根本的问题：在至暗时刻，是什么支撑一位优秀的商界英才，选择了慨然赴死的孤勇？书中将首次系统披露大量尘封档案、珍贵照片和独家史料，还原一个更真实、更立体、更具血肉与灵魂的陈三才，再现那段惊心动魄的"一个人的抗战"。

翻开这本书，您将走进雨花台东殉难处那个深秋的午后，感受那份穿越时空的悲壮与崇高；您将跟随追寻者的脚步，体会那份为英魂正名、为历史补白的执着与艰辛；您更将理解，那份超越党派、源于血脉的家国情怀，如何在民族存亡的至暗时刻，迸发出足以刺破漫漫长夜的灼灼光芒。

2025年，铭记胜利，致敬孤勇。期待与您一同走进这段不应被遗忘的历史，去凝视那缕从暗夜尽头透出的永恒微光，去见证一个照亮民族精神的名字——陈三才。

目 录

源	清华大学来信	1

第一章 百川学海

家在陈墓	9
颜家巷的陈府	16
清华园里的阳光男孩	23
五四运动中的陈氏子弟	32
书香致远	46
理工学院的工科男	54
年轻的电气工程师	67

第二章 沪上名士

"回乡救国之预备"	73
步入商界	80
达则兼善天下	90
为他人服务	95
沪上遇知音	101
良辰美景有笑言	105
北方有战事	120
一世夫妻七岁缘	124

第三章 行胜于言

战争打到家门口　　　　　　　　135
工程师也能上战场　　　　　　　137
让沦陷区的金融混乱起来　　　　146
魔鬼在人间　　　　　　　　　　151
"76号"应该从人间消失　　　　　158
等待那个时刻的到来　　　　　　164
魔都悲歌壮士行　　　　　　　　168
香港之行创造了新生命　　　　　172

第四章 血翻天红

绑　架　　　　　　　　　　　　179
怒斥汉奸汪精卫　　　　　　　　186
营　救　　　　　　　　　　　　192
离如春草　　　　　　　　　　　194

第五章 身后诸事

寻找遗信　　　　　　　　　　　209
他到底是哪方面的人？　　　　　226
行远还生　　　　　　　　　　　232
追　凶　　　　　　　　　　　　248

跋

终成英烈　　　　　　　　　　　252

源

清华大学来信

1999年9月的一个下午，陆宜泰先生端坐在书桌前，手里捧着由昆山市民政局转来的清华大学公函，眼睛却看着窗外。

此时的苏州昆山已进入末伏时节，天气还有些余热，但秋天的气息越来越近了，窗外的树叶已经绿中带黄。

其实，陆宜泰对窗外绿中带黄的树叶是视而不见的，他的大脑在飞速地运转，疑问一个接一个地涌入脑海：清华大学年年有校庆，为什么60年来无人提及陈定达（字三才），90周年校庆时突然想起要把其名字补刻在英烈纪念碑上呢？陈定达是昆山人，当地民政局、党史办、政协文史委为什么没有他的资料，甚至鲜有人知晓陈定达其人？陈定达为国捐躯已经快60年了，为什么还不是烈士？……

陆宜泰把目光从窗外收了回来，再一次看着这封信。

昆山市民政局：

　　我校2001年系建校90周年，拟对我校烈士纪念碑上的名录作增补修订，经查我校校友陈定达系贵市人，1940年12月（编者注：实际为10月）因计划谋杀大汉奸汪精卫未成而被捕遇害于南京雨花台。其事迹在贵市昆山县志中有记载，抗战胜利后，郑振铎先生曾著文纪念，现将该两件材料复印件寄与你局，请你局研

究，我校能否将其作为革命烈士列入纪念碑名录中（我校英烈名录包括抗日战争和国内革命斗争中牺牲人员），盼你局根据有关政策规定及当地情况，尽快给我校一个回音。

  此致

敬礼

清华大学校史研究室
1999 年 8 月 23 日

  邮编：100084

  联系人：张思敬 田彩凤

1999 年，清华大学校史研究室写给昆山市民政局的信

陆宜泰后来才知道，昆山市民政局收到这封信时，不知陈定达是何许人。是我们昆山人？从没听说过；"1940年12月"，那是抗战时期；"谋杀大汉奸汪精卫未成"，大家只知道1935年孙凤鸣枪杀汪精卫未成，还有1939年国民党军统组织在越南河内暗杀汪精卫，结果误杀了曾仲鸣，从没听说过家乡有青年勇士刺杀汪精卫；"遇害于南京雨花台"，查阅雨花台烈士纪念馆所有卷宗，也未发现陈定达相关资料。

民政局的工作人员在看了随信寄来的两份材料后，方知此事非同小可，随即展开了深入调研。在查阅了大量资料及《烈士英名录》和《江苏省烈士选编》后，发现都没有"陈定达"这个名字，随后又去了市党史办和政协文史部门，请教相关人员，也无结果。但政协文史部门的姜鼎和先生提供了一个线索：锦溪镇有个叫陆宜泰的文史学者，多年前编过一本《陈墓镇人名录》，好像书里介绍过陈定达这个人，可以与他联系。

有了这个线索，民政局优抚科的赵先生联系到陆宜泰先生后，带着清华大学的公函前去拜访，并请他提供有关陈定达的资料。陆宜泰拿出《陈墓镇人名录》，当翻到第16页时，页面上显示：

陈定达（1902.8.4—1940.10.2），字三才，号偶卿。美国留学生……1937年抗战爆发，京沪沦陷，权奸当道。三才先生出于激愤而升华的爱国忠忱，秘密参加锄奸地下工作，图谋刺杀汪精卫。只因得不到手刃奸佞的机会，三才先生不吝财帛广征线索，以求达到锄奸报国的心愿。三才先生曾接触过不少自称"有办法"的人，到后来不是虎头蛇尾，就是一去无音信。其间三才先生接触到一名不明国籍的人，自称是意大利籍，但据判断，不是犹太便是白俄。所提及的条件，除金钱之外，一无政治因素。实际上，三才先生却被此人的花言巧语所蒙骗，最可恶的是，此人把钱骗到手之后，竟昧着天良又出卖了他。三才先生不幸于1940年7月9日被汪伪"七十六号"特工人员逮捕，后解到南京……

区区几百字，也没有具体事例。

几天后，陆宜泰将《陈墓镇人名录》上陈定达的有限资料连同民政局的复函一同寄给了清华大学校史研究室。

昆山市民政局优抚科给清华大学回函的内容是：

清华大学校史研究室：

来信收悉。接信后我局专门派人同市党史办、政协及有关人员联系，经查，本市《烈士英名录》及《江苏省烈士选编》尚无此人，后再找寻编写《陈墓镇人名录》作者陆宜泰先生，由他提供了有关记载陈定达事迹的一些报刊及文章，现将复印件附上寄予你们，供参考。

昆山市民政局优抚科

九九．九．三

昆山市民政局

清华大学校史研究室

来信收悉。接信后我局专门派人同市党史办、政协及有关人员联系，经查，本市《烈士英名录》及《江苏省烈士选编》尚无此人，后再找寻编写《陈墓镇人名录》作者陆宜泰先生，由他提供了有关记载陈定达事迹的一些报刊及文章，现将复印件附上寄予你们，供参考。

昆山市民政局优抚科

九九．九．三

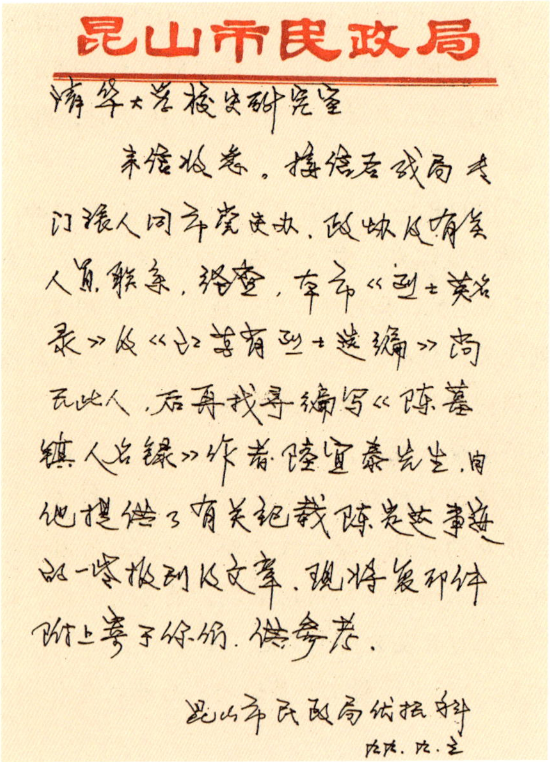

1999年昆山市民政局复清华信

回信中对"我校能否将其作为革命烈士列入纪念碑名录中"未置一词，校方认为当地政府暂时没有材料没关系，但应该对陈定达申烈一事持积极的态度。除此之外，校史研究室人员对陆宜泰表示了感谢。

陆宜泰本不是很清楚陈定达的详细情况，只是听陈墓镇上的老人说过陈氏家族的兴衰，以及陈家后人陈定达（以下统一称陈三才）被汪伪政府枪杀在南京的往事。他是位有心人，在编《陈墓镇人名录》时，就查了民国时期的一些老报纸，在昆山《旦报》上看到了对陈三才的简单报道，后来又找到了军统特务陈恭澍的回忆录，郑振铎先生在他的《蛰居散记》里也记载了陈三才的抗日事迹。看了这些资料后，陆宜泰就将陈三才录入了《陈墓镇人名录》。

据陆宜泰回忆，看了陈三才的事迹后，他在思索一个问题：一个出身名门的公子，既是学有所成的美国留学生，又是国内外享有盛誉的电气工程师，且是风华正茂、前途无量的富商，为什么会卷入政治当中，以身犯险，最后杀身成仁呢？正如郑振铎在《蛰居散记》散文集中的《记陈三才》一文中写的：

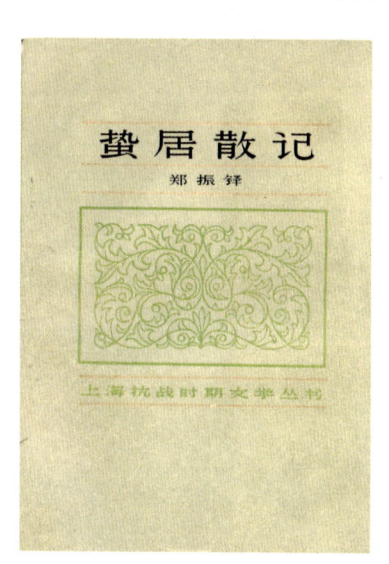

郑振铎散文集《蛰居散记》封面

像晴天的一个霹雳似的，朋友们传说着陈三才先生被捕的消息。没有理由使我们相信，陈先生会遭逢这个不幸。虽然在那个时候，个个沦陷在敌人后方的人，生命的安全随时会发生危险，但像他那样的人，似乎最不容易有什么"牵惹"。他是一个典型的美国留学生，出身于清华学校，做了好几年的北极公司经理和通惠机器公司董事。他是那样的和现在的政治隔绝。谁也不能明白，这一次他怎么会被牵扯到"政治"旋涡里去的？

　　清华大学的来信，重新唤起了陆宜泰对陈三才事迹的思索。他决定带着这一系列问题寻索陈三才，把他在苏州成长、清华求学、美国留学、上海创业，再到投身抗日、炸"76号"、刺杀汪精卫，最后就义于南京雨花台的事迹一件一件地打捞清楚。看看2001年清华大学90周年校庆时，陈定达，即陈三才，能否作为革命烈士列入纪念碑的名录中。

　　这一个又一个疑问，把陆宜泰带进了一条幽暗的隧道，一走就是21年。

第一章

百川学海

家在陈墓

1911年4月29日,清华学堂在北京西部圆明园附近的皇室赐园——清华园正式开学,拉开了清华历史的序幕。此后每年4月的最后一个星期日为清华的校庆日,一百多年来一直没变。2001年4月29日是清华建校90周年之日,能否在这个日期前寻索到陈三才一生38年留下的印迹,陆宜泰不是很有把握。他盘算了一下,还有不到两年。在这段时间里,寻找陈三才所有的资料,特别是抗战时期的资料难度很大,但先找到陈三才生活、学习、工作及抗战的部分资料还是能做到的。对于这个计划,陆宜泰是自信的。

此时的陆宜泰尚未退休,在中国建设银行昆山支行办公室工作。不巧的是,那段时间银行的工作特别忙,忙得他三餐都顾不上吃,但他仍在忙碌的间隙通过各种途径搜寻资料。家人对他的执着有些费解:陈三才就义60年了,连他的母校清华大学和昆山官方都没有他的资料,你能到哪里去找呢?但陆宜泰不这么认为,他认一个死理:人过留名,雁过留声,只要在这个世界存在过,就一定能查个水落石出。

其实,陆宜泰的信心并非盲目,他早在1993年就开始关注陈三才了。那年3月21日,他在《文汇报》的"笔会"副刊上看到上海文艺出版社资深编辑左泥先生的一篇文章——《历史上该有他们一席之地》,文中提到郑振铎先生在上海沦陷时期写的一篇散文《记陈三才》。当时陆宜泰正在编写《陈墓镇人名录》,看到这篇文章后,他被陈三才的事迹所打动,家乡有这么一位英雄,为什么不写进名录里呢?为了多掌握陈三才的资料,他打听到左

左泥先生给陆宜泰的回信

泥先生的联系方式与通信地址后，给他写信，又专程前往上海拜访。遗憾的是，左泥先生对陈三才的具体情况也不是很了解。

有限的资料都用在《陈墓镇人名录》上了，接下来从什么地方入手呢？考虑了几天，陆宜泰认为还是要从昆山市民政局开始。于是，他与民政局打上了交道，一有时间就往民政局跑。第一次人家热情接待，第二次人家也是热情的，第三次人家就不怎么热情了，第四次人家爱理不理了。民政局没有陈三才的资料，陆宜泰是知道的，他只是希望局里能派人协助档案馆去各地查找资料。但陆宜泰只是一名普通的银行职员，不可能让民政局按照他的要求去办事。

一来二去，民政局的人开始烦他了，有些人认为陆宜泰影响了他们的正常工作。优抚科的一位同志非常疑惑地问他：老陆，你对陈三才的事情那么起劲，他是你什么人？烈士不是那么容易追认的，你有没有人可以证明？陆宜泰说：本人是吴郡陆氏第七十七世裔孙、昆山水东陆氏第二十世孙，家族世代生息于锦溪镇，所以我特别钟爱我的家乡。陈三才是我们锦溪人，我虽然与陈三才非亲非故，但我的家乡出了一位抗日志士，我觉得非常了不起。在国家危亡之际，陈三才用自己的方式抗日，却惨遭汉奸杀害，我们后辈有责任为他申烈，我一定会将他一生的情况，特别是抗战期间从事的活动调查清楚！陆宜泰平时不善言辞，但这次他特别想说话，越说越激动。这些话在他心中已憋闷很久了。

陆宜泰的激动不仅仅是对那位同志说的话不满意，还有一个原因，就是跑了这么多天，也没什么效果。于是，他决定放弃求助于昆山市民政局，转而向陈氏后人了解情况。

找谁呢？时隔半个多世纪，知道陈三才人和事的陈家长者大多已作古。对了，找陈家后辈，去苏州城找陈华焕老先生，可能会有线索。陆宜泰的脑袋里突然闪过陈华焕老人清瘦的身影。

陈华焕是陈三才的堂侄，陈氏家族华字辈的长者。他早年毕业于上海光华大学，后在海关从事进出口工作。"文化大革命"期间，近60岁的陈华焕被红卫兵遣送回原籍锦溪镇。当时还居住在锦溪的陆宜泰与他结下了忘年之交。"文革"后政府给陈华焕落实了政策，把苏州的老宅还给了他。于是，陈华焕与母亲离开了锦溪，搬回苏州城里去了。单身大半辈子的陈华焕老先生暮年转了运势，娶了苏州望族颜料巨商贝润生的侄女贝纫兰为妻。

陆宜泰算了一下，陈华焕出生于1914年，陈三才就义时，他已经26岁了，不仅知道陈家往事，还应该知道陈三才的情况。如今老先生已年近90岁，事不宜迟，赶紧去苏州城。

陈华焕与贝纫兰

陆宜泰拜访陈华焕（左）

这个秋日的午后，陆宜泰敲响了苏州桃花坞大街陈华焕老先生的家门。

陈老先生开门后看到来人是陆宜泰，非常高兴，拉着他的手聊了起来，特别关心家乡锦溪的变化。当他听到陆宜泰的来访目的时，老先生的记忆闸门一下子被打开，对陈家往事如数家珍。

锦溪镇的陈姓大户有四支，分别居住在长埭廊、大有里、同昌里和敦和里。以"养素堂"为堂名的敦和里的陈氏家族门第最为显赫。这支陈氏家族世代为官，文脉不断，被称为"苏州葑门外第一家"。陈三才就是敦和里这支陈氏家族的后人。陈三才的曾祖父陈竺生（字松瀛）是清道光乙酉举人，博学多才，曾任直隶州知州，诰封朝议大夫，有《陈松瀛先生遗集》传世；陈三才的祖父陈其銎（字骏台）是清道光二十七年丁未新阳县学第一名秀才；陈三才的大父陈文治（字少台），人称"七爷"；生父陈文海（字百川），人称"八爷"，是光绪庚子恩贡，饱读经书，曾任分省补用直隶州州判，覃恩四品封典知州衔加三级，赏戴蓝翎。到了民国初年，集官员、乡绅、商人和文人等多重身份于一身的陈百川，平日在上海、苏州、杭州、宁波等周边大城市来来往往，跑多了，见识就广了，比同时代的同僚开明得多。所以，敦和里陈家到了八爷陈百川这一辈，家境已超过祖辈，是当时锦溪镇的首富。

陈百川有五子五女，陈三才是他的幼子。1902年8月4日，陈三才出生于锦溪镇（当时称陈墓镇）下塘街敦和里的养素堂。这天是农历七月初一，苏州民间有个说法——"男难得初一，女难得月半"。陈家人认为三才的出生是吉瑞之兆，又是最小的儿子，因此，陈百川夫妇对三才宠爱有加。按陈氏家谱，陈百川为五子取名陈定达，字三才，号偶卿。

就在陈三才出生的前一年，也就是1901年9月，清政府被迫与英、美、俄、德、日、法、意、西、奥、荷、比11国政府签订了屈辱的《辛丑条约》。条约中有一项，清政府赔款4.5亿两白银，分39年还清，年息4厘，本息共计约9.8亿两白银，史称"庚子赔款"。美国是《辛丑条约》的签约方之一，分得约3200万两白银，合2444万美元，约占全部赔款的7.1%。美国政府自认赔款"原属过多"，打算退回一部分"庚款"。但美国人不愿意支付现银，就想出了一个办法——用应退赔款来培养留美中国学生。经驻美公使梁诚等人的艰辛努力，退款办学终于得以在1909年开始实施。清政府在北京设立了游美学务处，由外务部和学部共同管辖，负责选派赴美留学生。庚款留美学生中出现了一大批杰出人才，也包括1916年入学的陈三才。这里暂且不表，后文再叙。

在陈三才生活、成长的时代，锦溪镇还叫陈墓镇。但在南宋孝宗时代，大约1165年之前，它不叫陈墓，叫锦溪。这个镇的名字有些绕来绕去，但历史就是如此。锦溪，镇名如其意。锦，鲜丽华美；溪，水网纵横。有人形容锦溪镇"晨霞夕晖，水映桃柳，满溪跃金，灿若锦带"。明代诗人陆起的《锦溪渔唱》更为形象："锦溪如带，石桥如虹。桥多溪绿，水映霞红。渔舟鳞集，啸雨歌风。得鱼换酒，乐也融融。"

一首《锦溪渔唱》，不仅描画出了江南水乡锦溪的仙境，也道出了锦溪民风淳朴、人景相融、隐逸与出世的境界。据说，锦

溪镇的历史可以追溯到春秋时期。当年，吴王命伍子胥修建苏州古城墙时，在距离苏州六十里的地方，已经有一处兴盛的集镇，这就是如今的锦溪镇。镇东临淀山湖，西依澄湖，南靠五保湖，北有矾清湖、白莲湖，一首桥联诗可以佐证——"东迎薛淀金波远，西接澄湖玉浪平"。

锦溪镇四面环水，一条小河由北向南从镇中穿过，如一条锦带缠绕在美丽水镇的腰间，几千年来形成了上塘街与下塘街，河西为上塘街，河东为下塘街。河湖相通，街巷依水，桥巷相连，河两岸是锦溪镇最热闹的商业区。

上塘街与下塘街的几家大户沿街开设了许多店铺，店堂后的内堂就是手工作坊，再往里走就是他们居住的宅院。这个区内，最繁华热闹的地段应是从市河双桥到南塘街里和桥。与这条街相连的小巷、弄堂较多，大多数居民就是从这些巷、里、堂进进出出，忙碌于生活。

那为什么锦溪镇曾名为陈墓镇呢？

这个"陈"与陈家无关，"墓"倒是坟墓。一个镇名叫"陈墓"，听来一定有故事。

确实有故事，还是个悲情故事。

南宋绍兴末年，金主完颜亮调集大军向南进犯，攻克燕京后，直逼长江，屯兵瓜洲。宋军退守镇江后，向临安告急。太子赵昚听到这个消息后，向父王高宗赵构请战，愿率军与金兵决一死战。赵构当即下诏，与太子一道亲征。赵昚接诏后，到东宫与众妃告别，陈姓、葛姓二妃请求同行，赵昚最终答允。

赵昚带兵从杭州出发，兵至苏州，在黄天荡一带摆下兵阵。有皇帝与太子亲征，军队士气高涨，金兵节节败退。在决定胜负的一场激斗中，从金兵阵营里射出的一支暗箭疾速飞向赵昚的后背。赵昚正在指挥部下，毫无防备，站在赵昚身边的陈妃看到远处飞来的利箭，本能地用自己娇小的身躯挡在了赵昚的背后。利箭瞬间射中了陈妃，好在她身穿甲胄，只是受了伤。

赵昚感激美人相救，立即召来所有御医，下令必须治好陈妃，并派人护送陈妃前往风景优美的锦溪镇疗伤。

战局日渐明朗，宋军完胜，赵昚看陈妃伤势有所好转，即随高宗班师还朝。回朝后，高宗决定将皇位传给赵昚。就在赵昚准备黄袍加身时，一个噩耗传来，在苏州锦溪镇的陈妃因伤情恶化而死。赵昚震惊不已，始终不能接受这个噩耗，但消息是千真万确的。赵昚登基本是一件大喜之事，如今因救他而死的陈妃看不到这一切了，给他的大喜之日蒙上了一层阴影。他派人请风水先生寻觅一处吉地来安葬陈妃。风水先生看中了锦溪五保湖中一处浅水中的独圩墩，说如果将陈妃葬在那里，皇帝登上皇位后可保社稷平安、江山永昌。赵昚登基后来到苏州锦溪，亲自护送陈妃灵柩，水葬于锦溪五保湖上。这五保湖地势很低，葬在这个独圩墩上的陈妃水冢在浅水中若隐若现，数百年来，不管是洪涝还是干旱，水冢一直露出水面一尺多高，犹如一只小舟荡漾于五保湖上。

赵昚又下旨在五保湖畔建造一座莲池院，派僧人看护陈妃墓，为陈妃诵经超度。莲池院旁的湖荡有一条长堤，堤外是菱塘，堤内为荷池。

不久，葛妃也病殁了，临终前请求孝宗将她葬到锦溪，与陈妃为伴。赵昚成全了葛妃的遗愿，将她葬到锦溪三里外的一处地方，如今，这里叫葛墓。

五保湖中的陈妃水冢，连同莲池院，后来成了锦溪镇的一处名胜古迹，是"锦溪八景"中最负盛名的景点。周围善男信女前来进香，人们知道这座莲池院是为陈妃建的，久而久之，就把锦溪叫作了陈墓。

还有一种说法。

南宋隆兴二年（1164年），也就是孝宗赵昚登基的第二年，赵昚携陈妃游玩，途经锦溪。陈妃被锦溪如画的水景吸引住了，于是跟皇帝说，她想在此小住，皇帝恩准。锦溪四面环湖，河街相邻，陈妃乐此不疲地游玩，终因疲劳和水土不服病倒了。皇帝召来江南名医，怎奈久治不愈，陈妃最终香消玉殒。陈妃薨逝，孝宗很痛苦，选中镇南五保湖，在湖中修建了一座水冢，水葬了陈妃。

为纪念陈妃，宋孝宗下旨将锦溪改名为陈墓。

镇名变了，还多了一个墓景，吸引了不少文人墨客前来观光。

高启、沈周、祝允明、吴伟业、王韬等大文豪也来陈墓观景,留下了许多诗歌。明朝的姑苏才子文徵明,当年寻游陈墓时曾即兴而作《溪上有感》:谁见金凫水底坟,空怀香玉闭佳人。君王情爱随流去,赢得寒溪尚姓陈。

有关锦溪改名陈墓的故事是不是真的,哪一则故事是真的,不得而知。但毋庸置疑,陈妃的故事已在民间广为流传了数百年。

1992年,当地政府将陈墓镇改回了原名锦溪镇。

锦溪镇不大,只有82.14平方公里;人口也不多,只有4万多人。近代,陈、陆两家是陈墓镇有名的两大望族。首富是陈家,但陆家是世家,昆山水东陆氏在明清两朝是陈墓镇的望族,人丁兴旺,产业发达,民间有"陆半镇,陈一角"之说。陈墓镇出了不少名人,包括陆氏第四十一世祖陆龟蒙。陆龟蒙是陆宜泰的先祖,是唐代的农学家、文学家、道家学者。

百余年来,这个不足90平方公里的弹丸小镇,竟走出了两位中国科学院院士、百名教授和200多名留学生,被誉为"教授与留学生之乡"。

颜家巷的陈府

1905年,陈三才3岁。

这一年,中国发生了一件对政治、文化、社会各方面都产生深远影响的事,这件事也改变了陈家的命运。这就是清朝政府废除科举制度。

从隋炀帝设立科举制度开始至1905年废除,科举制在我国历史上延续了一千多年。科举制度是士绅阶层赖以存在的基础,陈家几代人都是科举制度下的士绅阶层。

陈三才的曾祖父陈松瀛、祖父陈骏台、大父陈文治、生父陈百川都是通过科举考试入仕。可以说,士绅的功名在于科举,陈氏家族几代也是如此。陈家的孩子从牙牙学语开始,就要在家延师读书,为日后进京赶考做准备,以求学而优则仕。

但是，在陈三才3岁那年，清廷废除了科举制度。

废除科举制之后，士绅阶层的命运发生了根本性的改变，使得原来阶层流动的渠道不再畅通。于是，乡下富有的地主和传统的士绅纷纷趋向"新学"，把他们的子孙送去城里学习新知识。城乡，特别是城市，开始涌现出许多学堂。

在中国近代社会剧烈变迁中的苏州士绅分化为两派，一派恪守旧制，成为清朝的遗老遗少；另一派则接受了新思想，在变革中寻求出路，他们的社会心态由封闭保守转向进取有为，渐渐蜕变为新式知识分子。陈三才的父亲陈百川属于后者，张一麐、章钰等苏州士绅也属于后者。他们被时论所吸引，张目四顾，寻找适合自己及其子孙的新学。他们的变化，直接或间接地影响了他们的生活态度和生活方式，特别是价值观，深刻影响了他们的后人。

有些士子开始弃仕从商，这成为顺应时代潮流的一种选择。商人的地位变得越来越受人重视，商业对社会的影响力也随之增强。当时苏州出现了一类叫"绅商"的人，陈三才的父亲陈百川就属于这类人。对于走南闯北的陈百川来说，宁静的乡镇田园不再是陈家的永久居住之处，陈家的子孙要告别传统的私塾教育，要接受新的生活与教育方式，要进洋学堂，将来游学海外，学成回国后成为学绅。在这样的需求下，陈百川首先想到的就是搬离闭塞的陈墓镇。

陈百川的夫人、陈三才的母亲是位娇小贤淑的女子，平日说话低声细语，对丈夫百依百顺。举家搬离陈墓祖宅不是一件小事，可以说是关乎陈家子孙后代的大事。陈百川与几个兄弟商量后，兄弟们都支持他的想法，大家决定搬离陈墓镇，迁往苏州城。

苏州因其肥沃的土地和优越的自然条件，自古以来就是富庶之地，不仅是东南地区的经济中心，还是重要的工商业都会。曹雪芹在《红楼梦》里，就将苏州阊门誉为"红尘中第一等富贵风流之地"。自从决定搬迁到苏州后，陈家的孩子们都很期待，向往着大城市的生活。但举家迁居苏州不是一件容易的事，首先要找到合适的房子。陈墓镇的陈氏祖宅有上千平方米，苏州的住宅也不能小。那段时间,陈百川不做别的事情,就在苏州城里寻找合适的地段,最后驻足在苏州颜家巷一带。

他看中了颜家巷的人文环境。

颜家巷位于蔡汇河头的南侧,西起宫巷,东至临顿河。宋代工部员外郎颜度曾居于此,故得此名。颜家巷的长度不足300米,但巷内不乏古宅和名人故居。

颜家巷16号是"吴中掌故第一人"、一代学者王謇的住所。王謇是著名的藏书家与书法家,据说,日本汉学家吉川幸次郎仰慕王謇之名,经友人介绍与王謇相识,常去王家借阅书籍。卢沟桥事变后,王謇对吉川幸次郎说,现在我们两国交战,我不能再和你交往了,请你不要再来看书了。吉川幸次郎听王謇这么说,像一个做了错事的孩子,低下头连连道歉,还想继续来王家看书。但王謇坚持自己的态度,吉川幸次郎只好无奈地离开了王家,从此不再来。

颜家巷附近的宫巷20号为基督教乐群社会堂。1891年,美国基督教监理公会在苏州建了一座小礼堂,即乐群社会堂的前身。1921年建成后正式称作"乐群社会堂",堂名取自古文"敬业乐群"。1935年,乐群社董事部还创办了乐群中学及附属小学,附属小学即今日的草桥小学。

陈百川与其兄弟在颜家巷周边考察了好几天,最终看上了宫巷东侧正在出售的颜家巷39-43号的一处大宅院。回家一商量,就把这处宅院买了下来。

陈家是哪一年搬进颜家巷的,没有确切记载。陈家后代对这个时间的记忆比较模糊,大约是在陈三才读小学的时候。

搬进苏州城的陈家,虽说仍旧过着传统的大家庭生活,但生活与教育方式已经比同时代的绝大多数人家超前几十年。

此时,陈三才的几位兄长已留学归国,他们具备了当时的全球视野,作为"西学东渐"的具体体现,已经成为具有新思想、新知识的新型人才,传递着西方的近代科学文化与文明,也给这个传统封建的大家庭带来了新鲜气息,注入了新的生命力。民主思想和西方生活方式慢慢融入了这个封建大家庭,或多或少地影

颜家巷陈府部分人员合影

响着每个成员,尤其是年轻人。

陈家稍大些的子女都进了苏州城里有名的草桥中学、景海女中和振华女中接受新式教育。尚年幼的陈三才进了小学读书。

颜家巷北边不远处是一条小巷,叫"第一天门",当年玄妙观山门前的牌坊就建于此。玄妙观在唐代曾名天庆观,观中建有供奉老子的紫极宫。第一天门有个光裕书厅,厅内设有条桌与长凳,正中一排是"状元台",每天下午与晚上有苏州评弹演出。自陈家搬来颜家巷后,陈三才的长辈常带着他与其他孩子去光裕书厅听书。稍大些,三才独自前往或与兄弟姐妹结伴去听书,《水浒传》《七侠五义》《岳飞传》《杨乃武》《三国演义》《珍珠塔》《玉蜻蜓》等都是他喜欢的曲目。

据陈三才的侄子陈华伟回忆,在颜家巷附近还有一个小公园,小公园里有一个叫"吴园"的大茶馆,茶馆里设了一个书场。"我们也常去那里听书,这个说书场的听众以男士居多。说书的内容常以传统故事为主,说书人常常在传统故事里添油加醋,有时还配上弹唱,更加有声有色,使人兴奋不已。来听书的老听客

拎着各种各样的精致鸟笼，鸟笼里是他们养的画眉、八哥及长尾鹦鹉。他们一面听书，一面逗鸟，颇有闲情逸致，一待就是一天。小叔陈三才也常去这家书场，我们最喜欢听《三国演义》里的'草船借箭'的故事，我们喜欢诸葛亮的智慧，佩服诸葛亮的沉着勇敢……"

在颜家巷的邻居看来，陈府的人很洋派，无论衣品还是交通工具，都是时尚的。陈府的年轻人在日常生活中常常用英语来对话，如果巷子里有说英语的孩子，邻居们知道这一定是新搬入颜家巷39—43号的陈府人。

但搬入苏州城的陈家，并没有忘记陈墓镇的乡亲们。据陈华伟晚年回忆，每年冬季，陈家总要在镇上的米厂买一些米票送给陈墓镇的贫苦人家，让他们到米厂去兑换些米来度过年关。陈三才与陈华伟等孩子也把新年和生日攒下的几百元钱用来帮助镇上有困难的人家。当时的几百元可不是一个小数目。

做慈善贯穿了陈三才短暂的一生，甚至在他生命的后期，他把慈善做成了事业。毋庸置疑，这是陈府的家风。陈家人遵循"穷则独善其身，达则兼善天下"的古训，陈三才一生没有穷过，没有机会"穷不失义"，但他做到了"达不离道"。

2009年1月9日，陆宜泰前往苏州办事，中午时间来到了颜家巷，寻访陈三才老宅养素堂。寻来找去，没有颜家巷39号，也没有颜家巷43号，他只看到一片热闹的工地。陆宜泰不能确定这处工地就是陈三才故居，就来到工地的对面，问一位大约90岁的老太太。巧的是，这位老太太就是陈府以前的佣人，叫肖妈。老太太操着常熟口音告诉陆宜泰，正在成为工地的这块地方就是陈府的老宅，不久前刚刚被拆除……陆宜泰感到很遗憾，久久不愿离去。告别肖妈，他又绕到后门莲目巷，那里也是一片正在施工的工地。

陈府老宅虽然被拆除了，但宅院的结构留在了陈家许多后人的记忆中，也写进了陈华伟先生的回忆录里。陈华焕先生还曾绘过这座大宅院的平面图。

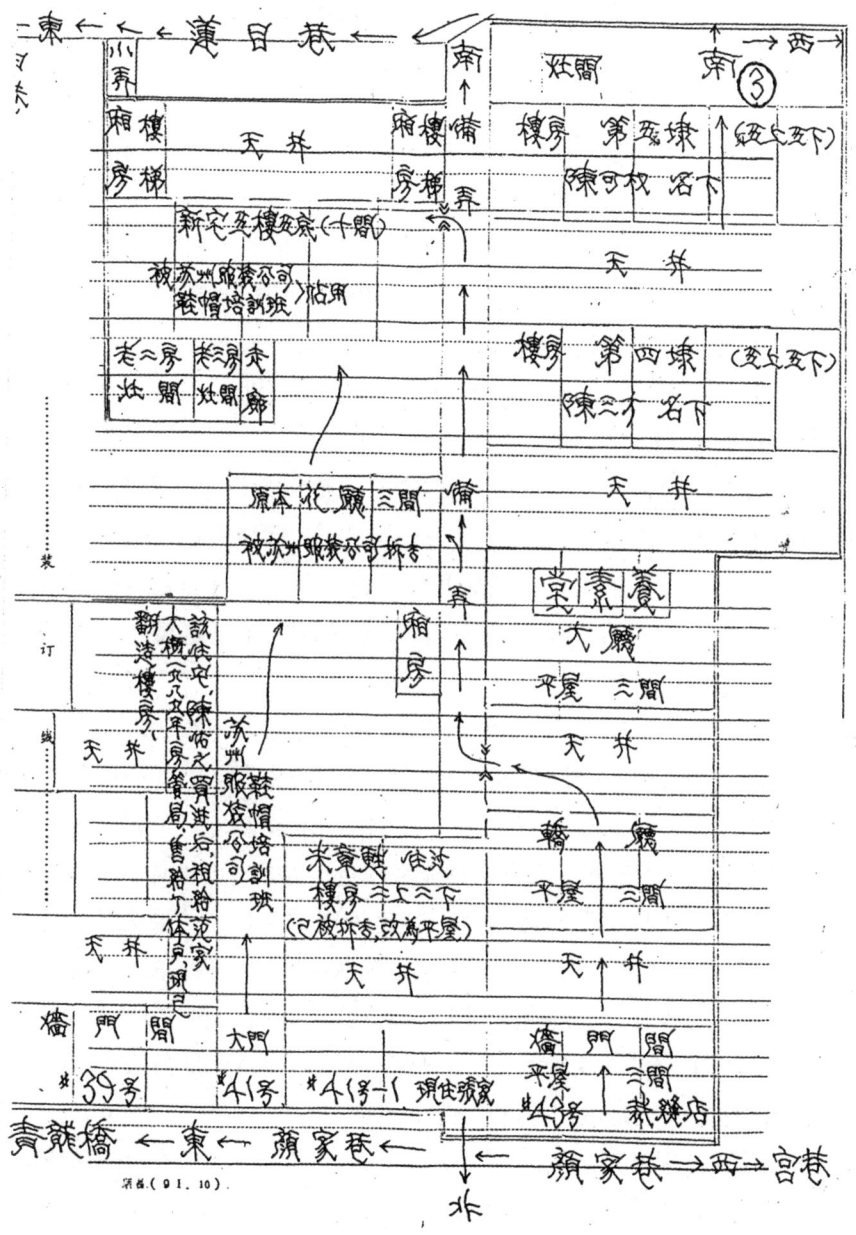

颜家巷陈府老宅草图(陈华焕绘)

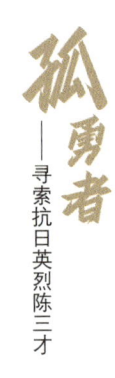

正如陈家的老佣人肖妈说的那样,这座大宅院是五开间门面,前后五进,共有26间房。

第一进是墙门间。当时的苏州城里有个习俗,大宅院的门面多为铺面,陈家就把这第一进无偿提供给了一家苏帮裁缝,作裁缝店兼住房,当然也兼作陈家的门房。

连接第一进和第二进的是一条长廊和花墙。

第二进为轿厅,顾名思义,就是停放轿子的厅堂。这里不仅停放主人的轿子,也是出入陈府的宾客上轿、下轿的地方,还是供轿夫喝茶、休息的地方。因此,也有人称此处为茶厅,相当于如今的私人车库。

第三进是正厅,女眷们的休闲处,兼作孩子们的活动场所。当时陈家大宅院里有9个孩子,长辈们在大厅里专门置放了一张乒乓球桌,供孩子们打球锻炼身体,这也是陈三才日后喜欢的体育项目之一。大厅很大,女孩子们可以在大厅里踢毽子、跳皮筋。长辈们还为大一点的孩子在门框上安装了篮球筐,又在大厅四周画上跑道线,孩子们可以在跑道线内骑自行车、玩轮滑,两边的长廊成为孩子们的自行车道。这第三进俨然是一处体育场所。

从正厅设置来看,陈府长辈非常注重培养孩子们的体育爱好,这也是陈三才日后爱好体育特别是各种球类项目,并成为清华篮球队主力以及美国伍斯特理工学院足球队和网球队队长的原因吧。

这一进还有一处花厅,厅里挂着两幅卷轴,上联为"文定华国",下联为"诗礼传家"。花厅是男主人接待亲朋好友与士绅名流的地方,也是他们吟诗作赋的场所。

第四进与第五进是二层楼五开间的正房,第四进在陈三才名下。对于这两进的正房,陈华伟在他的回忆录中有描述:

过了大厅长廊,通往二楼的正房。每进都有小花园,每个小花园都有假山、树木、花草和一口备用的井。从小花园进入客厅,是两家居所,每家楼上楼下共有四间房。我们兄妹三人和父母住一套楼房,祖母与小叔(即陈三才)住另一套。那时祖父已去世,小叔从美国求学回国,在上海工作,所以祖母就由保姆照顾,独居一套楼房。走过这个小院,最后是二伯父居住的小院和楼房。我二伯父从小受过良好教育,后在铁路上工作。他是这个大家庭的大管家,管理着整个大院。在这个大院里,大家生活得和谐快乐。各家的小花园里都有石桌石凳,朋友们吟诗喝酒,过着文人般的生活。

陈华伟是陈三才四兄陈定立的儿子,他回忆的这段时期,陈三才大父陈文治已经去世,三才在上海工作,应该是陈家迁入苏州城二三十年后的情况。

清华园里的阳光男孩

陆宜泰得知陈三才二姐陈定志的儿子王俊怡生活在南京,准备去南京"抢救"陈家往事及陈三才的个人史。去之前,陆宜泰对王俊怡先生做了一番了解。王俊怡出生于1918年,早年留学美国华盛顿州立大学研究院国际关系学系,主修国际组织专业,获国际关系硕士学位。1951年回国后,先后任同济大学图书馆西文编目员,外交部条约法律司国际公约科科长,解放军外语学院英语教授,江苏人民出版社、译林出版社编审等职。陈三才在南京就义时,王俊怡已经22岁,对这位舅舅的情况很了解,况且他童年时也在苏州颜家巷住过,保留着不少记忆。

2000年秋天,南京街道上的梧桐叶金黄时,陆宜泰来到南京,顺利拜访到王俊怡先生。来的路上,陆宜泰不确定能从王先生那里了解到多少陈家及陈三才的历史,毕竟老先生已经82岁了。交流过后,陆宜泰惊喜地发现,王先生与陈华焕老人一样,记忆力非常好,从他那里获得了许多陈家家史与陈三才的个人史。

陈家搬到苏州颜家巷后,孩子们都进了新学堂。陈三才在陈墓老家吴昆公立两等小学堂读了几年后,也进了苏州元和高等小

学读书。50余年后,陈三才的英语老师陈霆锐教授在他的一篇文章中述说了对陈三才的印象:

  陈三才为苏州之陈墓乡人。民国初年,余执教鞭于苏州之元和高等小学时,三才从余学习英文,人极聪敏,亦甚谨饬,但亦不见其有任何异于常人之处。离校后,踪迹甚疏。与余少有往来,仅知其曾肄业于清华。

  1913年(民国二年),陈三才从元和高等小学毕业。同年进入苏州的草桥中学(即江苏省立第二中学,如今的苏州市第一中学),该校因地处干将路草桥南塊而得名。这所中学是当时苏州的一所名校,从这所学校走出了许多著名校友,如作家、教育家、文学出版家叶圣陶,古籍版本目录学家顾廷龙,文史学家郑逸梅,书法家蒋吟秋,工艺美术专家顾公硕,中国科学院院士钱令希等。

江苏省立第二中学校门

陈三才进入草桥中学的第二年，大哥陈定求的三子陈华庚从草桥中学毕业，以班级最好成绩被保送至清华学校留美预备部，这给了三才极大的鼓励与振奋。陈华庚虽比陈三才年长两岁，但他比陈三才晚一辈，喊陈三才小叔。侄子进清华，做小叔的怎能落后？陈华庚离开草桥中学后，三才便和同岁且同校的四侄，也就是大哥陈定求的四子陈华寅约定，加倍勤奋，追随陈华庚同入清华园。

就读江苏省立第二中学时的陈三才

陈三才天生聪慧，稍加努力即"每试辄列前茅"。1916年，14岁的陈三才以优异的成绩被江苏省保送进了清华学校留美部中等科学习。他的四侄陈华寅也进了清华。一门三子同入清华园，在苏州城里一时被传为佳话。

陈家子弟都是被保送清华的，进清华不是需要考选吗？

1909年，清政府将清华园赏拨作为游美肄业馆馆址。从这时开始，游美学务处要求每年招考100名留美生。那时各省建立新制学堂才不久，难以满足按计划每年招考100名留美生的需求，就增添了保送生。1910年11月，游美学务处提出三项改革办法：第一，将游美肄业馆的学生名额增至500名；第二，学制为八年，分中等、高等两科，各科均为四年制；第三，高等科分科教授，参照美国大学办理，毕业生不限于留美一途。

1911年2月，游美学务处和肄业馆迁入清华园，肄业馆改名为"清华学堂"。3月，清华学堂的学生在北京宣武门内的学部参加了入学复试，共有468名。这468名学生中包括各省经初试录取后保送的184名、在京招考的学生141名以及上一年备取的留美生143名。这批学生经复试全部入学，其中五分之三被编入中等科，其余入高等科学习，成为清华最早的一批学生。

清华学堂

4月29日，清华学堂正式开学。

经过招考的学生都是凭实力考取的，这是毋庸置疑的。如金岳霖先生是湖南省的，他在湖南参加过一次留美预备的中等科考试，结果没有通过这次初试，后来又到北京参加了一次初试。他在一篇文章中写道："重要的东西是头一场考试：国文、算学、英文。英文我觉得不怕，算学靠运气，怕的是国文。我在湖南考过留美预备的中等科，湖南的国文题目是《'士先器识而后文艺'论》，我不知道这是唐朝裴行俭的话，落选了。北京考场的国文题目是《人有不为，而后可以有为》，这就好办了。我考取了（高等科）。"金岳霖是经过两次初试才参加复试入选的，中等科没考上，却考取了高等科。

我们来看看100多年前的清华学堂有哪些学科：哲学教育类、本国文学类、世界文学类、美术音乐类、史学政治类、数学天文类、物理化学类、动植生理类、水文地质类及体育手工类，一共10类。在日常管理上，学生则须"砥砺自治，履行堂章"。无论在教学上还是生活上，清华学堂对学生都有严格的要求。

清华学堂开学后不久，辛亥革命爆发，学堂宣布停课。算起来，清华学堂在清末仅开办了一个学期。半年后重新开学时，遵照当时教育部通令，将"学堂"改称"学校"，将"监督"一职改称"校长"。

清华第一批的学生中，有后来成为化工专家的侯德榜、中国真菌学的创始人戴芳澜、"中国考古学之父"李济、比较文学先驱吴宓、中国第一代建筑设计师吕彦直、近代诗人吴芳吉等。

有一种说法认为，清华经过公开考选录取的学生质量绝大多数是非常好的，而保送学生的成绩就无法保证了。各省保送的名额数量是根据其分摊的庚子赔款金额而确定的，有一部分名额把持在地方官绅之手，他们的子弟常常被优先保送，如曹汝霖的儿子未经考试送入清华，据说是顶替新疆的名额。

苏州陈家的子弟大多是保送进入清华的，但他们的升学与权势无关。陈家子弟不仅各科成绩都很优秀，还会说一口流利的英语，他们都是通过地方初试合格后才被保送的。

陈三才被保送进清华时才14岁，在同级中，大多数同学的年龄都比他大。其实，在清华读书时的三才就是一个大男孩。大男孩一进学校就融入了清华园的教育模式，他的学习没有任何压力，当时的授课大多采用英语，而三才的英语水平令同学惊羡。

陈三才认为自己能成为清华学生是幸运的。当时的清华学生在学习、设备以及生活上都享受着较为优越的条件。宿膳费免交，一个学期只交一元体育费，生活水平远超同期的其他学校。据《清华大学校史稿》称："住宿优越，水暖卫生设备一应俱全。吃的是七块钱一月的伙食，相当于一个工人的月薪。平日是八人一桌，八菜一汤或四盘五碗。从十一月一日，即全校开始生炉子的这一天起，五碗就合成一个大火锅。"学校每年统一给学生发两床床单、一套童子军军装或兵操制服，这项费用由学生自理。大多数清华学生都是富家子弟，但校方要求学生衣着朴素，学生大都身着竹布长衫、布袜、布冠。因清华地处城郊，加上校方的严管，清华学生在生活上比较循规蹈矩，久而久之就养成了简朴的风气。

当时清华的校长是周诒春。周诒春是安徽休宁人，12岁进入上海圣约翰书院（后改称大学），因各科成绩优异，毕业后留校。

后自费留学美国，先入耶鲁大学，后转入威斯康星大学，获硕士学位后回国。民国初年曾任南京临时政府外交部秘书，也曾担任过一段时间孙中山先生的英文秘书。

1913年，清华学校首任校长唐国安去世，外交部任命周诒春为清华学校第二任校长。在学生发展方面，他鼓励学生组织各种社团，培养学生的领导才能；也鼓励学生发展自己的兴趣爱好，发挥自身特长。在学校设备方面，包括体育设备，周诒春认为学校应该改革，充实各项设备，帮助学生实现自己的目标。因此，清华的学习与体育设备在当时的学校中是一流的。

周诒春校长还邀请梁启超以"君子"为题到清华学校演讲。梁启超在演讲中引述《易经》中的"天行健，君子以自强不息"和"地势坤，君子以厚德载物"两句话勉励同学。周校长遂将"自强不息，厚德载物"作为清华校训，一直沿用至今，激励着一代又一代清华学子。在陈三才进入清华园的这一年，周诒春校长在给北洋政府外交部的报告中，正式提出清华从留美预备学校向完全大学过渡的计划，并积极予以推动。这给包括陈三才在内的学生带来极大的鼓舞。

周诒春校长还提出了"造就一完全人格"之教育理念，倡导体魄与人格并重，强调"真正之人才，须先有完全之人格"。在这样的思想指导下，清华学校确定了"以培养完全之人格为天职"的训育目的，推行德、智、体三育并举，要求学生全面发展。

在周校长的教育理念之下，受益最大的是陈三才这类学生。陈三才在体育和文艺方面的天赋很快就展露了出来。起初，陈三才想进学校的足球队，因年龄太小、个头不高而未入选。但三才没有把这次落选放在心上，不久他就成为班上篮球队的主力。一个十五六岁的大男孩，奔跑在"老罗斯福"体育馆的球场上，挥洒着汗水，一个又一个潇洒的三步上篮让同学们发出尖叫声。虽然三才此时的身体还很纤细，可青春的飞扬使他整个身体散发着阳光般的光芒。三才还喜欢柔软操，体育教师舒美济和马约翰都赞许三才的柔软操很专业。他自编自导自演的应景小剧，是用纯正的英语说唱的。他身上的这些艺术特质，是不是日后美国舞蹈家安妮·桑梅丝欣赏他的一个原因呢？

周诒春校长非常爱护学生，对学生的期待甚为殷切。有学生回忆说，周校长"诚恳庄肃，对于年幼的学生有如严父，谆谆教诲，殷切督责。教导学生如何持身处世，如何服务尽责，甚至为保持整洁，限定若干日必理发、必沐浴"。

在这样的氛围中，陈三才感受到了清华学校淳厚、务实、卓越的校风，这与他的家风相似，令他如沐春风。可以说，清华园的四年是陈三才从少年走向青年最关键的年华。

周诒春校长对学生的学习管理也是严格的，对陈三才这样年龄偏小的中等科学生尤为严格。学校在课业与考试的评分上，采取了极为苛刻的办法，因此，学生们的学习非常紧张，需要不断地参加口试与笔试，而且考试名目繁多，无论中等科四年级晋升高等科，还是高等科四年级毕业，都必须经过严格的考试，且计分严格。在陈三才进清华之前，考试的及格分数为60分，自三才进入清华后的第二年，及格分变为70分。到了1918年，学校采用了美国密苏里大学等学校的计分制，将学生成绩分为超、上、中、下、末、不列六等。学生为了能成功留学美国，相互之间的竞争非常激烈，淘汰率很高。梁实秋在他的《清华八年》一文中写道："我这一班，在清华是最大的一班，入学时有九十多人，上船时淘汰剩下六十多人了。"

陈三才进校时，各省学生成绩各不相同，于是就将一年级学生分为甲、乙、丙、丁4个班，每班20余人。丁班学生的成绩是4个班中最差的，一年后丁班有小部分人能升入二年级，大部分人留了下来，还得再读一次。经过三四年，大约有三分之一的学生被淘汰了。据统计，1911年至1921年间，淘汰率高达32%。在入学考试中，陈三才各科成绩都非常好，特别是英文，不仅笔试得高分，口语也是一流的，于是被分到了甲班。这也许是陈三才只上了中等班就留美的一个原因吧。

我们来看看陈三才当时的课程：上午学英文、作文、历史、公民、政治学、社会学、心理学等人文学科以及数学、物理、化学、生物、地理等自然学科，使用的教材均是美国出版的，采用

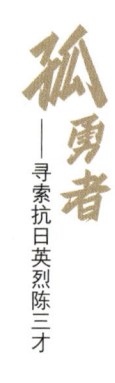

英文教学；下午的课程则是国文、历史、修身、伦理学、哲学等学科，使用的教材是国内出版的，采用中文教学。

从课程的时间安排来看，校方对中文课程明显重视不够，学生在中与西的课程上表现得也不一样，大部分学生重西轻中。《清华周刊》上有一篇文章这样说："班下自修，孜孜竟日，尽横行字。读国文者十无一焉。即就班上言之，讲西学则群侧耳以听，握管以记，兢兢然惟恐其一字一语之或遗也。及讲国文，则教者谆谆，听者藐藐。谈笑者有之，戏谑者有之，读他书而阅小说者，亦无不有之。其隐几而卧者，犹不失为好学生也。"

陈三才则不一样。陈家是世家，祖上都是靠春闱与秋闱来取得功名的，对国文与历史等科目素来重视。所以，三才对中西两种课程绝不会厚此薄彼。

老师与同学都赞叹三才的才情，更让他们赞扬的是三才的品行操守。到了四年级，班上同学公推陈三才和曾劭恂编辑级史，以资记述同学们的突出事迹。三才精力充沛，记忆力惊人，中等班的学习对于他来说非常轻松，所以，他很乐意为大家做些事情。级史内每人有一篇小传，为此，三才几乎与所有同学都面对面地校核几遍。三才性格开朗，对人对事热情又有激情，人缘极好。几十年后，同学刘驭万回忆：

> 三才是一个绝顶聪明的孩子，无论什么功课都比我好。我一进清华就有两件"成就"他很看得起：开学两星期后我就被选入足球队了；那一年清华专学时髦，不惜重资组织了一个军乐队，我在武昌文华中学军乐队已经吹过三年喇叭，"吹"得相当好，当然马上又获邀加入了军乐队。三才未入选足球队，军乐队勉强挤进去了。他跟我都是最爱音乐和运动的，我们在清华认识得比较快，也就是因为这个缘故。
>
> 在学校里面，三才是最活泼的一个学生，会打球，会奏乐，会表演，会做戏，有说有笑，整天不停。可是直到一年后，升三年级时，我才发现他的功课也是高出大众一头。不仅文字好，算学好，就是物理或化学实验，或是机械画、手工劳作，他除非不

做，一做总是得心应手，毫不费力。我们一班只有六七十人，比他功课好的只有两三个老夫子，比他运动好的，只有六七个人。这六七个人当中，大都是功课不太高明的。所以真正文武全能的，三才恐怕要算第一。

陈三才进清华读的是中等科，而刘驭万是考进高等科的学生。两人相识时，刘驭万已是高等科二年级的学生了，但他对低年级的陈三才赞不绝口。"会打球，会奏乐，会表演，会做戏，有说有笑，整天不停。"在刘驭万的笔下，一个多才多艺又活泼的阳光大男孩形象跃然纸上。

陈三才的同级同学、一同乘船赴美留学的曾劭恂在《忠勇爱国的陈三才》一文中写道：

我入清华时已十八岁，他的年龄比我小。他在学校性情温良，平易近人，极为活泼，而且多才多艺。他的功课成绩优良，文字、数学均有专长，在级中算是一个出色的学生。他参加学校的军乐队，吹了几年喇叭，吹得甚好。他并不死啃书本，但每次考试总名列前茅。在我们级中真正的文武全才，三才首屈一指。因为他的修养好，看不出他内心的爱国热忱在言语和行动上的表现。

从曾劭恂的这段话中，我们可以看出三才是个"行胜于言"的人，他的爱国热忱只表现在行动上，不在语言上。

陈三才在清华读书时还与另一位学长相识，三才给这位学长留下了深刻的印象，以至于80多年后，近百岁的他还清清楚楚地记得陈三才学生时代以及工作后的许多事情，并给清华大学写信介绍陈三才的抗战事迹。这位学长就是顾毓琇先生。

顾毓琇早于陈三才一年考入清华学校的中等科，两人虽不是同级，却成为一生的知己。顾毓琇与陈三才同一年出生，1902年12月24日生于无锡。在交流中，陈三才知道顾毓琇虽生于无锡，但其先祖源于昆山，顾母王镜苏（字诵芬）为昆山望族王氏的后代。顾毓琇在《百龄自述》里这样说："虹桥湾里都姓顾，是明

末从昆山搬来的旁支。迁锡始祖鹤，明朝天启年间在苏州参加群众运动。"顾毓琇是顾炎武（亭林先生）的后裔，与陈三才是同乡。两个同龄同乡、生活习惯与业余爱好一致的年轻人在这个北方城市相遇，彼此珍惜友情。

顾毓琇与同寝室的梁实秋以及同级的吴文藻等人，于1920年底成立了小说研究社。他们利用课余时间研究文学问题，尝试写作，并出版了《短篇小说作法》。此时，陈三才已先行留学美国。顾毓琇在清华学习了8年，于1923年从清华毕业后，进入美国麻省理工学院，又与陈三才相聚。

五四运动中的陈氏子弟

陈三才从清华毕业的前一年，五四运动爆发了。

1919年5月4日这一天，北京13所学校的3000多名学生汇集在天安门广场，高呼"外争国权，内惩国贼""废除二十一条""拒绝和约签字""还我青岛"等口号，要求北洋政府拒绝在《巴黎和约》上签字，并惩办亲日派曹汝霖、章宗祥等人。

这一天正好是星期日，地处北京西郊的清华学校学生不知道当日在城里发生的情况，也就没有人参加白天的集会和游行。但消息传得很快，白天进城的学生傍晚返回学校后，把城内13所学校游行示威的情况跟同学们说了，并说有30余名学生被当局拘捕。清华的学子们，包括陈三才，当时就沸腾起来。同样是热血青年，清华的同学们自然不会袖手旁观。他们当即约好，第二天，即5月5日，由高、中两科科长召集联席会议，商讨清华学生对5月4日这天京城学生集会游行的态度，以及如何声援城里众多学生的爱国行为。

高等科学生闻一多当即抄录了岳飞的《满江红》，贴在清华学校的饭厅门旁。陈三才从教室出来，路过饭厅，看到这首《满江红》，立住了脚，看了一遍后，折回教室拿出笔与纸，立在饭厅门前，以墙为书桌，一字一句地把《满江红》抄了下来：怒发冲冠，凭栏处，潇潇雨歇。抬望眼，仰天长啸，壮怀激烈……莫等闲，白了少年头，空悲切。三才一边抄写一边念着，觉得这首词正合他此刻的心情。他抄好后离开饭厅，一路走一路还念着"待从头，收拾旧山河，朝天阙"。

陈三才是清华的安分学生，一门心思学好各门学科，加上他年纪小，对时事关心得少。五四运动使他突然感觉自己一下子长大了，从未像现在一样对国家与时事如此关心。他抄录完《满江红》，没回宿舍，独自跑去图书馆翻阅近来有关国内外局势的各类报刊。

1919年1月18日，第一次世界大战的27个战胜国在巴黎凡尔赛宫召开和会，全权代表有70人。会议由美、英、法、意、日5国各派两名代表组成最高理事会。中国作为战胜国之一，派出北洋政府外交总长陆徵祥、驻美公使顾维钧、驻英公使施肇基、驻比公使魏宸组和南方军政府外交次长王正廷5人出席会议。中国代表团向和会提出废除列强在华势力范围、撤退外国军队及巡警等7项议题，并提出取消1915年5月25日中日签订的"二十一条"等要求。然而，中国代表团的两次提案都遭到最高理事会的否决。不仅如此，他们还将德国在山东的全部权益让与日本。4月30日，中国代表团的合理诉求在巴黎和会上遭到拒绝，外交努力失败。

看到这里，热血涌动在陈三才年轻的血管里，涨红了脸的陈三才愤然走出图书馆，自言自语道：我是不会缺席这场运动的。回到宿舍，他和刘驭万、曾劭恂等同学聚在一起，把刚刚看到的情况说给大家听。他们商议好，一个都不能缺席，一起去城里声援城内大学生的示威行动。

这个晚上，学生宿舍几乎没有安静下来，学生们因激愤一夜无眠。

第二天，清华学生会议如期召开，高等科科长乔万选、中等科科长王国华、青年会会长陆梅僧等57人在高等科135室集会，学生们以表决方式通过以下对外对内的政策主张。

对外：

（一）派代表赴京调查北京情形。

（二）一切进行与他校取一致行动。

（三）要求国会弹劾章陆诸贼。

（四）通电巴黎专使请缓签字。

（五）通电巴黎和平会议请维持公道。

（六）要求总统对于山东青岛问题取坚决手段，上书或派代表。

对内：

（一）本晚开全体学生大会。

（二）周刊加发号外，并有滑稽画。

（三）本校各种出版物加"勿忘国耻"等字样。

（四）不用日货。

（五）通俗演讲及传单。

当天下午，清华学校代表参加了在北京大学三院礼堂召开的北京各大专院校学生联合大会，清华学生代表罗发组、陈长桐、孔令烜、陆梅僧、罗隆基等参加了会议，并在会上宣布："我校僻处西郊，（昨日）未及进城，从今日起与各校一致行动。"

当天晚上七时半，在清华园内体育馆前举行了全体学生大会，陈长桐报告了城内的运动形势，会上一致决定自5月6日起，全校罢课，与全市各校采取一致行动。

7日，清华学校学生代表团正式成立。至"六三"前夕，"所举办大小事件不下百数十端"。

清华学生代表团组织了"救国十人团"和宣传队到商业区、庙会和乡下宣传演讲，揭露帝国主义侵华罪行和北洋政府的卖国行为，号召民众奋起抗争。陈三才率先报名，与好友曾劲恂一起加入宣传队。

9日，清华学生在体育馆前举行了"国耻纪念会"。陈三才与数千名学生一起庄严宣读："口血未干，丹诚难泯，言犹在耳，忠岂忘心"，并宣誓："中华民国八年五月九日，清华学校学生，从

1919年5月9日,"国耻纪念会"后,清华学生在西大操场焚烧日货

今以后,愿牺牲生命以保护中华民国人民、土地、主权。此誓。"

宣誓后,陈三才和同学们涌向大操场,高举小彩旗,高呼"收复失地""废除二十一条""打倒卖国贼"等口号。毕业班的同学还喊出"山东问题一日不解决,则一日不出洋"。大操场上燃起了熊熊大火,校内所有能找到的日货都被送来付之一炬。

几十年后,曾劭恂在纪念陈三才的文章中写道:

在五四运动时,清华学生围在西直门,要求释放城内被捕的学生。在巴黎和会时,北平各大学的学生用报纸铺地睡在天安门前请愿,请政府慎重考虑和约之签字,他(陈三才)和我皆是摇旗呐喊的小卒。

6月1日,北洋政府下了一道命令,取缔学生的一切爱国行动。北洋政府的这一命令激起了北京各高校学生的愤怒。6月2日晚9时,清华学校学生代表团召集全体学生在学校大礼堂开大会,大会通过了北京中等以上学校学生联合会于3日上午10时在城内各地继续演讲的议案。

6月3日，清华学生"救国十人团"和宣传队共300多人进城加入北京城内的学生队伍，涌到街头演讲。北洋当局派出大批军警，驱散听讲群众，殴打、逮捕学生。到6月4日，被捕学生达870多人，清华有130多名同学被捕，被捕的学生被军警关在北大三院。

6月5日，清华学校学生有组织地列队进城宣讲，有些人携带着毛巾、牙刷等日用品，抱着被抓的准备声援被捕同学。陈三才也怀揣着毛巾与牙刷走在游行队伍中间。在行进途中，学生被北洋军警阻断了去路，但学生们没有就此停止。陈三才与曾劲恂等年龄小些的同学拨开人群跑向军警大声抗议，并高呼着口号包围了西直门。夜幕降临，学生们饥肠辘辘地铺开随身携带的报纸，就地宿营。他们对着军警大喊："释放学生！""不放人我们绝不回校！"

学生们几天几夜坚守在天安门前，经过几日的对峙，迫于学生和社会各界的压力，当局被迫同意放人。

得到消息的清华学生选出学生代表和军乐队大约200人前往迎接归来的同学。这浩浩荡荡的队伍从学校乘车至前门，与获释学生会合。各校获释的学生在返校前又一次举行了示威游行。

在返校途中，清华的军乐队奏着意大利作曲家朱塞佩·威尔第的《凯旋进行曲》，走在队伍前面开道。陈三才是军乐队的成员，穿着制服走在军乐队的最前面，起劲地吹着他的小号。那激昂、雄壮、果敢的旋律，使三才完全忘记自己是在迎接同学的归来。他沉浸在音乐的力量中，如同胜利归来的同学一样斗志昂扬。

9日晚，全校学生和部分教职员又召开了盛大的联欢会，以示庆祝。

《清华周刊》对这次游行作了详细的报道：

本校前往迎接之学生已到车站矣，随后一同前往总统府，遂大呼中华万岁，声动天地，观者如堵，军警并不干涉。于是整队过西长安街，至西单牌楼转而北而西至西直门车站，乘专车六时半到校。校中教职员及同学百余人排立大门两旁迎接，掌声雷鸣。

被拘同学入校后全体聚集于高等科前草地，由代表团团长陈长桐报告数事而散。是日晚餐改至八时半，高中两科同学均在该草地会食，藉以畅话离衷，而极聚首之乐。

此前，陈三才的堂兄、北京大学教授陈定谟冒着生命危险参与发起这场运动。陈定谟也是留美生，在哥伦比亚大学、芝加哥大学获得哲学及社会学硕士学位后回国，追随孙中山先生投身革命。后经章太炎先生介绍，受蔡元培校长之聘，任北京大学教授。五四运动前夕，他与邓家彦先生组建了"中美新闻社"，率先揭露"二十一条"内幕，作为革命喉舌，吹响了五四运动的号角。陈定谟的夫人杨玉洁是当时

陈定谟

北京妇女救亡会的会长。1919年6月4日，北京15所中等女校千余名女学生，在杨玉洁与高小兰的带领下，集合于天安门，整队在新华门前示威游行。

作为五四运动发起人之一，邓家彦先生被北洋政府通缉，陈定谟受孙中山先生之命予以掩护，他冒名顶替邓家彦，被北洋政府拘捕。杨玉洁将有关文件付之一炬后，四处奔走设法营救丈夫，陈定谟终因证据不足而被释放。

在这几天的游行队伍中，还有一位陈家人，就是陈三才的胞姐陈定秀。

据陆宜泰先生在《苏州颜家巷里飞出金凤凰——中国第一代女大学生陈定秀》一文中记载，陈定秀生于1900年5月29日，年长陈三才两岁，从江苏省立苏州第二女子师范学校毕业后，在报纸上得知北京女子师范学校国文专修科招生，遂报考，由于成绩出众，被江苏省教育厅保送入学。

1917年秋天,陈三才在苏州颜家巷度完暑假后,回到北京清华园。陈定秀在弟弟的陪同下,离开苏州赴北京西单石驸马大街红楼报到,正式成为北京女子师范学校(两年后更名为北京女子高等师范学校,简称女高师)的中国第一代女大学生之一。

陈定秀出身名门,长相俊秀,一口吴侬软语,英文也好,一入校即受到同学的钦羡。陈定秀入学的第三年,李大钊先生被女高师聘请,在国文部教授社会运动史、西洋伦理学史和女权运动史三门课。李大钊在课堂上大声疾呼:"马列主义给妇女指明了一条正确的道路,只有社会性质改变,只有在共产主义社会,妇女才能获得真正的解放。"五四运动中,女高师的女生走出校门,加入男生的游行队伍参加示威,这与李大钊讲马克思主义思想是分不开的。

陈定秀(左)一家三口与母亲合影

李大钊还在西洋伦理学课上竭力鼓励学生编演反封建的话剧。国文部大四的女生就以汉乐府诗《孔雀东南飞》的故事为内容，共同创作了五幕话剧《孔雀东南飞》，发表于陈大悲主编的《戏剧》杂志上。李大钊担任话剧导演，陈大悲充当助手。李大钊主张剧中角色一律由女学生担任，并当即拍板程俊英在剧中演刘兰芝一角，冯沅君演婆婆，孙贵丹演焦仲卿，陶玄演刘兄，陈定秀演小姑，台词则由扮演者各自发挥。李大钊认为女生排演此剧是一场具有多种意义的活动，女性演戏，特别是女学生演戏，还女扮男装，是一件闻所未闻之事。这在当时是件非常新鲜的事情，演员自己，包括公演后的观众都十分兴奋。

1920年底，五幕话剧《孔雀东南飞》在学校后院东铁匠胡同的大礼堂预演，邀请了全校师生及部分家长前来观看，征求批评意见。1922年2月25日，话剧在北京教育部礼堂公演，"观众多至千余人，竟有许多人牺牲了四个小时在那儿恭候开幕"，这次演出引起了轰动。前排中间坐着李大钊先生，他的妻子和女儿坐在两旁，大钊先生脸上露出沉静的笑容，不时低头回答女儿的问题。左右前后，不断有学生同他打招呼，他温和地应和着。学生们看得出，李先生那双眼睛里满是兴奋。鲁迅、许地山等人也到场观看。

剧终时，在一片掌声中，演员们再三谢幕，台上台下都沉浸在激动的氛围中。散场后，李大钊先生来到后台，演员们一起围住了他，向李大钊欢呼：李先生，我们成功了！大钊先生回应道：你们演得太好了，把全场观众的情绪都调动起来了，话剧的魅力大大超出我的想象。你们成功了！

徐慕云在《中国戏剧史》一书中提到"爱美的"社会问题时写道："当时女高师学生演出之《孔雀东南飞》尤为出名。"

该剧的成功还有一个原因，就是女高师的女生们是在演自己。此剧也反映了北京女高师的学生反对包办婚姻、追求婚姻自主以及妇女解放的强烈愿望。而女生们追求婚姻自主的一个例子，就是程俊英给陈定秀介绍了一位男友，这位男友不是别人，是程俊英的叔叔程树仁。

陈定秀从女高师毕业后，回到苏州母校执教。1923年5月27日，陈定秀与程树仁在苏州订婚。

2008年10月，陆宜泰先生在陈定秀女儿家里整理陈三才的相关资料时，发现了一块真丝红绸，翻开一看，竟然是100年前陈定秀的订婚书。让我们来看看这份订婚书是怎么写的：

陈定秀，江苏吴县民国纪元前十二年五月二日吉时生。北京女子高等师范学校毕业，自愧学识浅薄，谬承程树仁先生待以挚情，求以诚恳。因征求家长之同意，结为终身之伴侣，以纯洁之友爱，慰枯寂之人生，开光明之大道，求永久之幸福。（标点为编者所加）

　　允婚人陈定秀（时为苏州女子师范学校教师）
　　介绍人杨达权（时为苏州女子师范学校校长）
　　　　　　　　　　民国十二年五月二十七日

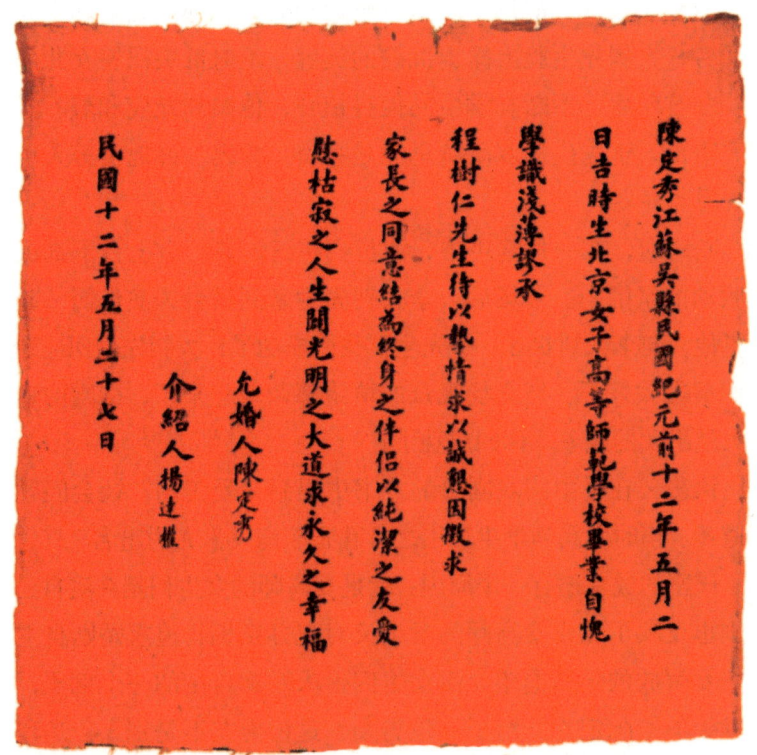

陈定秀与程树仁的订婚书

程树仁是福建人。9岁时，父母在一次特大洪水中溺亡，他被一个仆人背着逃了出来，由北京的大哥程树德抚养长大。程树德是一位著名的法学家，清华大学法律系教授。程树仁是清华首批录取生之一，也是陈三才的校友，与陈三才有共同的爱好，就是运动。他曾代表中国队赴日本参加第三届远东运动会，获标枪季军。1919年，作为高等科学生，程树仁也参加了五四运动，运动一结束，他即赴美国留学，是中国最早攻读电影专业的留学生之一。先获得哥伦比亚大学电影专业硕士学位，后入纽约影戏专科学校深造。在获得电影摄影师执照后，程树仁进入纽约名伶影片公司的长岛摄影场实习。1923年2月回到上海，进入孔雀电影公司，从事为好莱坞影片译配中文字幕的工作。1926年夏，孔雀电影公司聘程树仁任制片部主任，同年摄制《孔雀东南飞》。

程树仁

1927年1月，百代公司在上海出版发行了《中华影业年鉴》，程树仁是主编，陈定秀参与编写。这部年鉴耗费了程树仁与陈定秀夫妇三年时光，是国内第一部系统、全面地编述中国电影发展状况的年鉴著作，无论是体例还是内容，都具有独特的历史学意义和电影史价值。该书"译片者及其作品"一栏中，记载当时有作品问世的译片者共四人：陈寿荫、程树仁、潘毅华和顾肯夫。陈、顾各译有1部影片，潘毅华译有5部，程树仁翻译最多，共计21部。

1926年《孔雀东南飞》电影海报

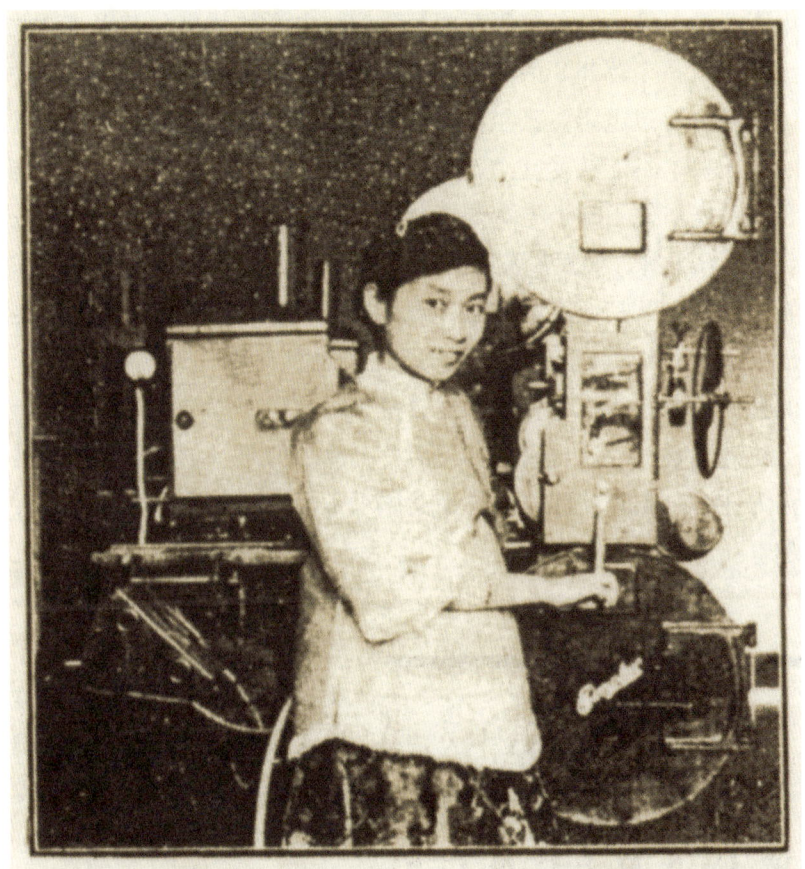

陈定秀在放电影

这一年，上海有过一张电影《红楼梦》的海报，海报上标注导演与摄影是程树仁，文字说明是陈定秀。此后，程树仁经营电影院与大戏院，引进了卓别林的幽默喜剧片，在他创办的"东海""西海"电影院放映。程树仁借鉴美国电影的经验，开创了在外国影片上译配中文字幕的先例，第一部译制影片是《莲花女》。

1923年冬天，陈府为陈三才的侄子陈华伟举办周岁宴会，程树仁从上海赶到苏州，带来了放映机和银幕，在颜家巷43号陈府大院放映电影。当天晚上，陈府邀请在苏州的亲戚朋友来大院看电影。第二天，一条头版新闻把陈府放电影的趣事公布出来，此事轰动了整个苏州。因为当时电影刚刚传入中国不久，大多数中国人没有看过电影，甚至没有听过"电影"这个词。看过电影的一些人根本不能接受这个新生事物，陈三才的二兄陈定英就不能接受，先前他不知道电影是个什么东西，就跟着大家一起看，仅仅看了几分钟，他就紧张地站了起来，一边走一边说："不能看，看了害怕。"其他人都非常好奇、兴奋，连看了两场，有一场是滑稽喜剧，大家捧腹大笑，连女孩子们也没有了平日"笑不露齿"的矜持。电影给陈华伟的周岁宴带来了欢乐，那个晚上，陈府上下充满了喜气。这也许是苏州历史上放映的第一场电影，一时被传为佳话。此时的陈三才还在美国求学，没看到家里放电影这件趣事。

作为民国影坛第一代"专业海归"，程树仁和其他留学生一起将国外正规严谨的电影专业知识及有关电影生产流程等实践经验带回国内，对推动中国早期电影的规范化发展起了重要作用，在中国电影史上占有一席之地。而陈定秀也是那个时代女性的佼佼者、教育界的精英。1947年11月21日《和平日报》刊登陈定秀竞选国大代表时称：陈定秀以服务教育界为终身职业，培植青年，不下数万。现任民社党妇女部副部长、中国妇女民主促进会上海分会理事长。

1947年11月21日《和平日报》载陈定秀竞选消息

在整理陈定秀资料的过程中，陆宜泰得知，陈定秀的长女、陈三才的外甥女程佳因旅居美国。在他的努力下，2000年3月27日，陈三才的另一个外甥女——北京协和医科大学的王诗恒教授为给舅舅申烈写信给美国的程佳因。4月27日，陆宜泰收到了程佳因的回信，陈定秀与陈三才的资料也丰富了起来。

在女高师，陈定秀与同学程俊英、王世瑛、庐隐被称为"五四四公子"。庐隐晚年在其自传中写道："我整天为奔走国事忙乱着——天安门开民众大会呀，总统府请愿呀，十字路口演讲呀，这些事我是头一遭经历，所以更觉得有兴趣，竟热心到饭都不吃，觉也不睡的干着。"

五四运动作为一场社会运动，使得原先封闭于校园中的学生得以冲破狭小空间，走向社会，了解时代变迁，接触新思潮。陈定秀、陈三才这对姐弟以及陈定谟、程树仁等人都见证并参与了这场伟大的爱国运动，这场运动也将他们定格在这一历史瞬间。

五四运动渐入尾声时，清华学校当局认为参与运动耽误了学生的课程，为了让学生们回归到学习上来，刻意增加了学生的功课负担，专门请来美国实用主义哲学家、教育家杜威作伦理演讲，又聘请梁启超、梁漱溟等人来校讲学，还开出"国学必读书单"……学校的这一系列举措非常"奏效"，学生阵营开始发生

北京女子高等师范学校"五四四公子"，左起陈定秀、程俊英、王世瑛、庐隐

分化，一部分学生在杜威等人的影响下，又回到钻研书本上来，不再过问政治；另一部分学生在学校当局"推迟出洋"的威胁下，对政治运动的兴趣降了下来，不再积极参加反帝爱国运动；当然还有一部分学生继续关心政治，提出"振作我们的精神，尽我们所能尽的力量，来肩负文化运动的责任，以为社会改造之导火索"。陈三才属于前者，暂时回归到学习上来了。他与一部分同学认为，先把知识学好，用科学与知识改变落后的祖国。祖国强大，别人就不会欺负我们了。

启蒙与救亡是五四运动的两大主题，像一颗种子，深植在陈三才的心田。多年后，这颗种子发了芽，陈三才走上了救亡的道路，那是他个体行为的一次救亡——谋刺大汉奸汪精卫。无论成功与否，都是另一种救亡。

书香致远

经过几个月紧张的准备，1920年夏，陈三才以优异的成绩毕业于清华学校庚申级中等科。

接下来他应该继续在清华完成高等科的学业。当时的清华学校学生一般是中等科读4年，高等科再读4年，插班生除外。8年后，经考试通过，留学美国。如后来成为文学家的梁实秋，比陈三才早一年，即1915年考入清华，1923年从清华毕业后赴美留学，因在清华读了8年，所以他有一篇文章叫《清华八年》；再如陈三才的侄子陈华庚，三才上中学二年级时他进了清华，读完4年中等科，再读4年高等科后才留学美国。而陈三才读完4年中等科

陈三才清华毕业照

没有再读高等科,直接赴美留学。

清华学校1920届毕业生出了很多名人,如著名经济学家、教育家陈岱孙,化学家曾昭抡,化学家、教育家陈可忠,有机化学家、生理学家、药物学家萨本铁,植物学家张景钺,政治学家萧公权等,他们都是清华学校庚申级高等科的学生。

庚申级中等科与高等科的学生在毕业前献给母校一份珍贵的毕业礼物——日晷。

日晷是古代人们利用太阳的影子来测量时间的一种仪器,其原理是利用太阳的投影方向来测定并划分时刻。清华的这届学生认为日晷的科学严谨、简约厚重会时刻提醒清华学生珍惜时间、拼搏自强,注重实际行动。清华大学中文系教授朱自清先生曾说,清华的精神是实干。清华淳厚、实干、卓越的校风让这届学生深感受益,他们希望能将这样的校风传承下去,因此,1920届的同学们选了日晷作为献给母校的礼物。他们在日晷的基座上分别用中文与拉丁文镌刻了"行胜于言"。此后,"行胜于言"就成为清华优良传统的重要组成部分,也成了清华的校风。100余年后,那座日晷依然安放在清华大学大礼堂前的大草坪南端。

清华大学日晷正面,背面刻有"FACTA NON VERBA"。

清华大学日晷侧面,另一侧面刻有"庚申级立"。

离开清华园前,陈三才来到日晷旁,久久地看着这四个字——行胜于言。此时的三才刚满18周岁,但他已经历了清华的教诲与五四运动的洗礼,与4年前进入清华时的那个大男孩相比,已是判若两人。他深知,这里的"行",不仅指的是行动,更是实践;他更知道,再美的言语也是苍白的,只有行动才有意义。20年后,陈三才用鲜活的生命践行了这四个字。

1920年的初夏,北京街道上的槐花摇曳在翠绿的枝叶间,柳絮如"雪花"在胡同里飞舞。有一瞬间,三才非常留恋北京。但他知道,他的梦想在远方,是离开清华园的时候了。三才收拾好行装,与老师、同学一一告别,与同赴美国留学的同学约好在上海相见,然后拎着行李箱,心情复杂地离开了清华园。

陈三才乘车直接回到了苏州颜家巷的家。父亲陈百川为儿子即将赴美留学感到高兴,当然也有许多不舍。他已经为三才兑换好了美元,在家等儿子。三才是公费留学,不用自己准备美元,但陈百川心疼儿子,儿子兜里有钱,他才会放心。曾劭恂在后来回忆陈三才的文章中说:

那时国币八角可换美金一元。我的级友们,除向学校领取旅费外,很少人自备美金携往备用。三才家境较为宽裕,曾兑换些美金随身备用。

在陈三才留洋之前,陈家已经有好几位子弟留学了。

苏州作为传统文化的兴盛之地,教育历来为当地士绅所重视,民间素有"枯灯夜读"之风尚。自清廷废除科举制度后,苏州士绅失去了"学而优则仕"的制度保障,为了获得新兴行业的职位,有些士绅为子弟选择了留学之路。据《苏州文史资料》第15辑所载《苏州出国留学生名录》,清末苏州约有200人出国,留学的国家以日本为最多,约占留学生总数的80%,美国其次,约占15%,其他欧洲各国约占5%。近百年间,锦溪镇有留学英国11人,加拿大4人,南洋4人,法国5人,德国11人,苏联5人,日本25人，美国105人。而陈家一族就有"其、文、定、华、国、维、德"辈的七代留学生。

据陆宜泰统计，陈家留学美国的有22位，留学日本的有5位，留学法国的有2位，留学英国的有6位。陈三才大哥陈定求（号复初），年长三才25岁，留学日本，先入东京弘文学院学日文，后进明治大学攻读法政。1909年回国后，他通过拔贡被选用为直隶州州判，民国初年任河南省原武县知事。陈定求长子陈华甲（字孟孚）也曾在日本留学，回国后从事纺织工作。陈定求之子陈华庚与陈华寅前文已述，留学美国，回国后皆成为行业中的翘楚。

陈三才的三哥陈定保（字佑之），年长三才18岁，于1905年赴日本留学，1910年毕业于东京高等工业学校。回国后，参加清政府组织的留学生考试，并在保和殿殿试中考取工科一等，时称"洋举人"，钦定邮传部任用。

陈定保之子陈华癸是杰出的土壤和微生物学家、著名农业教育家，中国科学院院士。13岁考入辅仁大学预科，14岁考入北京大学预科。在北大读书时，"九一八"事变打破了北大校园的平静，1932年底，18岁的陈华癸与北大学生的南下抗日示威团一起登上开往南京的列车，参加了抗日示威游行。1936年7月，陈华癸怀揣张景钺的介绍信，踏上了赴英国伦敦的留学之路。根据张先生的建议，他首先在伦敦大学卫生及热带病学院攻读一年细菌学。在伦敦，陈华癸有幸与国际著名法学家、武汉大学校长周鲠生的爱女——伦敦大学物理系助教周如松小姐相识相恋。1939年6月，两人双双获得了伦敦大学博士学位。

陈华癸

陈三才四兄陈定立之子陈华伟，从上海交通大学毕业后留学美国西雅图华盛顿大学，获数学和工程博士学位。他发明了一种同步初级电子逻辑线路——半导体逻辑系统，应用于贝尔电话公司的电子转换系统——程控电话，并获得了美国专利。在担任佛罗里达州工学院院长的15年里，他展现了出色的才华，并做出了杰出贡献。1989年，65岁的陈华伟从院长岗位上退休后，写了一本回忆录，其中记载了其小叔陈三才的一些往事。

陈百川有五个儿子，每个儿子及其后代都是他们所在行业中的杰出人才，足见陈家教子有方。

陈三才是陈百川十个子女中最小的儿子，当然也是五子中最后一个留学的。他与诸兄年龄相差很大，不仅受到父母的宠爱，也受到诸兄的呵护。他留洋时只有18岁，所以父亲与诸兄有些不舍。

《申报》报道赴美学生调查录（截图）

1920年7月7日《时报》刊载《清华赴美学生之调查》（截图）

儿子即将一去数年，这着实让父亲放心不下，毕竟陈三才刚刚成年，这一路漂洋过海，他为儿子留洋途中的情况担心。陈百川一边心事重重，一边翻阅着《时报》，想从报纸上找些有关这批留学生具体安排的消息。

翻到1920年7月7日的《时报》时，陈百川眼睛一亮："本届清华学生陆梅僧君等，已先后来沪，分寓青年会及各客栈。定于下月乘南京号船出发。连日正在治装。兹将其姓名及拟入学校拟习学科，分别调查如下。"看到这里，陈百川迅速寻找儿子的名字，很快就找到了——"陈三才电气工程胡司脱学校"。

几天后的《时报》更加让陈百川兴奋不已，准确地说，是一个名字让陈百川从无精打采的状态中兴奋起来——"清华学生出洋消息：清华学校通知各官费生，至迟须于8月10日前，至上海寰球中国学生会王文显先生办事处报到。王君为清华教务长，本届护送学生出洋，并在美参与教育，至明年正月归国云。"

王文显！是王文显带队，太好了！陈百川从书桌旁站了起来，把这个消息告诉了家人。

王文显也是昆山人，王家与陈家是世交。王文显自幼生长在英国，早年就读于天津北洋大学，1915年毕业于英国伦敦大学，获文学学士学位。后任中国驻欧洲财政委员、伦敦《中国评论报》

王文显

编辑,回国后任清华学校教务长。他曾在《留美指南》一书中强调"为什么要选择去美国留学"时说:"将来的世界领导权无疑的是在太平洋彼岸",留美学习"将帮助这些中国的未来领袖去改善我们困苦国家的命运"。

此次带队从美国回来后,王文显任清华学校副校长、代理校长。1925年后任更名后的清华大学外文系主任,辅仁大学、北京师范大学等校讲师、教授等,讲授戏剧文学。洪深、李健吾、曹禺、孙大雨、张骏祥等著名戏剧家都是他的学生。1937年"七七事变"后,王文显任上海圣约翰大学教授,后赴美国任教、定居。

陈百川立即与王文显取得了联系,托他关照小儿陈三才,王先生让陈百川放心。有了王文显的关照,陈家人也就放心了。

上海是早期清华留美学生生命中绕不过去的梦想启航之地。自1909年8月29日第一批庚款留美学生"放洋"到1929年最后一批"留美预备部"学生毕业赴美,前后历经20年,清华学校先后送出21批毕业生1153人。另外,还送出了直接考取出国的庚款专科女生7批53人、男生9批67人,幼年生1批12人。所有"放洋"的庚款留美学生约1285人。这些留学生都是从上海港登上开往美国西海岸旧金山的邮轮。对于清华留美学生来说,上海是一个标志性的起点。

随着启程时间的临近,陈三才在父亲等家人的陪同下来到上海。三才在上海这段时间的情况,如今已不得而知,但我们可以从其他年级的同学那里知道他们在上海的大概情况。早陈三才九届的1911级的章元善曾写道:

于某月某日在上海某地集合，办理一切手续，准备出国。在上海，我们到东洋理发店先把辫子剪掉。在大英大马路（今南京路）一家牌号"荣昌祥"的洋装店定做冬季西装一大木箱，把领到的制装费三百元完全用掉。

当年8月18日的上海《时报》上报道："本年赴美学生，已于昨日（8月17日）登轮放洋矣。从此壮游重洋，获益当非浅鲜，将来学成归国，必有重大之贡献可知。"

1920年8月13日清晨，一轮朝阳破云而出时，陈百川送陈三才来到上海港。陈三才青春年少，看到一位又一位同学与亲友告别后登上邮船，他也踌躇满志地与家人一一道别，登上了中国邮船"南京"号。

赴美的远洋巨轮在黄浦江上拉响了启航汽笛，陈三才带着希望与不舍，再一次挥手与亲友告别，启程赴美。三才立在船舷上，看着渐行渐远的父老乡亲，心中突然涌起一阵莫名的忧愁与感慨。谁说少年不识愁滋味？此刻，三才第一次体会到别离祖国、别离亲人的乡愁，也领悟了背井离乡的真正含义。此刻的背井离乡，是为了今后的报效祖国。

与陈三才同船前往美国留学的庚申级学生共有79人，其中有陈总（岱孙）、陆梅僧、刘驭万、曾昭抡、陈可忠、萨本铁、张景钺、萧公权、曾劲恂、梅贻琳等。他们都是这个年级中成绩非常优异的学生。

梅贻琳是"清华大学永远的校长"梅贻琦的弟弟，与陈三才同年入清华，又同一批留学美国。20余年后，梅贻琦为陈三才写纪念文章，不仅仅是三才的抗战精神令他敬佩，也因三才与他有太多的缘分——三才是他在美国伍斯特理工学院的校友，学的是同一个专业，还是他弟弟梅贻琳的同级同学。

经过24天的航程，陈三才他们抵达了大洋彼岸的第一个城市旧金山。陈三才来不及与他们一一道别，便与萨本铁等同学又一次启程了。又经过几天的行程，陈三才来到了美国东北部的马萨诸塞州。

在这里，陈三才将完成他人生的第一次蜕变。

理工学院的工科男

1909年9月，清华新建的游美学务处从630名考生中录取了47名学生，作为庚子赔款清华第一期直接留美学生。10月12日下午，这47名留学生在上海江海关码头告别了前来送行的亲人，背负着祖国对他们的期望，登上了"中国"号邮轮启程赴美。47名考生中列第6名的梅贻琦到达美国后，入学马萨诸塞州伍斯特理工学院，进了电机系电机工程专业。他于1914年夏天获电机工程学士学位，1915年回国，在清华学校担任物理学教授。第二年，也就是1916年，陈三才走进清华学校，成了梅贻琦的学生。4年后的1920年，陈三才也走进了马萨诸塞州伍斯特理工学院，沿着老师梅贻琦的足迹走进了电机系。22年后的1942年，已是清华大学校长的梅贻琦在《清华校友通讯》上发表了一篇文章，有一段是这样写的：

刚入美国的陈三才

我校校友于抗战期内杀身成仁者，以陈君为最著，亦以陈君为最惨。今后应如何于文字上及事业上纪念陈君，永垂久远，一部分校友正在筹划中。

陈君就是陈三才。

梅贻琦与陈三才共同的母校伍斯特理工学院成立于1865年，由约翰·波因顿先生和麦克柏德·沃希本先生联手创建。这所学校与以往所建的学校不同，学生在课堂上学习理科和工科的理论后，要在一家制造厂中将学到的知识付诸实践。这所学校始终将"学习与应用并重"作为其教育课程的核心。学校拥有12项改变世界的发明，如第一枚液体燃料火箭、第一座商业广播电台、不锈钢材料、第一套不可破译的密码等。

伍斯特理工学院校徽

1997年，《美国新闻与世界报道》杂志评选伍斯特理工学院为全国50所最优秀大学之一。

伍斯特理工学院的著名校友有"美国火箭之父"罗伯特·戈达德、制造第一辆美国汽车并发明不锈钢等多种合金材料的埃尔伍德·海恩斯、美国空气动力学家理查德·惠特科姆等。

国内著名校友除了梅贻琦，还有杨锡仁。杨锡仁于18岁那年参加第二批庚子赔款留美学生选拔考试，以第1名的成绩被录取。与他同批参加考试的赵元任考了第2名，竺可桢考了第28名，胡适考了第55名。

当年的伍斯特理工学院

伍斯特理工学院明信片，右边英文字为陈三才手迹

杨锡仁是陈三才表嫂汤杨锡琳的八哥，杨家兄弟姐妹与三才亲如家人。杨锡仁赴美后，听从顾维钧博士的建议，先入哥伦比亚大学，后进伍斯特理工学院，攻读的也是电机工程专业。

为了收集陈三才在美国留学的资料，陆宜泰绞尽脑汁，通过盘根错节的关系找过很多人，但效果都不理想。忽然，他想到了一个人，就是多年前到昆山找他办理自费留学手续的陈超。陈超是陈华庚的孙子，也是陈三才的侄后代，现居美国。何不请陈超联系伍斯特理工学院呢？

经过一番周折，2001年5月4日，陆宜泰收到陈超从美国寄来的陈三才在伍斯特理工学院的个人档案，共21页，包括照片，一部分已译成了中文。让陆宜泰没有想到的是，伍斯特理工学院（已更名为伍斯特理工大学）完好地保存着80多年前的学生档案。不仅如此，校方知道陈三才的家乡有人在征集他的资料后，档案员奥比恩先生主动请求陈超联系陆宜泰，告知伍斯特理工大学也要征集陈三才的资料与照片。陆宜泰深深为之感动，托人把他手上保存的陈三才的资料复印了一份寄给陈超，由陈超转交给伍斯特理工大学档案馆。这样来来往往，陆宜泰征集到不少陈三才在美国的资料。

接受笔者采访时，陆宜泰几次提到陈三才在伍斯特理工大学的校友甄晓雯与甄晓琳姐妹俩。这两位广东籍的美国留学生是孪生姐妹，当时正在伍斯特理工大学读本科。甄晓雯多次帮助陆宜泰与伍斯特理工大学档案馆档案员联系，查询陈三才学长的资料与照片，并协助陆宜泰翻译了陈三才的相关资料。晓雯告诉陆宜泰："这些资料让我深入了解了陈三才这位伟大的烈士，他的英勇事迹和崇高精神深深触动了我。在翻译过程中，我不仅提高了自己的语言能力，还进一步加深了对中国历史的热爱和理解。"

甄晓雯在美国波士顿生活了将近20年，渴望了解中国的历史与文化，她回中国时，还专程前往苏州昆山参观了陈三才纪念馆。她说："在那次苏州之行中，我亲身体验和感受这些历史遗迹，让我对陈三才学长的敬仰之情更加深厚。我深刻感受到历史的厚重和先烈们为之付出的巨大牺牲。这不仅仅是一段旅程，更是一

伍斯特理工大学档案管理员玛格丽特向甄氏姐妹介绍陈三才

次心灵的洗礼。我希望通过我的翻译工作，能够让更多的人了解这段历史，铭记这些伟大的人物。"

在这么多热心人的帮助下，陈三才在美国伍斯特理工学院的往事如同一幅叙事画，给我们勾勒出了一位中国青年才俊在20世纪20年代初于美国的求知史。

陈三才攻读的是电机工程专业。当时中国的电机工程理论及应用几乎是空白的，制冷空调设备制造业更是无从谈起，没有一家专业制造制冷空调设备的厂家。可以说，陈三才是带着使命走进伍斯特理工学院的。

陈三才在家乡读小学与中学时英语就非常好，又经过清华学校4年的学习，英语就更好了。所以，他一到美国很快就适应了美国的学习与生活。在伍斯特理工学院，陈三才师从史密斯教授，这位教授也是几年前梅贻琦在伍斯特理工学院留学时的授业老师。史密斯教授感叹中国学生的聪明与自律，第二年就让陈三才担任他的助理研究员。在两年多的相处中，史密斯教授对陈三才的勤奋和人品赞赏有加，暑假期间还推荐陈三才去匹兹堡西屋电气公司实习。

据同学回忆，陈三才在美留学时，依然活泼开朗，幽默风趣，乐于助人。各科老师都喜欢这位来自东方异邦的学生，推荐他加入学院的各类学会。

曾劭恂在其《忠勇爱国的陈三才》一文中写道：

三才进入伍斯特理工学院（Worcester Polytechnic Institute）专习电气工程。他虽远游异邦，如同在清华一般，毫无困难，按时取得学士学位，在四年之内先后当选为工学会、电工学会、科学会的会员。那时习惯用挂表，他的表链上总是挂满了各种学术团体的荣誉徽章。

在体育方面，他比在国内时更有进步。他担任学院的网球队队员和足球队队长。在那时及以前，中国留学生在伍斯特理工学院就读的并不多，然而大都皆有卓越的成就。例如，梅贻琦先生曾任清华校长多年，后曾执掌教育部。又如我同级友萨本栋（作者注：萨本栋是萨本铁的弟弟，萨本铁与曾劭恂、陈三才同年从清华毕业赴美），曾任中央研究院总干事，现居美国，已退休，他在生物化学界享有盛名。三才若不是死得太早，必能在我国工业建设上大放异彩。

陈三才是个热爱运动的学生，而伍斯特理工学院有一百多个俱乐部，学生课余生活非常丰富，每个学生都可以找到适合自己的俱乐部。其中体育项目有足球、橄榄球、水球、篮球、游泳、摔跤、曲棍球、棒球、高尔夫球、网球、垒球、径赛、排球、滑冰等，运动场地及设施也相当不错。对于喜欢运动的陈三才来说如鱼得水。足球是他的最爱，这位华人小伙子在异国校园的球场上奋力奔跑的样子吸引了许多同学和老师。一次学院的足球比赛中，三才那临门一脚奠定了他在足球队的地位。没多久，他就被同学们公推为学院足球队队长。

伍斯特理工学院足球队合影，前排中为陈三才

陈三才在网球场上

马萨诸塞州大学生足球联赛可以说是伍斯特理工学院学生的重要赛事。陈三才率领学院足球队在州大学联赛上屡创佳绩,让学院学生们为之自豪,更让被蔑称为"东亚病夫"的华人感到自信与骄傲。

网球也是陈三才喜爱的一项运动。有一场比赛,三才荣获网球单打冠军。队员们一致拥戴三才担任学院网球队的队长。三才不负众望,率领学院网球队一路冲锋陷阵,转战于马萨诸塞州的各个网球场。

伍斯特理工大学的档案中是这样介绍陈三才的(原文为英文):

陈三才(前排中)与网球队员合影

24岁,清华大学,北京,中国。大都会俱乐部,陶贝塔派,西格玛习。世界俱乐部副主席;网球冠军,1921年至1922年;足球队长,1922年至1923年;网球队长,1923年至1924年;"W"赢得网球和足球比赛。有宿舍设施。保持校园的良好状态。修改某些过于强调技术细节的课程,从而拓宽学生对生活的认识。

丰富的学生生活冲淡了三才的思乡之情。

陈三才到美国的第二年,他大哥的三子、他的清华校友陈华庚也来到了美国。让陈三才更高兴的是,在他赴美国的第三年,大哥的四子、与他同岁同年赴清华园的陈华寅也到了美国。

几年前,一门三子同入清华学校,曾在清华园与苏州城里传为佳话,现在一门三子同赴美国留学更是羡煞旁人。侄子们来到美国,陈三才当然高兴,虽然不在一个城市,但节假日可以相聚。当时在美国留学的还有后来成为陈三才姐夫的程树仁。几年后,陈家的才子们一个一个地获得学位回到祖国,成为各行各业的翘楚。

陈华庚获文科硕士学位后,又获哈佛大学教育硕士学位。1926年秋回国,在云南大学、厦门大学、金陵大学、东北大学、中山大学、浙江大学等校任教授。中华人民共和国成立后,曾从事毛泽东著作的翻译工作,也是《新英汉词典》的主编之一。收藏在陆宜泰先生处的陈华庚的中英文毕业证书虽历经一个多世纪,但品相良好,堪称珍品。

陈华庚在回国的轮船上

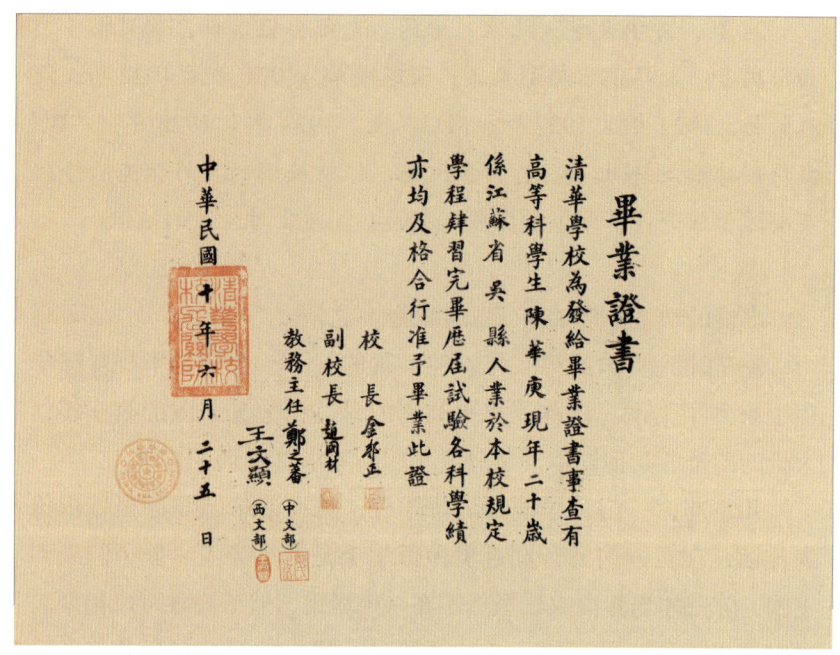

陈华庚的清华学校中英文毕业证书

陈三才到美国的第四年，迎来了他的同学、挚友顾毓琇。当年，两位同学在清华分别时，约定在美国相聚。现在，顾毓琇终于来到了美国，两位好友相见，来了一个西式拥抱。他们再一次相约，待学成归国，为祖国服务。

顾毓琇进入的是麻省理工学院的电机系，两人虽然不在同一个学校，但学的是同一个专业。麻省理工学院与伍斯特理工学院同在马萨诸塞州，所以，两位好朋友有很多机会相聚，每次都有说不完的话题。

顾毓琇虽然学的是工科，但他颇有文学天赋，被称为中国的话剧先驱之一。1925年，他改编的英文版《琵琶记》在波士顿上演，梁实秋、冰心等都在剧中担任角色，顾毓琇自己饰演牛丞相。演出的布

顾毓琇与夫人王婉靖

景、服装、化妆由专门从纽约赶来的闻一多负责。在顾毓琇的邀请下，陈三才也从纽约赶到波士顿观看。演出时，在波士顿美术剧院舞台灯光的照耀下，这些中国未来的文坛巨擘一个一个地展示着他们的青春才华。

26岁就获得电机专业博士学位的顾毓琇受聘于通用电气公司，担任工程师。27岁回国后历任清华大学工学院院长、教育部次长、上海市教育局局长及国立中央大学校长。1950年携家眷赴美定居，着手"非线性控制"专题研究并任麻省理工学院客座教授、宾夕法尼亚大学终身教授。

《扬子晚报》曾用"电机权威、教育专家、文坛耆宿、桂冠诗人、话剧先驱、古乐泰斗、爱国老翁"来概括顾毓琇的身份。

晚年的顾毓琇特别怀念陈三才，把他为陈三才写的一首诗抄录下来，从美国寄给清华大学与陆宜泰：

赫赫精忠事可传,
英灵遥望太平年。
美邦负笈身心健,
沪海经营事业先。
西泠桥边云掩月,
雨花台上气冲天。
痛除汉贼计谋泄,
陈氏三才志节坚。

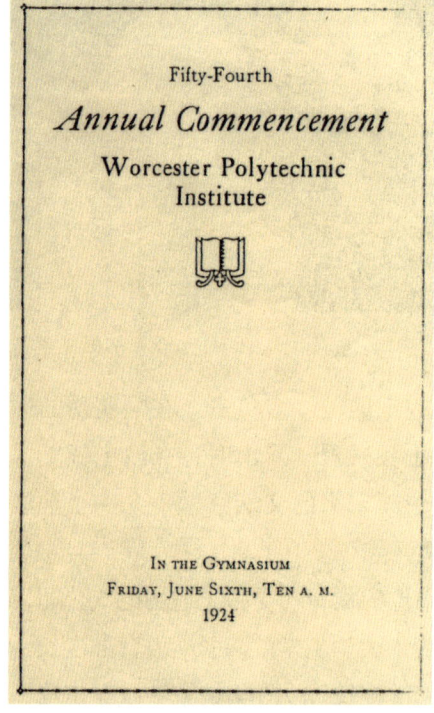

1924年伍斯特理工学院第54届毕业典礼证

1924年6月6日,伍斯特理工学院举行第54届学生毕业典礼。陈三才以各科全优的成绩获得了学士学位。

陆宜泰征集到美国伍斯特理工学院有关陈三才1920年入学至1924年毕业期间的一些档案资料,其中有一份资料称:

陈三才身高5英尺6英寸,体重128磅,精通中文、英语,略通德语、法语,任美中电机工程师协会秘书及主席。

还有一份资料翻译成中文是:

陈先生是班级里前六名的学生之一,是T.B.Ⅱ队和EⅢ队的队员,足球队队长、网球队队长、学院网球赛单打冠军,四海一家俱乐部的会计,辩论协会副主席。1902年8月4日出生于中国苏州,清华学校毕业后考入伍斯特理工学院。

档案中还有导师对陈三才的评价：

陈三才是我班最值得信赖的同学之一，当他说"我目前还不知道"的时候，你就可以确信，他不久就会找出答案，而更重要的是他会找出正确的答案。他不仅学习努力，而且在他承担的任何其他工作上也非常努力。……无论多么熟悉他的人都会发现，陈是一个忠实的朋友，一个愉快的伙伴。

"一个忠实的朋友，一个愉快的伙伴。"一句话让陈三才的形象跃然纸上。

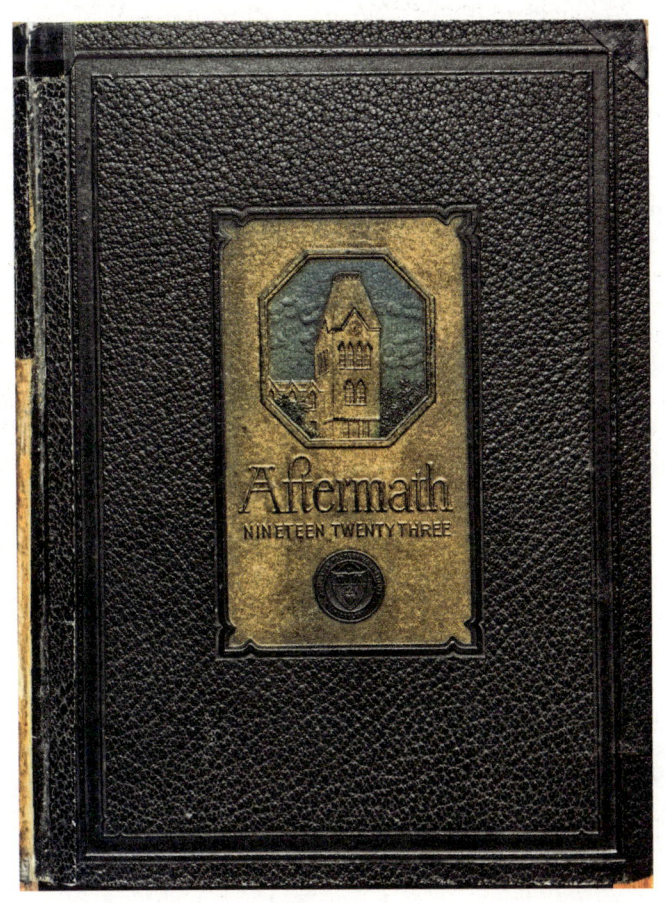

伍斯特理工学院1924年出版的《校友纪念册》

ALUMNI SERVICE EXCHANGE
WORCESTER POLYTECHNIC INSTITUTE
WORCESTER, MASS.

Class 1924
Course E.E.

Mr. Sarcey T. Chen,
820 Holland Ave.,
Wilkinsburg, Pa.   24

If this address is incorrect, note changes here

Date MAR 11 1926

PERSONAL HISTORY

Date and place of Birth: Aug. 4th. 1902, Soochow, China
Height: 5'-6"   Weight: 128   Any Physical Defects? None
Married: no   No. of Children: —   No. dependent upon you: none

EDUCATION

Preparatory School: Tsing Hua College   Year Graduated: 1920
Post graduate work at W.P.I. or other institutions:
Degrees received:
What foreign languages do you read? Chinese & German & French
speak? ← fluently →   ← slightly →

TECH ACTIVITIES

Member of what organizations: Cosmopolitan Club, T.B.Π., ΣΞ
Athletic record: Soccer 1920-24, Tennis 1921-24   "W" man? Yes
Class and society offices held: Secretary, Vice President, & District Vice President N.A. of Cosmopolitan Clubs.

LATER ACTIVITIES

Religious or Educational:
Political or Civic:
Engineering Societies: Associate of A.I.E.E., Member, Secretary, Chairman of E.E. Section of the American Division of Chinese Eng. Society.
Fraternal Organizations: ΣΞ
Other Affiliations:

伍斯特理工学院关于陈三才的档案

年轻的电气工程师

从伍斯特理工学院毕业的陈三才深知,仅靠大学里学的书本知识,想回国实业救国是远远不够的。为寻求继续深造的机会,他找到导师史密斯教授,请求教授帮他推荐一家公司,这样可以边工作边研究。史密斯教授原本就欣赏陈三才的才华与人品,因此,他立即把陈三才推荐给了美国著名的匹兹堡西屋电气制造公司,也就是威斯汀豪斯电气制造公司,并建议他专攻制冷技术。

匹兹堡位于美国宾夕法尼亚州西南部,是宾州仅次于费城的第二大城市,曾是美国著名的钢铁工业城市,有"世界钢都"之称。

陈三才留学的那段时间,匹兹堡的工商业发展很快,几年时间迅速成为美国工业革命的中心,并诞生了一大批工业革命的先驱。钢铁大王安德鲁·卡内基建立了卡内基钢铁公司,后来卡内基钢铁公司和联合钢铁公司等十几家企业合并为美国钢铁公司,一度垄断了全美一半以上的钢铁产量。

乔治·威斯汀豪斯,美国工程师和发明家,获得过400多项专利,其中包括空气制动器(1869年)、铁路制动信号装置(1882年)和输送电力的实际可用方法。

就是这位乔治·威斯汀豪斯,于1886年1月在宾夕法尼亚州的匹兹堡创办了西屋电气制造公司。早期,西屋电气制造公司是托马斯·爱迪生电气公司的竞争对手。1892年,爱迪生电气公司与汤姆森·休斯顿电气公司合并,形成了一个更大的竞争对手——通用电气公司。后来,西屋电气公司与通用电气公司都成为世界500强企业。

陈三才一走出马萨诸塞州的伍斯特理工学院,就直接走进了宾夕法尼亚州匹兹堡的西屋电气制造公司,从一名工科学生华丽转型为一名工程技术人员。在史密斯教授的帮助下,陈三才被安排在工程部。他遵循导师的建议,在工程部专攻制冷技术。

陈三才是那种自带光芒的人,内心永远有一束光,照亮自己前行的路。到西屋电气制造公司后不久,他的才能和品德就得到了公司管理者的赞赏。在西屋电气制造公司工作一年后,陈三才又被中国驻华盛顿公使馆推荐到纽约的威斯汀豪斯公司工作。

陆宜泰先生搜集到了1925年9月1日中国驻华盛顿公使馆的英文信函后,请他的舅舅李世虬翻译成中文。李世虬先生毕业于解放军外国语学院,曾主编九年义务教育《小学英语》和《初中英语》教科书。信函翻译成中文的主要内容为:

这是中国驻华盛顿公使馆公使司少科(音译)给陈三才母校史密斯教授的信。据悉,陈三才在学院就读期间,曾担任教授的业余助理研究员。学院的注册员已把陈三才的有关材料寄给我,从材料上可以看出陈三才成绩优异。陈三才毕业后在匹兹堡西屋电气制造公司工作一年。该公司的副厂长科普先生对陈三才的能力和品德评价极高,现将科普先生的信附上供参考。

史密斯教授接到中国驻华盛顿公使馆的推荐信后,于1925年8月26日给西屋电气公司总裁奥斯本写了一封信,翻译如下:

亲爱的奥斯本先生:

我希望您能注意到学院一位刚毕业的学生,在他的毕业典礼上所写的一封信。我让他这么做是为了把整个情况告诉你。陈三才先生是中国理工科最高学府清华学校的毕业生,师从我以前的学生梅先生,并在梅先生强有力的推荐下来到我们这里。陈先生已经在匹兹堡的工程部工作了一年,并计划再工作一年。我建议你在纽约与陈先生约定一次会面,以便你或你所信任的某位品格和能力的评判者可以与他面谈。我觉得这样一个面试的结果,会让这位年轻人把未来留给有能力的经验者去创造,他已经在中国创造了很多机会。在我看来,这件事应该引起你的注意。

信中提到的梅先生指的是梅贻琦。史密斯教授在信中没有提

```
CHINESE LEGATION
    WASHINGTON

                                September 1st, 1925.

Prof. H. B. Smith,
  Electrical Engineering Department,
  Worcester Polytechnic Institute,
  Worcester, Mass.

Dear Sir:

     I am writing you with respect to Mr. Saregy
Sai-tsai Chen who, as I understand, was your part
time assistant when he was studying at your Institute.
He informed me that he graduated about a year ago.
The Registrar of your Institute has sent me his
scholastic records which are of very high character
and also a statement of his other activities. I am
passing them on to you for your information. Since
his graduation, I am told, he has been working for the
Westinghouse Electric and Manufacturing Co. at Pitts-
burg. Mr. H. W. Cope, Assistant Director of Engineering
at the East Pittsburg Works, wrote me highly favorable
to his ability and character. For your reference, I am
sending you herewith his letter.

     Mr. Chen tells me that he wishes to enter the
services of the Westinghouse International Co. at
New York. I believe such a connection when made would
be profitable to both parties concerned. Should you find
it possible to help Mr. Chen to realize his wishes, I
would also appreciate your efforts.

                                Yours sincerely,
                                Sao-Ke Alfred Sze.

EX/Y.
```

中国驻华盛顿公使馆函

到陈三才要去纽约威斯汀豪斯电气制造公司工作，只是让奥斯本总裁与陈三才见一面。

陈三才是怎么与奥斯本见面的，我们暂没找到相关资料。但经史密斯教授的推荐，陈三才成功地从西屋电气公司来到纽约的威斯汀豪斯电气制造公司工作。

在美国工作，是陈三才为日后回国寻求实业救国所做的初步定位。在威斯汀豪斯电气制造公司工作期间，陈三才仍然研究制

冷技术。但他不是那种书呆子式的学生，在美国的几年里，他先是利用学校的寒暑假，后利用公司的休假，行走于美国的许多城市。他学会驾车后，约上同学或同事，定个大致的方向，一路驾车一路走访。每到一处，他总要对当地的社会经济以及电气制冷企业的各种先进产品和市场前景做一番仔细的考察。

当时美国工业已经进入电气化时代，而中国在电气化方面几乎是一片空白。这让年轻的电气工程师深受触动，甚至感到非常沮丧与失落。他一边考察一边思考：为什么自己的祖国如此落后？怎样才能使祖国强大起来？陈三才以一个工科生的视角认为，一个国家的强盛，还得依靠现代工农业和商业的发展，闭关自守的国家是没有出路的，更不可能强大起来。自己只是一名学生，不是政治家，也不是企业家，他能做的就是把在美国学到的电气工程知识应用到中国的工业和农业上，让中国先进起来，让中国人也能享受到现代化的成果。

此时的陈三才已经是一名颇具声望的电气工程师，如果继续在美国发展，也许会与他的校友萨本栋一样，成为著名的电气工程专家或者发明家。但他决定离开美国，把所学的知识带回祖国，造福民众，走实业救国的道路。

第二章

沪上名士

"回乡救国之预备"

1926年夏，陈三才写信给家里，把回国发展的想法告诉父亲，并征求父兄的意见。父亲回信，很支持三才的想法，希望他尽早回国创业。得到父兄的支持，陈三才一刻也没有耽搁，立即向纽约威斯汀豪斯公司的总裁奥斯本提出辞职。奥斯本听到陈三才的口头辞职后，做了一个表示遗憾的手势，说三才是一位很有前途的电气工程师，如果在美国致力于电气工程的研究，一定会成为一名优秀的电气工程专家。陈三才感谢奥斯本先生的挽留，他说：我的祖国还很落后，我的父母及大多数兄弟姐妹都在国内，我要把在美国所学的电气知识带回祖国，为国家的进步做一些事情，我非常想为国人服务。奥斯本先生被陈三才的爱国之心与真诚打动，给了他一个热情的拥抱与衷心的祝福。

这年初秋，陈三才怀着实业救国的抱负告别美国的同学、同事、好友，回到了祖国。

一别六年多，陈三才一踏上上海的土地，一切是那么熟悉，又是那么陌生。在过往与家人、同学的通信中，他虽然知道在美留学的这些年里，中国发生了许多事情，但还是有一种恍如隔世的感觉。

陈三才出国时，正值直皖战争时期。以段祺瑞为首的皖系军阀和以曹锟、吴佩孚为首的直系军阀在北京、天津一带打得烽火连天。战争的结果是直系和奉系军阀合作击败了皖系军阀，段祺瑞被迫下台，直系军阀取得了政权。如今归国，又是奉系军阀在掌权。原属直系的浙江督军孙传芳为浙闽苏皖赣五省联军总司令，以东南五省首领自居。吴佩孚则趁机到汉口自称苏浙鄂赣川等

十四省讨贼联军总司令，重新纠集直系势力，还是烽火连天。

在陈三才回国前的7月9日，国民革命军在广州誓师，北伐战争拉开了序幕。战争涉及的地域很广，大小军阀之间或附北倒南，或附南倒北，或互相火并，战争形势发展到了最微妙的阶段。

陈三才归国后，看到军阀的割据、纷争乃至混战造成政局动荡，致使社会生产无法正常进行，给民众带来了深重灾难。作为一名刚刚回国的怀揣实业救国梦想的留学生，他文不能提笔安天下，武不能上马定乾坤，只能祈望战争快快结束，国泰民安，迫切希望把在美国学到的高科技用在国内的发展建设上，带动一批学有成就的学子、商人发展中国经济，为祖国贡献他们的所学。可如今，世道动荡，满腔抱负无处施展。

凡事都要从长计议。陈三才打算先回苏州，与家人团聚。

全家人都在等着三才的归来，特别是父亲陈百川，见到儿子时，激动地打量了好半天。出国时，儿子一脸稚气，活泼可爱。如今站在眼前的儿子明显成熟稳重了，个子也长高了一些。离家六载，归来时风华正茂，陈百川满心欢喜。一家人像过节一样热闹，三才母亲领着佣人做了许多美味佳肴，都是三才喜欢吃的美食。在外多年，吃够西餐的三才看着朝思暮想的家乡菜，顾不得绅士风度，大快朵颐。母亲看着三才，满眼的心疼。一家人一边吃饭，一边听三才说着这六年的求学经历。说到今后的打算，三才非常想听听父兄的建议。

饭后，父子几人一边喝茶，一边商讨着三才的去向。这几年，陈百川与几个年长的儿子在各地奔波，对周边城市的情况非常了解，特别是上海。

自开埠以来，上海日益繁华，特别是民国初期，适逢第一次世界大战，西方列强无暇东顾，民族资本主义得到进一步发展。商人秉持实业救国的理念，建厂房、开工厂，一时如雨后春笋般涌现，上海逐渐成为中国最重要的工业基地。同时，众多的银行、外资机构、各类百货公司、高档饭店及歌舞厅等，在上海这个"魔都"横空出世，每天都上演着商业奇迹。上海逐步稳固其作为全国经济和金融中心的地位，成为东亚国际性通商巨埠，不逊于当时的伦敦、东京等大都市，因此被称为"东方巴黎"。

陈百川跟三才说：这十来年，上海的经济发展很快，金融、出版和百货业等方面发展更快，特别是金融方面，银行在上海遍地开花，尤其是外资银行与我们本土金融机构共同主导了中国的金融界。中国银行总行原本设在北京，现在也迁到了上海，上海已经形成了一个特别繁荣的金融环境。三才说：前几天我出了码头走在上海的街上，明显感到比6年前繁华了许多，晚上的灯红酒绿不比纽约逊色。我拜访了几位同学，他们的事业做得很好，还建议我去上海发展。

陈百川继续对三才说：近几年，上海的工业和外贸也在迅速发展，这种经济发展态势，不仅吸引了国内有钱人前往上海投资，也吸引了外国人来上海投资。根据你所学的专业，我认为，上海是最适合你去的地方。

父亲的这个意见得到三才的几位兄长的赞同，这也正合三才的想法。他决定去上海从事与自己专业相关的事业。至于具体工作，先去上海看看再说。

陈三才的母亲很想让儿子留在苏州发展，但她一向听从丈夫的安排，再说上海离苏州很近，儿子可以经常回苏州。这么想着，母亲便也释然。

在家住了几日，陈三才就去了上海。

上海对于陈三才来说，并非陌生之地。6年前，他从上海出发前往美国，上海算是他人生的启航地。当年，上海的熟人与亲戚还不多，如今回来，已经有许多清华同学与留学回国的同学在上海生活与工作了，包括他的姐姐陈定秀。陈定秀与程树仁结婚后定居在上海，夫妇二人的事业正如日方升；还有三才的姑妈之子，也就是三才的表兄汤兆钧，他与夫人汤杨锡琳也住在上海。三才的这位表兄长期在外省任职，任过温州盐务总收税官、淮北稽核分所税警课总务股股长、皖属盐税局局长、长芦盐务视察等职。汤兆钧虽是位官员，却常常与周瘦鹃、江小鹣、陶冷月、蔡巨川、张禹九、胡亚光等文人墨客雅聚。周瘦鹃笔下的他是"一位伶牙俐齿会说会笑的江小鹣式的"人物。他还是位摄影爱好者，陈三才的一些照片就出自他手。此时,他已与汤杨锡琳离婚。

表兄与表嫂离婚,并不影响三才与表嫂一家的感情。此后,三才除了婚后生活的那几年,单身时都是与表嫂一家住在一起。

汤杨锡琳,字一碧,年长陈三才7岁,是杨敦颐的第九女,曾任上海裨文女中、协进女中及苏州振华女中的校董。杨敦颐是苏州同里"杨柳松柏"(杨敦颐、柳亚子、金松岑、张伯儒)四大户之一。我国著名社会学家费孝通先生的母亲杨锡纶是杨敦颐的长女,也就是说,汤杨锡琳是费孝通的姨妈。陈三才与汤杨锡琳一家住在一起时,费孝通到上海经常去看望姨妈汤杨锡琳,与陈三才也时有交流。

汤兆钧与汤杨锡琳育有4个孩子——儿子汤定宇、汤恢宇,女儿汤益宇、汤靖宇(后文中出现的汤美丽、梅,指的都是汤靖宇)。汤靖宇是陈三才最喜欢的孩子。用陈三才侄子陈华伟的话说,汤靖宇是陈三才的"干女儿"。

陈三才(左一)与汤杨锡琳(前排中)等合影

陈三才（后排左一）与汤杨家合影

陈三才抵达上海时，正值仁社中国分部创办之际。三才定下住处后就投入仁社的创建工作中，时间大约在1926年底。

仁社是一个留学生创办的组织。1919年春天，由9位留学生在纽约成立。到了1923年，美国分社增至8处，还成立了欧洲分社。仁社社友皆为留学生中的精英人士，是各行各业的俊彦，可谓人才济济。

1926年，仁社的管理者将仁社引入国内，成立了仁社中国分部。鉴于"国事紧张，日甚一日"，留学生们希望秉持"抱爱国利群之旨，立舍己益人之志。真诚相与，忧乐与共。服务惟恐不先，分利惟恐不后。己之于社，先社而后己。社之于国，先国而后社"的精神，以求实业救国之目标。

陈三才刚刚从美国纽约归国，对这项工作非常热心，与其他留学生本着服务他人之心，"讨论结社之紧要，谋集合同志，群策群力，为祖国造福利"。

仁社的宗旨有强烈的爱国情怀和现实关怀，正如仁社社长任嗣达于1927年在仁社中国分部成立大会的宣言中说道：

　　忆昔留美之际，祖国多事，政纲未定，百业废弛。旅居异域，目睹其璀璨河山，富庶兴旺之象，不觉奋然勃兴，勇气百倍，救国之志，于斯以立。徒以学业未成，经验缺乏，虽有大志，无以致用。乃集合同志，常相聚会，切磋砥砺，互相奋发，为异日回乡救国之预备。

　　陈三才坐在台下，闻此宣言，感觉社长的这番话说到他心里了："回乡救国之预备"，这不正是我的肺腑之言吗？正值青春年华的陈三才心潮澎湃，立志为仁社及社友热忱服务。

　　仁社成立后，陈三才任仁社中国分部的社员委员会书记，负责"物色适当人才介绍入社事宜"。

　　我们来看看1927年陈三才为仁社起草的一份招募新社员的文告。

仁社同志如见：

　　窃维本社中国部正式组织以来，已将匝岁，赖诸职员之牺牲、各社友之热忱，社务日就条绪，团结日见巩固，各处分社均进行不遗余力，各委员亦俱认真合作，故对于本社之将来想同志亦须抱乐观也。际此本社精神方兴未艾之时，正宜开始征求新同志，俾他日规范扩充社务繁多，不致有乏人之虞，故本委员深愿同志随时地留心物色，务使本社同志日增月加，以手足之感情，协助牺牲之精神，而谋中国之幸福焉。然选择新同志时，宜慎而不宜滥，本社之目的有二：一曰联络社友感情，二曰为国家谋幸福。故物色人才，亦宜以此为标准。如介绍新同志时，即应考其（一）能否与本社同志溶合协作？（二）有否一长之处，能为社会国家效力？至于介绍手续已详载《仁声》第二期中，兹不赘。各种空白表格，各分社书记处暨本委员会均备，随索即寄。专此谨颂进步。

中国部社员委员会书记陈三才启
五月廿五日

当年8月举行的仁社大会上，陈三才被选举为司记，即记录秘书，成为仁社的二号负责人。陆宜泰先生征集到一张1927年至1928年间的仁社照片，照片上的4位负责人分别是中国分部部长任嗣达、记录秘书陈三才、通信秘书吴达模、会计施济元。仁社的社员主要是事业上的同道，入社门槛较高，如《仁社中国总社职员题名》中将主要的社友分为银行、教育、交通、进出口、纺织、报业、广告、工程及电影等行业。

陈三才初到上海时，他的社交圈除亲友外，主要是清华同学圈与留美同学圈，现在又多了一个重要圈子，就是仁社社员。这些丰富的人脉为他即将进入的北极公司带来了商机。

陈三才一边参与仁社的创建与管理工作，一边就职于美国电气洋行，不久后又转投恒敦洋行，做的都是进出口贸易生意。

刚到上海时，陈三才住在康脑脱路（今康定路）康乐里677号，后搬到愚园路579号中实新村的一幢公寓里。几十年后，陆宜泰先生拜访上海市政府参事杨小佛先生时，杨先生回忆，1937年"八一三"事变时，他家地处战区，逃至英租界愚园路中实新村一处汤姓人家的寓所，寓所的女主人汤杨太太是杨小佛母亲的同学，这位同学就是陈三才的表嫂汤杨锡琳，寓所就是三才表兄汤兆钧的住处。

杨小佛先生还回忆说：我那时才20岁光景，刚刚从光华附中高中毕业，我家租住在汤寓里，陈三才也住在汤寓。汤家有两位公子、两位小姐，我们经常在一起玩。陈三才是他们的舅舅，可没有大人的架子，和蔼可亲，言谈风趣幽默，相处毫无代沟之感，有空就开着轿车带我们一道去玩。

杨小佛先生是民主革命先驱杨杏佛的儿子，15岁那年，目睹父亲在上海亚尔培路遭暗杀。杨杏佛遇难后，母亲带着儿子靠抚恤金生活。淞沪战争时东躲西藏，后搬到租界汤杨锡琳家才得以安身。

步入商界

在上海，陈三才虽然在两个洋行里做着进出口贸易生意，但他从没有停止过思考电气工程如何在中国运用。

在一次商业聚会中，陈三才与美国工程师、美商北极公司的总经理汉布尔敦（Hambleton）相识，两人相见恨晚。陈三才是美国电气、冷气、暖气、通风等工程学会的会员，谈起电气工程方面的技术如数家珍，对中美两国的电气状况也是了如指掌。于是，两人一有机会就聚在一起，北极公司有什么电气方面的问题，汉布尔敦就会想到陈三才，而三才一定能想到解决办法。一来二去，汉布尔敦就有了一个想法——邀请陈三才加入北极公司。汉布尔敦的话一出口，陈三才的眼睛闪着光亮，脱口而出：我正有此意！无需多言，两人一拍即合。不久，陈三才离开了恒敦洋行，正式加入美商北极公司。

受到汉布尔敦的器重，陈三才一进北极公司就担任了公司副总经理。

汉布尔敦早年毕业于美国康奈尔大学电气工程专业，后在美国军队从事电气工程工作。1921年，他在美国创建了北极冰箱电气公司，并制造出了名牌产品"北极"牌电冰箱。该产品关键的电气部分采用了当时美国通用电气公司的尖端技术，在制冷部件上则采用美国最先进的压缩机。产品高效、故障少、省电又耐用，一上市即风靡全美国，后来又在欧洲市场畅销，成为20世纪初冰箱品牌中的佼佼者。

当时的中国还没有电冰箱，到了炎夏季节，食品、果蔬等难以保鲜保质。为了使食品不变质，老百姓会将食物放入地窖或水井中，但这样也只能保存一两天。汉布尔敦看中了中国这一巨大的潜在市场，遂于1924年在上海创建了美商北极公司。起初，公司只是代销进口的美制"北极"牌冰箱，陈三才加入后，公司培养了一批中国的技术工人，逐渐将公司业务转为生产、组装、保养、维修等一系列服务。尽管冰箱售价不菲，普通老百姓还难以企及，但当时的上海有钱人很多，冰箱不仅对食品、蔬菜、水果等起到保鲜作用，还能自制冰激凌等冷饮，因此在上海中产以上的家庭中很受欢迎。由于"北极"牌冰箱的商标是一顶皇冠，上海人俗称它为"皇冠冰箱"。

陆宜泰先生想了解陈三才在北极公司这段时间的详细情况，于2008年9月来到上海档案馆。幸运的是，档案馆还真的保存了20世纪20年代有关北极公司的档案，有上百页之多。陆宜泰大喜过望，不过翻了十几页之后发现全是英文，他一个字也不认识，只能对着电脑望而兴叹。尽管这样，陆宜泰还是不愿意放弃，一页一页地继续翻着资料，他相信这些资料中一定会有中文资料。到了中午，陆宜泰还是不愿意离开档案馆，他把包里的馒头拿了

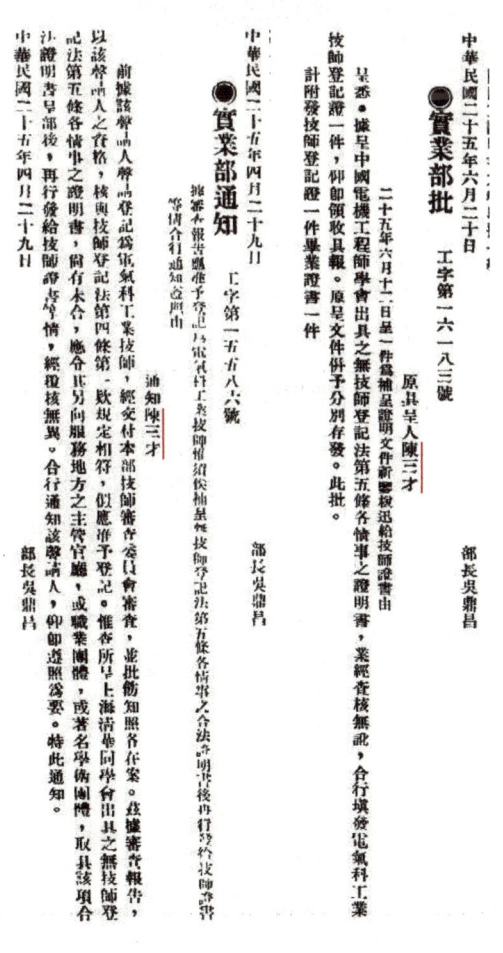

实业部与陈三才有关的两份批文

出来。在管理员诧异的目光下，他一边啃着馒头一边在电脑上查找，当他把第四个馒头吃完，眼前一亮，电脑中真的出现了中文资料！用欣喜若狂来形容陆宜泰当时的心情一点也不为过。他拿出笔和纸，把有汉字的页码记了下来，一共找到49页中文资料。一页都不能少，他打印了38页，复印了11页，一共花了79元。

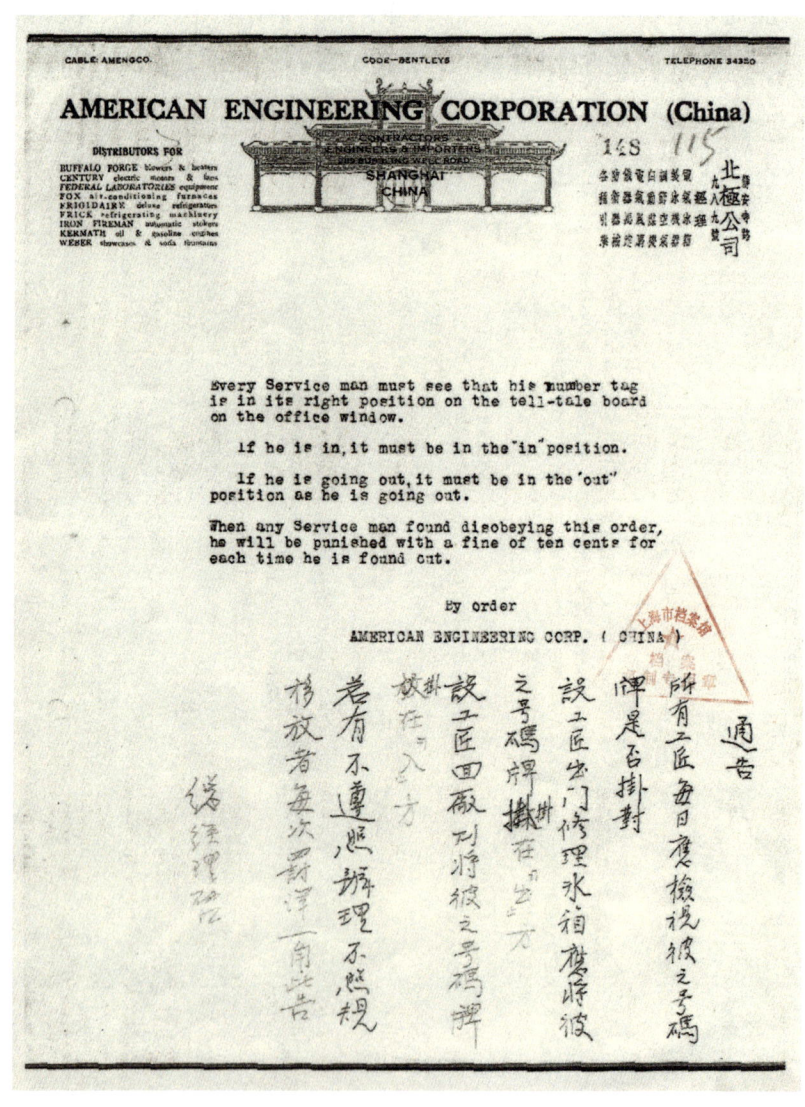

陈三才手写的通告

这些资料中有民国实业部给陈三才的批文、仁社社友录、联青社社员录、担任联青社司库的陈三才撰写的报告、陈三才追悼会资料，以及陈三才在杂志上发表的两篇文章《神眼》与《顺风耳》等。

其中一份资料中显示：

北极公司地址：静安寺路989号
公司电话号码：34350
陈三才住宅（一）福履里路622号
陈三才住宅（二）愚园路1125弄6号
住宅电话：70625

档案馆藏978-2-15046卷记载，上海美商北极公司成立于1924年，曾在美国驻沪领事馆注册。北极公司经营电气冰箱、制冰机械、空气调节器、自动煤机、电气风扇、仪器马达、防卫器械、钢铁汽锅、调节仪器等。1941年12月8日，太平洋战争爆发，公司业务陷于停顿。抗战胜利后，上海总公司恢复办公，办事处设于南京西路985号二楼。

另外，北极公司在香港、昆明、南京、杭州、重庆等地设有分公司，经营面广，销售量大，与国民政府、法租界公董局，各国驻沪领事馆，国民党空军司令部，全国各大煤矿，上海各大宾馆、饭店、电影院、戏院等都有业务往来。

此前几乎所有的资料，包括陈三才的同学与家人回忆，都说陈三才在上海创办了北极公司，也就是说，这家公司是陈三才到上海以后才创建的，是他的私营公司。《上海制冷史》一书也写道："1926年，陈三才会同他在留美时的同学、美国人温德华合伙创办美商北极冰箱公司，经营空调工程的安装和维修业务，兼营冰箱进口业务。"但从陆宜泰在上海档案馆查到的资料来看，我们可以澄清一个史实：早在1924年，美国人就开了这家公司，上海的北极公司只是美国北极公司的一家分公司。

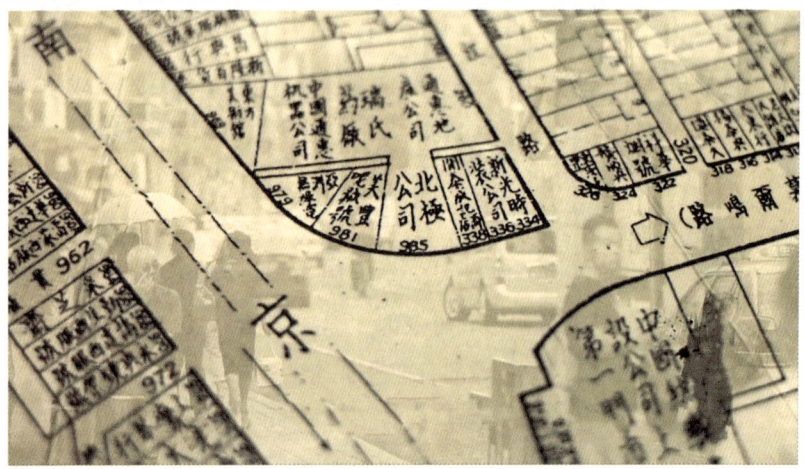

北极公司位置图

由此可见，这家公司是我国较早与美国联营的公司，或称美商投资公司，总部设在美国。公司地址是静安寺路989号，地处上海静安寺路与慕尔鸣路（今茂名北路）路口，是一幢富有东方色彩、中国宫殿式的三层大楼。大门上方挂着"美商北极公司"的牌子。进门就是一个展厅，陈列着各种规格的冰箱、制冷机等样品，其中最有名的是"北极"牌电冰箱。展厅上面有个阁楼，是公司的办公室。

北极公司专门聘用了一批冷暖气、通风设备方面的专职安装、调试和修理的技术人员。在这些专业技术人员中，大多数是跟着

民国二十六年（1937年）北极公司与国立北平故宫博物院南京分院业务往来的文件

陈三才任北极公司总经理时发布的通告

师傅学会的，不是很专业。陈三才来到公司后，就把在美国学到的当时世界上最先进的电气与制冷方面的专业知识传授给这些技术人员，有时也会开办短期的专业培训班，把在美国匹兹堡西屋电气制造公司与纽约威斯汀豪斯公司学到的先进管理模式应用于北极公司，从而将北极公司推向了国内经营管理的顶级水平。

公司实行销售、安装、调试、维护一条龙服务，只要客户有需求，陈三才等管理人员都会尽心尽力做到最好。因此，北极公司在当时的上海滩生意做得风生水起，经济效益当然也好。

等这一切稳定下来后，陈三才又协助汉布尔敦创建了中国第一座冷藏库，使北极公司在上海的知名度更高了。

陈三才的专业水平与管理才能让总部及总经理汉布尔敦颇为赞赏。不久后,汉布尔敦离任,陈三才担任了北极公司第二任总经理兼副总裁。1936年,北极公司又成立了中国通惠机器公司,陈三才兼任这家公司的常务董事。

我们来看1938年7月《文汇报》刊登的一则北极牌冰箱图文广告:

保障食物　最为安全
全球销路较任何冰箱多一百万只

北极电气冰箱,风行世界,已二十二年,箱内地位宽大,贮物量极大,又有各种特殊之优点,故从种种方面观察比较,实为最值得购备之冰箱。际此时疫流行,各界方努力防疫设施,对于食物之安全,尤为先决之条件。欲求万全之保障,舍北极冰箱莫属矣。

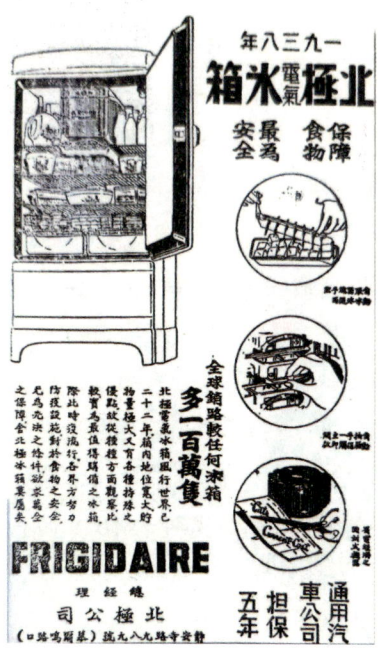
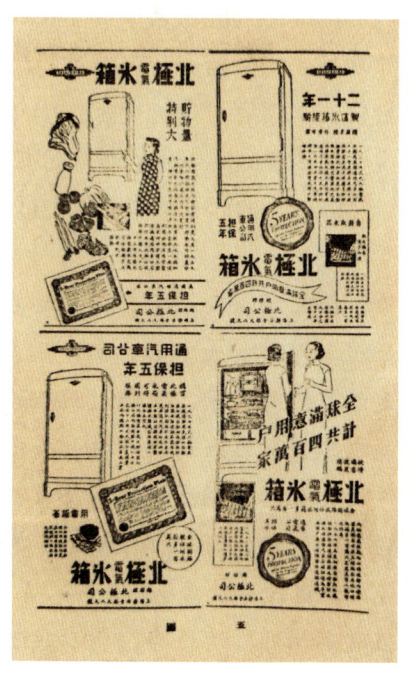

北极冰箱广告

在20世纪20年代末的上海,电冰箱还是一个新奇的高科技产品,中国许多地方几十年后才听说这个词。

有一本书提及当时的北极冰箱,说:"那些冰箱不是独立式的'便携'冰箱,而是采用'集中供冷'式。每户每楼层的冰箱用管线连通到底层动力房内的公用制冷压缩机组。就像如今的中央空调那样运作:压缩的制冷剂氟利昂经公共管线通往各家各户,经过冷交换后的氟利昂回收到动力房。每户的冰箱有上下两个重叠放置的大箱体,又厚又笨,估计箱壁填充了许多石棉之类的绝热保温材料,冰箱门靠铰链和门闩与箱体实现密封。外露的门闩和卡口十分厚实,粗厚的门铰链也非常醒目。"

那时的电冰箱是这样的吗?陆宜泰先生征集到一段当时的录像,时长只有一分钟左右,视频中陈三才站在一台大冰箱前与一位中年女士交谈。这台大冰箱不是上下两个重叠的大箱体,而是一个整体,上半部分三分之二是双开门,门比较厚,里面有许多隔层,最上面的左边有一个小门,像如今单门冰箱的冷冻室。下半部分三分之一似乎没有门,估计里面摆放的是压缩机。

视频中的陈三才中等个头,西装革履,头发色泽乌亮,向后梳。他打开冰箱门,从冰箱中拿出一台仪器,笑容可掬地向那位中年女士逐一讲解,每说一句话都微微躬身,非常儒雅。

可扫描二维码观看相关视频

陈三才的侄子陈华伟曾去过北极公司,他说:

在上海的日子里,有一天司机接我们去慕尔鸣路的北极电气公司。那是一座中国古代宫殿式的建筑,上有绿色的瓦顶,四周是红色的圆柱子,嵌着大面积的玻璃橱窗,里面展示着各种规格的电冰箱及无线电收音机。公司后面是一些厂房、车间。那里制造发动机和空调所需的各种设备。"好叔"(陈华伟对陈三才的昵称)先带我们去他的豪华大办公室(这对像我这样的10岁的孩子来说也没有什么感觉),从窗户看出去是南京路上繁忙的汽车。当时苏州还没有汽车,所以我激动地数着经过的汽车,一、二、三……我正数得高兴时,妈妈叫我,好叔要带我们去看车间。就这样，我们经过工程师们的设计室与制图工作室，然后进入了车间。那里有许多管道和组装的样品，各种车床发出轰鸣的声音，有旋床、钻床、焊机，各尽其能地奏出了一曲交响乐，最后才能完成制冷的使命。我看得兴奋极了。有一个技术员问好叔一个问题，只见好叔从上衣口袋里取出一个约6英寸长的计算尺，量了一下，立即为那个技术员提供一个答案，帮助他解决了问题。那位技术员高高兴兴地回去继续工作了，将承包的空调系统组装在一起。我看这位在美国学习后回国的总工程师、北极公司的总经理，用一个小小的仪器就解决了问题，我满心佩服和尊敬。三才叔叔的个性、对他人的关怀、他开朗的性格和幽默感也影响了我。

随着业务量的扩大，北极公司又推出了一款名为"冷气机"的高档产品，这是一款单制冷的"空调"。第一台冷气机被南京路上的沙利文西餐厅买去。冷气机的方形金属管环绕在餐厅的天花板上，这种裸露在天花板上的方管成了当时最时髦的装饰，食客们感到十分新奇，在炎热的夏季坐在有冷气的餐厅里进食别有一番风情，再也不会出现一边吃饭一边擦汗的尴尬情形。当年沪上夏天最时尚的去处就是沙利文西餐厅。此后，各大电影院如国泰、沪光、兰心、平安、新华等，先后安装了北极公司的冷气机。在炎炎夏日里，坐在春天般的影院中看一场电影，成为上海滩富裕阶层的一种享受。

陈三才与公司管理者看到冷气机热销，又推出了一款家用柜式冷气机。这是一种水冷式冷气机，外形如一台大冰柜，价格不菲，可以想象什么人才能用得起这种冷气机。但再昂贵的东西也会有人买，何况上海滩聚集着中国的富豪。富豪们不缺钱，纷纷把冰箱、冷气机搬回家。如祁齐路（今岳阳路）的宋子文家、大西路（今延安西路）的顾宅等，率先在家中安装了北极公司的这款冷气机。

不多久，北极公司的家用冷气机逐步进入其他富裕家庭。上海滩的重要商场、娱乐场所以及豪门世家，无不以家有冷气机而感到时尚与自豪。要知道这是20世纪20年代末30年代初，绝大

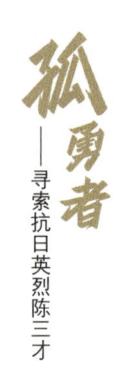

多数中国人还生活在油灯照明的环境下,炎炎夏季要靠手里的蒲扇度日。

公司生意的红火,给陈三才带来财富的同时,也使其成为上海滩上小有名气的富商。他的社交圈变得极广,过着出有车、食有鱼的生活。陈三才的继女陈华琼(桂梅琳)在后来的回忆文章中写道,当时他们家有9个仆人,还在上小学的她就有一辆专车。

2001年6月10日,陆宜泰又一次去上海拜访84岁的杨小佛先生,后者回忆道:

陈三才这个人我是认得的,抗战时期我家搬到愚园路579号中实新村。陈三才与他的表嫂住在一起,我们租他们的房子,与他们是楼上楼下,我比他小17岁。陈三才是制冷专家,专门搞冰箱的,有工程师的气质,生意做得很大。但他想的不仅是生意,他做慈善,还想做些实业强国的事。他想与四川实业巨子卢作孚合作,把冷气设备搬到火车上。

达则兼善天下

北极公司生意的红火,使陈三才一跃成为上海滩很有名气的人物。商场上是知名的总经理,技术上是著名的工程师,社会上是闻名的慈善家。陈三才的同学说,就是在这段时期,三才与孔祥熙、宋子文等相识。三才与这些权贵往来,不仅因为这些权贵的家里需要冰箱与冷气机,还因为三才表嫂汤杨锡琳的八哥杨锡仁的关系。前文说过,杨锡仁是三才在美国伍斯特理工学院的同系校友,关系亲密。杨锡仁是宋子文的亲信,宋子文任国民政府外交部部长期间,他任驻美国特使,并参与组织了抗战时期著名的"驼峰航线"的物资保障供应工作。

与表嫂汤杨锡琳一家住在一起,陈三才的孩子气就显露了出来。在外,他是一位受人尊敬的总经理、总工程师。在家里,他就是一个孩子王。平日家里孩子较多,表兄汤兆钧与表嫂汤杨锡琳有 4 个孩子。此外，还有他的侄子及杨小佛等孩子。

陈三才从小受的是西方教育，没有太多传统观念，侄儿、侄女、外甥、外甥女与他玩起来都唤他的绰号：老耦。有一个词叫"耦居无猜"，意思是住在一起，关系融洽。孩子们给他的这个绰号也是这个意思吧。当时的三才，虽是富商，又是制冷专家，可他对一些好玩的事情仍然保持着少年般的热情和好奇心。三才在学生时代就喜欢运动，特别是球类运动，此时更喜欢打乒乓球、玩桥牌及各种棋类。三才带着孩子们玩的时候，孩子们定了个规矩，不论他们哪一个胜了老耦，老耦就得请客吃饭。老耦大笑着说：好，好，就这么定了。遗憾的是，这样的好事并不多，因为老耦常常是赢家。孩子们不干了，赢家也要请客，老耦就装作很无奈，载着孩子们去饭店大吃一顿。那些年，愚园路 579 号中实新村的宅院里常常充满欢乐的笑声。

侄子陈华伟在回忆录中写道：

三才叔叔时不时会带孩子们去看一些特别的电影，然后去吃一顿美味的中式晚餐，常常是粤菜，总是在南京路繁华地段的同一家叫新雅的高档餐厅吃饭。

半个世纪过去了，他带我们去看的两部电影还历历在目。一部是 1938 年华特·迪士尼在上海首映的《白雪公主和七个小矮人》。由于这是华特·迪士尼制作的第一部动画电影，世界各地的电影观众都认为这是一个特殊的时刻。对我们来说，这也是一个值得庆祝的特别时刻，因为这部经典电影首映时的"助理艺术家"是我们的叔叔杨锡冶（汤杨锡琳的弟弟）。

三才叔叔带我们去看的另一部电影是《乱世佳人》，是 1939 年在南京路的大光明剧院首映的。电影根据玛格丽特·米切尔的同名小说改编拍摄。首映日期被定为该书中文译本的正式出版日期。这本书是我的表妹汤靖宇的同学兼好朋友傅慧全的父亲傅东华教授翻译的。汤杨姨的女儿梅（汤靖宇）是三才叔叔的侄女，也是他喜爱的干女儿。因此，电影的首映和该书中文译本的出版标志着梅与我们大家的一个重要时刻。

这本大部头的英文书现在被翻译成一本大部头的中文书。中文译名是一个汉字"飘"。这个"飘"字当然比原著的英文标题"随风飘逝"来得更加紧凑。剧院大厅的天花板上垂下来一条大横幅，上面只写着一个大字"飘"。一个大大的电风扇吹动横幅，使得横幅飘动起来，这个大字"飘"就真的飘了起来，或者说，它在"随风飘逝"。大厅里陈列着《飘》的样书。这部名著的译者傅东华教授和他的家人亲临现场，接受大家的祝福。傅教授的译著在中国广受好评，成了畅销书。译者亲笔签名的书在美国很受欢迎，我想当时在中国还没有流行这种做法。

陈三才从美国带回的宝贝是满满一箱子书籍和一些好玩的物品，其中有几本约翰·多斯·帕索斯的作品。帕索斯是位小说家，根据亲身经历写成的《三个士兵》是一部很有影响力的小说，也是较早反映美国青年厌战和迷惘的作品之一。帕索斯在他的作品中虽然反映了战后一代人的迷惘、苦闷、精神空虚的情绪，但他的思想并不消极，其代表作"美国三部曲"，包括《北纬四十二度》《一九一九年》《赚大钱》。

陈三才崇拜帕索斯，非常认同作者对于战争、社会、生命的独到见解，这也让他对中国内外交困、百姓痛苦的社会现实有了更深刻的理解。他深受帕索斯的影响，憎恨战争以及战争带给人类的灾难。

三才的"百宝箱"里还有校刊、棒球棒、手套、网球拍、网球帽、表链、挂件以及各式各样的异国小玩具。谁无意中说喜欢什么，三才立即就将这件宝贝送给谁。没多长时间，他的这些小玩意全被送了出去，唯有帕索斯的书没舍得送人，一直珍藏着。

事业上的成功，给陈三才带来的不仅是名誉，也有财富。三才崇尚孟子所说的"穷则独善其身，达则兼善天下"。有了钱后，三才开始热心于社会福利事业。凡是为学校、医院、童子军捐助和社会赈灾一类的公益活动，都少不了陈三才，他不仅出钱，也出力。

他的同学曾劭恂说：

很少有人知道，三才生活在这个醉生梦死的社会里，还是没有忘记对国家、对民族的义务。凡是社会福利事业，他总是当仁不让，热心参加，出钱出力，在所不计。凡属公益事业，如学校、医院、童子军等，无不找他帮忙推动，似乎若无Sarcey（三才的英文名）就不易进行。此已可见他对国家利益的抱负。

陈三才把事业越做越大，开始从他的专业角度考虑国计民生问题。他对兄长说，宋代王安石曾提出"常平仓"制度，如今还有不少地方连年灾荒，如果借助现代的冷藏仓储技术，就可以减轻地方饥荒的程度。

关于这一点，曾劭恂回忆道：

在中国经济建设方面，他（三才）也下过一番研究功夫。他曾经告诉同学刘驭万，中国的粮食当然不够供给全国人口，但交通不便，往往使有些地方的粮食问题更趋尖锐。仓储制度可以缓解运输上的问题，而冷藏在现代仓储制度中占有重要的地位。换言之，他想将古代的常平仓制度加以现代化。他又说，如果京绥、津浦、沪甬各铁路的联运能成为事实，我一定要建议在火车上装冷藏设备，那么北方的牛羊肉就可以畅销到南方来。他曾与四川实业巨子卢作孚先生磋商，准备在卢氏经营的民生公司的轮船上添装冷气仓库，以便将四川产的水果沿长江顺流而下运销上海等地。由此可见他对民食问题的深切关注。卢沟桥事变以后，我因时局日趋紧张，安排内人奉家母率诸妹回湘，至上海订购船票，于百忙之中抽暇往访三才。他约我一餐，不意此会竟成永别，痛哉！我听说，在"一·二八"事件时，有人在黄浦江中炸日舰"出云"号，三才也有一份功劳。

陈三才与卢作孚先生的"磋商"是在全面抗战前，卢作孚很赞成陈三才的这个现代化冷藏仓储制度。那时，卢作孚几乎已经统一了长江上游的航运，他的民生航运公司拥有46艘轮船，总吨位达上万吨，拥有近4000名职工，是当时中国最大的民族航运企

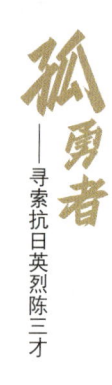

业,将曾经不可一世的外国轮船公司逐出了长江上游。全面抗战爆发后,卢作孚像陈三才一样用自己的方式参加了抗战。

最让陈三才佩服的是1938年的那次航运大西迁。上海沦陷前,大量的工业机器、设备以及军械物资等被撤到武汉。武汉失守前,又将这些物资通过长江抢运到宜昌。那年秋天,宜昌的局势紧张了起来,码头及江岸上堆满了物资,这是支持中国今后抗战的物资,绝不能落入日军之手或被日军炸毁,必须立即西迁。那时已经是10月中旬,距离枯水期只剩下40天时间,在此期间如不能完成转移,那些大型设备将无法运输。卢作孚临危受命,要在规定时间内把这些物资全部运到四川。可那时卢作孚的民生公司只剩20多艘可调用的船,估算下来,在限定时间内只能把十分之一的物资运到四川。卢作孚急了,他制订了一个周密计划,采用分段航行法,除极其重要、装卸困难的设备直接运输到重庆外,其他物资先运到万县等站点卸下,再伺机转运。24艘轮船在日军的空袭下白天航行、夜间装卸,24小时分秒不停。他与船员只要还能动就不睡觉,有时甚至不吃饭。结果,40天内就将挤满宜昌江岸的物资以及3万多人全部运输完毕。10万吨的货物中有9万吨是民生公司运出去的,还有1万吨是外国航运公司运的。外国航运公司每吨收费300—400元,而卢作孚的民生公司收费是每吨30—40元。这场大撤退下来,他赔了400多万元。有人算了一下,他运到四川的物资,每个月可以制造飞机炸弹6000多枚、迫击炮弹7万多枚、手榴弹30多万枚。这场抢运被誉为"中国的敦刻尔克大撤退"。

但民生航运公司为此付出了惨重的代价:16艘轮船被炸毁,117名员工牺牲,76名员工伤残。卢作孚后来说,这一年,我们没有做生意,我们上前线去了。据统计,整个抗战期间,民生航运公司共运送150余万人入川、200余万名川军出川作战,运输货物100多万吨。他的船员的床单上印着8个字:梦寐毋忘国家大难。

卢作孚的这份家国情怀让陈三才泪流满面。男儿有泪不轻弹,他是被卢作孚的抗战精神感动了。他们本有合作意向,因卢作孚和他都投身于抗战,那些美好的理想和计划就这样被搁置了。

为他人服务

陈三才是个精力旺盛的人，二十六七岁，正值生命的最好年华，况且尚未成家，没有家累，除了休息，几乎所有的时间都在忙碌着。忙着公司的业务，忙着社会公益事务。忙里偷闲时，也会参加社交活动。可以说，他是清华学子中在上海滩最有活力的人，也是最有能力的人之一。能者多劳，清华学子推选陈三才担任上海清华同学会主席。当同学会主席的人，不仅能力出众、人缘好，还要有奉献精神，要为传承清华精神做出无私的贡献。陈三才非常乐意传承清华精神、服务同学。

清华同学会早在1913年6月29日成立于北京清华园。那时，清华学校的学生刚刚开始赴美留学，因此同学会的总部就设在美国。随着毕业归国的学生逐年增多，遂在国内成立了清华同学会的分会。最早的国内分会于1920年12月5日在北京设立。这一年，陈三才踏上了赴美留学之路。之后，清华同学会逐步扩展至毕业生集中的上海、南京、天津、武汉等重要城市。

上海清华同学会是1921年前后成立的，到了1925年底，在上海的归国清华同学已近百人。到1933年时，《清华同学录》上记载的在沪同学有187人，上海成为北平以外清华归国同学人数最多的城市。

1928年2月13日，在《清华学校校刊》第二十一期上，有一则清华同学会上海支部发出的启事，从中可以看出上海清华同学会的早期活动很有章法，同时与清华同学总会保持着密切的关系。

上海清华同学会成立后，每年夏天都会协助清华母校做好成批赴美同学在沪的接待工作，直到1929年8月送别最后一批庚款留美学生。这期间还有一些零星赴美的同学，上海清华同学会同样为他们提供了必要的帮助。

1927年6月7日，上海《时事新报》刊登过一则消息，称"上海清华同学会欢送赴美同学"。原来，在1926年赴美同学中，黄学诗、冯灿周、徐芳田、陆坤一、郑骏全5人因为生病等原因没能成行，推迟至1927年6月才成行。他们从上海登船赴美前，上海同学会特于6月2日在博物馆路1号怡轩为他们设宴欢送，出席的有在沪的各级同学代表共9人。这些代表都是已经留美归来的清华校友，陈三才等校友除了向5位即将赴美的同学表示祝贺，还分享了各自的留学经历。

上海清华同学会1921年初建时无固定的活动场所，1928年前后才在四川路140号的中国旅行社内设了一间办事处。1930年左右，上海清华同学会有了第一个固定场所，位于"北四川路与北京路转角中国信托公司"内，即如今的北京东路190号。上海同学会在信托公司的4楼租了部分房间作为会所和招待所。后迁入位于南京路的大陆商场新厦（今南京东路353号悦荟广场）。陈三才他们在大陆商场3楼租了部分房间，重新装潢，成为"当时最理想之会所"。由于上海特殊的政治、经济、文化地位，早期的上海清华校友大多供职于政府、金融、实业、教育等重要行业。

1931年3月26日，《申报》报道清华沪校友筹备庆祝二十周年纪念（截图）

1937年，"八一三"淞沪战役爆发，日军入侵上海，大陆商场所在的公共租界区域落入日军之手。于是，清华同学会不得不转移至法租界内的静安寺路金城别墅沿马路的二楼（今南京西路1522弄铜仁小区内的民宅）。至1941年底太平洋战争爆发，日军全部占领上海，大部分清华同学离开了上海，同学会遂决定将房屋出租，取消会所，会务暂时停顿。

陈三才担任上海清华同学会主席后，带领同仁与在沪同学通力合作，帮助解决清华师生滞留在上海期间的食宿等各种问题，以及接洽货轮船票、安排送行等事务。几十年后，清华同学还记得在上海"可以安心等候"，皆因陈三才与同学会其他人员的无私奉献。

陈三才的侄子陈华伟参加过一次清华上海同学会的年会，目睹了陈三才的能力与风采。他在回忆录中说：

现在，我有机会看到三才叔叔作为清华大学同学会主席在上海举行的年会情景。这次年会在墨梯女中（McTyeire School）校园里举行，地址在上海市西段裕仁路上。墨梯的中文名字是"中西女中"。学校受到一个或多个宗教教派的资助，从外表看是一所西方学校，在课程和管理方面与英国或美国的学校相似。英语是学校使用的通用语言。墨梯女中的校园里到处都是漂亮的树木、设计高雅的西方建筑和修剪整齐的草坪。它让人联想到美国资金雄厚的私立学校的校园。当时的大多数清华校友，比如三才叔叔，都曾就读于清华大学预科，然后获得庚子赔款奖学金赴美留学。因此，他们会说中文和英文两种语言。

在公共租界和法租界范围内，有一个很大的国际社区。在上海的清华校友中，有许多经理、银行家、财主和国际商界领袖。他们与美国人、英国人、法国人和其他国家的人一起工作、做生意。英语是他们的共同语言。上海清华同学会年会是上海市一个重要的社交活动。在那里，清华校友、不同国家的杰出商人以及他们的家人与友人云集在一起庆祝年会。墨梯女中提供了合适的环境，使相互间的友情愉快地蓬勃发展。作为东道主校友会主席，三才叔叔带着我们这些孩子参加了这个聚会。我们享受着西餐，狼吞虎咽地吃肉和其他食物，然后大吃一顿甜点，观赏着乐队边走边演奏。对于像我们这样的中国孩子来

陈华伟

说，这是从未见过的，我们津津有味地看着这种奇怪但非常令人兴奋的表演。

大会终于开始了，作为本次国际聚会的主持人，三才叔叔身穿一件米色华达呢风衣，站在户外讲台上，帅气十足。夏日傍晚的阳光从树叶间的空隙中穿过，增强了现场的戏剧性和浪漫感。三才叔叔用中英文交替致辞和问候。说完几句中文后，他稍作停顿，然后再用英语翻译。三才叔叔的演讲非常出色，特别是他的英文，给我留下了深刻的印象。虽然我的英语水平还没有那么高，但我确实听懂了他传达的内容。他的句子总是很短，他的表达是认真而真诚的，他的陈述很清晰，意味深长。台下的听众喜欢他的演讲，不时报以响亮而热烈的掌声。听三才叔叔的演讲之后的五十年里，我听过数百次美国人和中国人用英语发表的演讲，在表达和对听众的影响力上，很少有人能比得上三才叔叔的那次演讲。毫无疑问，那个夏日的午后，三才叔叔的演讲是我听过的最好的演讲。我觉得，我这一生都佩服三才叔叔。

回到家后，我向他表达了我很喜欢他的演讲，也很喜欢这次聚会。我们闲聊了一会儿之后，他把对话转向了更具体的内容。他说："华伟，你现在是高中生了，不久之后，你就要从中学毕

1931年4月7日，《申报》报道清华同学筹备盛会（截图）

业。"我回答说:"是的,三才叔叔,我知道。"然后,他问道:"你打算在大学里学习什么专业?"他问这话时,三才叔叔从胸前口袋里掏出一把六英寸计算尺的画面又出现在我的脑海里。我想,三才叔叔学的专业是电气工程,一定是有用的学科。于是,我自然而然地回答说:"我想是电气工程吧。"三才叔叔咧嘴一笑,眯起眼睛表示赞同,他说:"很好。这是一个有趣且不断发展的领域,应用领域将会不断扩大。"

看到我感兴趣的眼神,他继续说道:"看看为我们提供即时的人对人通讯的电话,还有让我们享受来自远方的音乐和节目的收音机,电子能为我们做的事情将是无止境的。"当他看到我难以置信的样子时,又说:"如果你成为一名电气工程师,你会看到并致力于创造我们今天甚至都无法想象的新奇迹。"他的笑容很有感染力,我也开心地笑了起来。于是他问道:"华伟,你希望进入哪所大学?"

"三才叔叔,我希望……"我试图回答他的问题,但说到一半就停了下来。国立交通大学是中国一流的工程大学,进入该大学非常困难,只有名列前茅的中学毕业生敢去应试,除了一小部分经过精心挑选的申请人外,大多数人都会遭到拒绝。回想我母亲去世后的几年,我怠慢了学习,我犹豫着要不要回答三才叔叔的问题。三才叔叔非常理解我,他说:"华伟,不要不好意思,直接说吧。"我胆怯地说:"我希望考上交通大学。但是,我的学习背景可能还不够好。""华伟,志存高远就好。"显然,他很熟悉我最近的进步,并说:"据我了解,你在学校的表现很好,你可能比你预想的更好。"我很感激,也很感动地说:"三才叔叔,我当然希望自己足够优秀,能够被录取。""能被选中录取就好了。"他把右手搭在我的肩膀上,盯着我的眼睛说:"人只能尽力而为,我想你录取的可能性很大,祝你好运。"

听了他的鼓励,我感到很兴奋。我嘴角抽动了一下,笑了笑,以表示感谢和赞赏。我的脸上写满了一定要努力考上交大的坚定决心。三才叔叔随后走到他的衣橱前,拿出在清华同学会年会上演讲时穿的那件米色华达呢风衣,对我说:"我这就派人去找我的裁缝，明天让他测量一下，把它改一下给你穿。"然后他从头到脚打量了我的身高，笑道："裤子对你来说太短了，裁缝只给你改改上衣外套吧。"我很自豪能够"继承"他的外套。当外套改好后，我穿着非常合身。大多数时候，我都把它当作运动外套穿，不系领带。我喜欢镜子里我的样子，随意，又有风度。每当我穿上这件外套，就会想起三才叔叔的形象和我对他的爱。

从陈华伟的回忆中，我们得以看到陈三才对他的专业——电气工程学的热爱，以至于希望他的侄子也能学这个专业。当他说到"电子能为我们做的事情将是无止境的"时，他那已经读高中的侄子难以置信。就如几十年前，人与人之间还在用书信、有线电话和电报等方式沟通时，如果有人说以后我们可以人手一部手机，无论走到哪里都可以与外界保持联系，甚至视频通话，互联网可以让整个世界万物互联，让人们足不出户就能知晓天下事，一定会让人觉得不可思议。

陈三才与侄子陈华伟的对话是在 100 年前，那时，中国绝大部分人出行靠的是自己的两条腿或毛驴，但陈三才已经开上了自己的汽车，用上了电话、冰箱、空调等科技产品。所以，他的眼光是高远的，他想用电气工程学让国家进步，让科技改变人们的生活。

除了以实业报国，陈三才还热心于社会公益事业，受到了各行各业同学同仁的拥戴与尊敬，被推选为上海联青社社长。

上海联青社由上海基督教青年会发起成立，从事一些慈善事业及社会公益活动，以真诚服务社会，发展工商事业，增进国际亲善以及辅助公共建设等。如 1927 年，联青社"鉴于儿童健身之需要，以为疾病之预防"，

○工程学会分部消息

中國工程學會辦理七載，分部已成立者五處，今屆選舉結果如下：（美國分部）部長徐恩增、副部長會招倫、密批陳三才、會計吳錦儒（上海分部）部長張貽志、副部長方子衛、書記劉錫祺、會計鏗鈞、（青島分部）薛紹清、（北京分部）吳承洛、（天津分部）雍英

1924 年 12 月 26 日，《申报》报道工程学会分部消息（截图）

在闸北创设了儿童施诊所，便是陈三才积极参与的结果。《上海青年》曾刊载一则通讯，称上海联青社捐助千元，资助贫苦学生上夜校。

陈三才早在美国留学时就在工程学会里做事。1924年12月26日的《申报》就曾刊登过工程学会分部的消息，称陈三才担任中国工程学会美国分部的书记。回国后，他认为应该在上海成立"中国工程师学会"，以便更好地发展国内科技，服务社会。于是，1931年8月，陈三才在上海发起组织了中国工程师学会，并极力推荐他的好友、同学顾毓琇出任学会副会长。顾毓琇是1929年回国的，回国后任浙江大学电机工程系教授。此时的顾毓琇担任国立中央大学电机系教授、工学院院长，出任副会长最为合适。

几个月后的"一·二八"淞沪抗战期间，顾毓琇与陈三才在南京与上海两地隔空并肩战斗。那时顾毓琇亲率国立中央大学师生到南京火车站为十九路军送行壮志。当时他有一个想法，"这些勇敢的战士中将有不少人再也无法回到南京了"。风萧萧兮易水寒，壮士一去兮不复还。于是，他将旧作剧本《荆轲》付印成单行本，以表达他对这些战士的敬佩。不久后，顾毓琇回到母校，参与创办了清华大学电机工程系，并担任第一任系主任。他被称为中国电机、无线电和航空教育的奠基人之一。清华校友说，如果三才未逝，也会成为中国电机奠基人之一。

沪上遇知音

前文写的都是陈三才的学业与事业，各位可能会疑惑：陈三才已经事业有成，为什么还没有恋爱成家呢？

1929年，陈三才已经27岁了，尚未成家。他自己不急不慌，忙着事业，但这可急坏了三才的父母及兄长。按当时的习俗，上海、苏州等地的男子20岁左右就要成家了，偏远地区的男子结婚年龄会更小。就三才的条件，出身世家的留美生，长相帅气，事业有成又多金，按如今的说法，绝对是众多姑娘心中的白马王子。

所以，上门提亲的亲戚朋友很多，但三才忙着事业，根本不接这些姻缘。

就在父母为此事着急时，三才与安妮·桑梅丝（Ann Summers）在上海邂逅了。此时的安妮·桑梅丝已是一位成熟的美国少妇，虽微胖，但跳起舞来依然带着令人惊心动魄的美艳。桑梅丝虽是美国人，却有奥地利人的血统。幼年时，父母对她有着很高的期望，希望她专心学习，成年后能在某个学术领域有所成就。但桑梅丝自小就酷爱舞蹈，有着极高的音乐与舞蹈天赋，最后她违背父母的意愿，成了美国著名的舞蹈艺术家。

陈三才与桑梅丝是在一次活动中相识的。桑梅丝貌美、身材好、金发碧眼，是标准的西方美人。她在活动现场跳的一支又一支舞蹈让三才铭刻心间。三才也是舞蹈爱好者，他的柔软体操曾得到清华同学与老师的赞赏。柔软体操虽然不算舞蹈，但也是一种肢体艺术形式，三才比其他人更能读懂桑梅丝的舞蹈语言。因此，两人相识并成了朋友。遗憾的是，当时的安妮·桑梅丝已名花有主，与桂中枢结为夫妻。三才只能把他的失落埋在了心底。

说起桂中枢，可能很多人不熟悉，其实他是民国大名鼎鼎的名士，是中国外交英语的顶尖代表之一、著名汉字学专家，代表作有《桂氏字汇》等。《大公报》曾报道过桂中枢利用新方法改进中文打字机，只要熟悉字的部首，打起字来便可运用自如。于是这款打字机被称为"桂氏打字机"。

桂中枢是陈三才的清华校友。在清华读书时，胡适在《新青年》上发表了一篇题为《文学改良刍议》的文章，提倡白话文。白话文运动是新文化运动的一部分，其宗旨不仅是语言的变革，更是提倡新文化，批判封建礼教的桎梏。该文章是新文化运动中倡导文学革命的第一篇文章。这一年桂中枢任《清华周刊》总编辑，他以"枢"为笔名发表于《清华周刊》的《忏惰笔谈——改良文字观》是第一篇回应白话文运动的文章。他赞同胡适等人提倡的平民文学，因此与胡适成了好朋友。

桂中枢出生于1895年，四川开县人。年长陈三才7岁，早于三才一年，也就是1919年毕业于清华，旋即赴美留学。留学期间，他与安妮·桑梅丝相识相恋。

桂中枢在美国主修的是新闻学，获美国威斯康星大学硕士学位后回国。不久后，安妮·桑梅丝也来到了中国，两人遂在上海结婚。

桂中枢回国后，成为一名出色的新闻工作者，担任了三家中文报纸的编辑，其中两家在上海，一家在美国。

1928年5月，民国时期知名的英文杂志《中国评论周报》（*The China Critic*）在上海创刊。这份杂志就是由桂中枢、刘大钧、林语堂、马寅初、张歆海、潘光旦等人联合创办的，中文名"中国评论周报"6个字由蔡元培题写。这是一份在现代思想史、中西文化交流史上都十分重要的刊物。协调"民族主义"与"世界主义"，致力于中国与世界之间的沟通与理解，是周刊追求的目标。首任主编是哈佛大学毕业生张歆海，刘大钧、桂中枢先后担任主编，参与编辑的有潘光旦、全增嘏、林语堂、钱锺书等知名学者。

该杂志创办时正值中日关系恶化之际，对日外交问题成为该杂志关注的重点。此外，桂中枢还曾兼任《天下》杂志的政论编辑。

创办《中国评论周报》的这一年，桂中枢与安妮·桑梅丝有了女儿桂梅琳。几十年后，桂梅琳在她的回忆文章中，对生父桂中枢只有一个模糊的印象：在她小时候的一天下午，一个男人从雾中走来看望她，并送她一只口琴，临走时对她说："我还要来看你。"为了这个男人的这句话，幼年的桂梅琳一到下午就坐在门口等着他，等了一个又一个下午，可这个男人一直没有出现。在等不来这个男人的日子里，小梅琳每天晚上反复做着同一个噩梦，她害怕极了，以致很长时间不敢入睡。陈三才与她们母女生活在一起后，她认为陈三才就是她的亲生父亲了。

后来，桂梅琳知道陈三才不是她生父时，她的整个世界崩塌了。桂梅琳说："在我的一生中，5到8岁那些年是我最愉快的童年。"因为那段时间，她有陈三才的陪伴。

安妮·桑梅丝的出现改变了陈三才的生活。

两人自相识后，频频相见于各种社交场合及朋友的聚会上。

当时的安妮·桑梅丝是上海滩有名的舞蹈家，三才常与她共舞。两人在舞场上旋转的舞姿令在场的观众赞叹不已，堪称绝配。

6年多的留学生活，使得陈三才非常欣赏美国女子开朗奔放的性格，而安妮·桑梅丝完全契合三才对西方女子的所有美好想象。三才不仅欣赏安妮·桑梅丝精湛的舞姿，也欣赏她的活泼与善解人意。而安妮·桑梅丝亦为陈三才渊博的知识、儒雅的气质以及多才多艺、幽默诙谐的个性所吸引。

安妮·桑梅丝与桂中枢的婚姻不算美满，随着她与陈三才的频繁接触，安妮·桑梅丝独自做出一个决定——与桂中枢离婚。

有一段时间，陈三才没有接到桑梅丝的邀约，在他正失落时，桑梅丝出现了。她给三才带来一个惊喜：她离婚了，带着女儿桂梅琳独立生活。

对于这个从天而降的消息，三才喜忧参半。喜的是往后与安妮·桑梅丝交往可以不在乎别人的眼光了，忧的是怎么面对学长桂中枢呢？好在没多久，三才从同学那里听到一则消息：桂中枢再婚了。

1947年3月21日，《铁报》刊登题为《桂中枢夫人》的一篇短文，文辞极为有趣，抄录于此：

高唐居士作《鳜鱼篇》，称桂中枢先生擅英语，先生曾为商务印书馆辑英文中国年鉴，则其精于蟹行文字固可知。夫人李玲弟女士，为中西女塾毕业生，于英文亦复潜研有素，真嘉耦天生也。女士嗜舞成癖，乐此不疲，即脱离学校生活，即浸淫于此，无夕不消磨其时光于银灯细乐间，舞国仕女，咸震其名。有时寂然独坐，不复赴舞，则挥管为文，顷刻成千百字，中英文俱极流畅可诵。余以文字因缘，得接清芬。迨与桂先生结褵后，绚烂之余，归于平淡，琴瑟静好，遂绝迹游乐之场。女士于归，无人知者，仅以寸笺示我，时不佞方有南岳之游，及返，始为文以祝百年好合，而其喜讯，乃传海上。结婚礼堂，假"特区"法院，证婚者某法官，此亦婚礼中之别开生面者也，流光容易，倏逾十稔。定公有句，"亦狂亦侠亦温文"，堪以移赠，女士固金闺豪士也。

良辰美景有笑言

安妮·桑梅丝在上海创办了一所舞蹈学校，专教西洋舞，每年春天都要领着学生在上海兰心戏院为家长和观众献演。

1930年的春天来了，上海的街头与公园蜂飞蝶舞，女士们也脱去了厚厚的棉袍，换上了旗袍走出闺阁，踏着春天的旋律追蜂扑蝶，逐燕听莺。她们的浅笑轻颦给上海这座东方魔都增添了无限的风情。与东方韵味不一样的是安妮·桑梅丝的着装，她换上了一套洋服，周身显得清亮明快，热情活泼又不失婀娜多姿。她准备很久的一场为期3天的舞蹈演出在兰心戏院完美谢幕，家长与观众经久的掌声让桑梅丝激动不已。她站在舞台中央，一群孩子围在她的身边，她那蓝色的双眸凝望着台下奋力鼓掌的陈三才，三才微笑着目视台上的安妮。

陈三才已经准备好了，今晚用一种特殊的方式来祝贺女朋友的演出成功。

安妮走出戏院时，三才已经站在车旁等着她了，安妮上前热烈地拥抱着三才。三才一边祝贺她演出成功，一边为她打开副驾的车门，之后开着汽车直奔一个新的住处——福履理路622号的花园洋房。

两人走进院子，一眼看到客厅灯烛辉煌。走进屋内，美式的浪漫氛围就呈现在安妮的眼前，她惊喜道：Well, this is a nice surprise（哇，这是一个大惊喜），之后甜蜜地倚靠在三才的肩上。

就在这个夜晚，陈三才向安妮·桑梅丝求了婚。安妮对三才说：亲爱的，为了这一天，我做了许多，已经等待很久了。

他们选定了一个时间，三才要带安妮回苏州见父母。

那时从上海到苏州一般是走铁路乘火车，或走水路乘轮船，陈三才选择了自己驾车携安妮回苏州。

这天，他们起了个大早，太阳刚刚升起就出发了。他们得赶在中午前到家，三才已与家里说好与父母兄侄等共进午餐。沿途，三才向安妮介绍苏州的婚礼习俗及儿媳见公婆的礼节。

安妮在中国生活了好几年，也做过几年中国人的儿媳妇，对

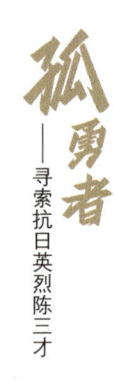

中国的礼节还是知道一些的,只是上一次做的是四川人的儿媳妇,这次是苏州人的儿媳妇,地域不同,礼节也是不一样的。

早在一个星期前,陈百川夫妇就接到了陈三才的家信,信中详细介绍了安妮·桑梅丝的情况。儿子找了一位洋媳妇,这在当时绝对算是新鲜事儿,更何况这位洋儿媳还带着一个孩子。一开始二老很惊讶,按他们陈家的条件,什么样的女孩找不到?怎么找了一位洋小姐,还是二婚!一时想不通。经留过洋的儿子与侄子相劝,二老释然了。特别是父亲陈百川深知三才青少年时即留洋,一去六七年,深受西方思想影响多年,生活与思维方式有西方色彩。自己虽有想法,但应该尊重儿子的选择。况且儿子已至而立之年,也该成家立业了,如今业已立,尚未成家,总是缺憾。这么一想,陈百川夫妇又欢喜起来,召集陈家的兄弟姐妹及子侄孙儿,宣布近日三才要带未婚妻回来,大家都跟着欢喜。

这天上午,临近午时,三才的车子终于开进了苏州城。不一会儿,车子就出现在了颜家巷42号的门前。与轿车同时出现的还有一位金发碧眼的洋小姐。轿车与洋小姐引起街坊邻居的好奇,一时陈府前门庭若市。陈府大院更是热闹起来,长辈、同辈、晚辈齐聚大厅,热情地迎接着三才与这位远道而来的洋媳妇。

陈三才携安妮·桑梅丝回苏州老家,实际上是完婚,只是省去了苏州传统婚俗的"六礼"——纳采、问名、纳吉、纳征、请期、亲迎等仪式,还省去了结婚当天的催妆、送妆、铺房、闹洞房的仪式。

苏州的旧式婚礼,从议婚、行聘、过庚、迎娶到合卺,有一整套仪式,繁复得很。民国初年,苏州出现了文明婚礼,有的人家行半旧半新的婚礼。父亲陈百川由着三才举行一个简单的婚礼仪式。

在三才的择偶与婚礼上,陈百川表现出了开明与豁达,母亲也非常乐意接受这位有过婚史的洋儿媳。三才与安妮感谢父母的理解与开明,洋媳妇不负三才之望,在他的引导下立即入乡随俗。姐姐与侄女们为了活跃气氛,为洋新娘准备了凤冠与霞帔。当一个外国姑娘头戴凤冠、身穿霞帔出现在大家眼前时,大人小孩都笑了，这是中西完美的结合。

简单的仪式开始了。三才带着安妮到达堂中，喜幛早已挂了起来，洋媳妇认识中国字，她看着分挂在两侧的"天作之合""百年好合"时，公婆出来了。公婆向着北面拜谒过陈家列祖列宗后，又朝南接受儿子与新媳妇的鞠躬。安妮"开金口"用美式上海话响亮地喊了一声"爹爹、姆妈"后，又给每位长辈行了大礼，再一一献茶。

厅堂中的酒菜早已摆放好了，龙凤花烛也点亮了，新郎新娘入席，向南并坐。两人喝了交杯酒后，丝竹班的"唱堂会"就开始了。这是陈家长辈特意为这个简单婚礼请来演奏助兴的，丝竹班选择了《梅花三弄》与《快六板》。这也是安妮第一次看到、听到这么带有浓郁地方特色的演出。"唱堂会"一结束，结婚仪式也就礼成了。

最高兴的是陈府的孩子们，看过"西洋景"后，拿着安妮送给他们的巧克力在院里院外跑进跑出。

为了表达对父母兄姊的感谢，也为了给安妮·桑梅丝一个特殊的婚礼，陈三才租了一条堂船，嘱咐船家把船内船外装扮了一番——头棚中央挂着一个用红绸结成的绣球，船头上挂着两盏竹丝灯笼，灯笼上贴着红纸剪的"养素堂"，船头上还有一顶花轿，舱内传出《四季游春》的丝竹曲子。父母及家中兄姊上船时，每个人的脸上都挂着笑容，安妮·桑梅丝的脸庞更是笑成了一朵怒放的玫瑰。

他们沿着古运河一边交谈一边赏景，船娘做了一桌好菜，一家人在古运河的船上团聚，温情也风情。异域美娘子生平头一回体味到了中国传统大家庭的那种浓浓的温馨，也体味到了中国传统文化的博大精深。画舫上，三才告诉父亲，他们还要举办一场西式婚礼，为了不惊动上海与苏州过多的亲朋好友，他们不打算在上海举办，而是到杭州的西泠饭店，主要是请安妮一方的亲朋好友。父亲同意了三才的这个想法，并建议三才带着安妮去一趟老家陈墓，让安妮认认老宅。

孤勇者——寻索抗日英烈陈三才

陈三才听从了父亲的建议,第二天就开始做准备。他租了一条较大的漂亮堂船,带着礼物与新媳妇回老家走亲戚、"做客人"。当堂船进入狭小的市河,穿越石拱桥的桥洞时,堂船在河道里晃荡,洋媳妇惊得连声尖叫,把船上的其他人逗得欢笑声一片。

去陈墓镇的这两天,三才做足了功夫。为了让洋媳妇体验苏州的传统文化,他带着安妮到村里看戏。戏台搭在河滩上,他们把船挤入船与船之间的空隙,古镇的乡亲看到洋美人来到他们的生活中,都乐意将船划到两边让行。左边的划船人一边划一边唱着:啥船白嘞啥船乌?啥船掮枪使棒众人看?啥船四脚点游走江湖?另一人唱道:石灰船白嘞砖瓦船乌,拳船掮枪使棒众人看,划脚船四脚点游走江湖。这些盘歌让洋美人听得开心,跟着学唱起来。这边的盘歌一停止,右边船上的人看了一眼洋美人也唱上了:摇一橹来扎一绷,两湖水草绿汪汪,乌龙背鲫鱼拣水草,十七八姐妮拣男郎。安妮听懂了歌词,大笑着跟三才说,我拣到了一位俊男郎。安妮的话把三才逗得也跟着哈哈大笑。他清了清嗓子,也唱道:东南风吹来急悠悠,情郎哥哥打扮出门到杭州。小妹送郎送到航船头,手牵手细声关照二三声。安妮拍着三才的胳膊,笑得岔了气。

这江南的风俗与其他地方不一样,看戏的路上还能游船,他们坐在船上就能观看河岸上表演的中国传统剧目。安妮喊着,有趣有趣,太有趣了!

五六十年后,三才的侄子陈华伟回忆道:

有一天,我们大院上下都忙碌起来,打扫屋子,整理庭院。大家非常高兴,因为好叔叔来信说,要带他的美国妻子来苏州拜见公婆。我奶奶不知怎么样来迎接这位洋媳妇。最后,这重要的时刻来到了,好叔叔自己驾车和安妮从上海到了苏州。那时从上海到苏州还没通公路,他们是走乡间小路来的吗?好叔叔把汽车停在裁缝铺门口,巷子里挤满了来看汽车的街坊邻居。安妮穿着西装裙,戴着大帽子,像大明星一样从汽车里走了出来。

他们进了大厅，奶奶已经在那里等候了。这位新娘子就上前给中国婆婆下跪，磕了三个头，这是中国媳妇拜见婆婆的礼节。这让我奶奶乐开了花，她忙拿出送给新媳妇的礼物——金玉手镯，新媳妇高兴地接了下来。好叔叔给奶奶带来了最新的收音机，这是菲力浦的无线电，可收听新闻和戏曲，大家惊喜不已。安妮还给每个小孩一块巧克力。午餐时，全家一起喝了酒，为他们祝贺、祝福，大院里喜气洋洋，福星高照。洋媳妇给公婆磕头给大家的印象很深，传为了佳话。近一年后，上海好叔叔来信说安妮生了一只小狗。我好奇地问妈妈，小婶怎么会生了只小狗呢？妈妈笑着告诉我，这是中国人的谦虚，你婶当然是生了一个宝贝儿子。我真有点不懂，这是什么样的谦虚呢？于是我问妈妈，如果生了一个女儿，那是不是应该说生了一只小猫？妈妈大笑起来，说我真聪明、真逗。

在苏州完婚后，三才与安妮回到上海。两人开始筹办杭州的婚礼。

1930年季春的一天，杭州西泠饭店迎来了三才与安妮的一场中西合璧的婚礼。安妮邀请了她在上海的一些亲友，三才邀请的人不多，除了家人，只邀请了顾毓琇与刘驭万等几位清华同窗挚友，上海的同事及商界朋友一个也没邀请。据说，杭州的这场婚礼高雅而不失热闹，给参加婚礼的嘉宾留下了很深的印象。

陈三才与安妮结婚后，就从愚园路579号中实新村搬到了福履理路622号。

上海的福履理路是一条有故事的路。它的东段筑于1912年，由法租界公董局越界修造而成，起初的名字叫"靶子路"或"打靶场路"。1920年，为了纪念一个叫福履理的旅沪法侨——他在第一次世界大战中战死——这条路更名为"福履理路"。1943年，汪伪政权接收上海法租界时，这里曾改名为"南海路"。1945年抗战胜利后，正式改名为建国西路。

安妮·桑梅丝与陈三才结婚后，就在上海福履理路622号的这处花园洋房里辟出一大间作为舞蹈工作室。安妮亲自教授少年儿童舞蹈，活泼的异域舞姿吸引了上海滩众多富人家长，沪上许多非富即贵的名流都把子女送去学舞蹈。安妮给上海滩带来了一阵西洋舞蹈热，俨然成了当时上海滩的一种时尚。

婚后，这一对新人爱情笃深，忙着各自的事业，不想，《中报》竟刊登出一则花边新闻，给他们的生活带来了一点波澜。

1931年5月11日，《中报》刊载一篇题为《桂中枢让妻记——美国跳舞女明星现属陈三才》的文章：

中国评论周报总主笔桂中枢，十年前在美国游学时曾与一跳舞女明星名（Ann Summers）桑墨斯者，发生恋爱，感情颇深。桂君毕业后，即返国服务，越年女星来归，遂行正式结婚，数年来相安无事。

安妮·桑梅丝在福履理路622号大门前

前岁并获弄瓦之喜，朋友道贺，盛极一时。不料，去岁桂君以事离沪，约有数月之久，此如花如玉之舞女星已为其友陈三才君所眷。桂君知事已至此，无法挽回，索性让妻，以成他人之美。闻其离异条件，至为简单。盖即二勿来往也。现陈君与女星已实行同居，定居于静安寺路，美国别克汽车公司楼上，并由女星开设跳舞学校，以学费之所入，供家庭间之费用。陈君一举两得，其欢乐为如何乎。惟论者每短陈君之所为，而叹桂君为不可及也。

《中报》上的这篇小文纯属捕风捉影，安妮·桑梅丝是与桂中枢离婚后才与陈三才正式交往并确立关系的。此外，报道中"女星开设跳舞学校，以学费之所入，供家庭间之费用"一说，严重不符合事实。当时的陈三才已是上海滩很有名气的一位总经理，而且相当富有。他们能走到一起，还有一个原因，就是桑梅丝非常支持陈三才的公益行为。所以，安妮·桑梅丝舞蹈馆的部分收入用于资助一个儿童诊所，三才担任诊所的义务司库及事务委员会主任。夫妇二人的义举也得到朋友们的赞誉。

1931年5月11日，《中报》报道《桂中枢让妻记》（截图）

有一份来自陈三才的报告，是上海联青儿童施诊所第8年的报告。报告中不仅有陈三才的捐款，也有"陈三才夫人"的捐款，还有陈三才母亲、"陈百川夫人家属"的捐款。全文如下：

名誉司库陈三才报告：

本所之经济来源，（自民国十六年创始起至二十三年六月三十日止）首得自联青社。该社于十六年举行之服装表演收入，计洋七千七百元，悉充本所经费。此外复得联青社员及外界个人团体，如孔祥熙博士、中华全国体育协进会、Commission d'Administration den la Caisse des O'Euvres d'Interetpublie de la ConeessionFrancaise de Changhai、梅兰芳博士、江一平夫人、陈三才夫人、郎德山先生、陈百川夫人家属、盛毓常先生、集成药房、海宵洋行、谦信洋行经理"拜耳"药厂、上海棕榄公司、英瑞炼乳公司、上海扶轮社、柯达公司及威廉士医生药局等之赞助，俾克支持，无任感谢。此后还望继续踊跃捐输，造福贫孩是为至幸。

计自创设时起至民国二十三年六月三十日止平均每年用费约数如下：

房租及电费　洋七百二十元

护士配药师及助理职员等薪俸　洋一千零八十元

药品　洋四百四十元

义务医师之车资及其他杂费　洋七百六十元

合计　洋叁千元正

自民国二十三年七月一日起本所费用，悉由联青社社员及友好按照上开预算，捐助或认募维持。本年认捐款项数目如下：

张女士（由张贻萱医师经募）　洋二百元

张似旭　洋壹百元

赵　深　洋壹百元

陈立廷　洋陆拾元

陈三才　洋壹百元

郑希涛　洋壹百元

中华全国体育协进会　洋二百元

周君常　洋二百元

朱×泉　洋壹百元

陈其照　洋二百元

郝伯阳　洋壹百元

李元信　洋伍十元

李叔明　洋二百元

李祖佑　洋拾五元

卢华楫　洋拾五元

陆梅僧　洋壹百元

马伯乐　洋壹百五十元

伍守恭　洋壹百廿元

盛毓常　洋壹百另九元二角

韦伯祥　洋壹百元

汪卓然　洋拾五元

王拷亚　洋拾五元

王文秀　洋壹百元

王志仁　洋陆拾元

姚长安　洋二百元

徐乃礼　洋壹百元

徐振东　洋壹百元

吴志卫　洋叁拾元

罗屏斯　洋廿五元

李女士（张贻萱医师经募）　洋二百元

合计　叁千壹百陆拾肆元二角

名誉司库陈三才报告

（自民国十六年创始起至二十三年六月三十日止）首得自联青社社行之服装表演收入，计洋七七百元，悉克陈三才夫人，郎德山先生，陈百川夫人家属，咸敏常先生，成康药房，上海棕榄公司，英鸡牌炼乳公司，中华全国体育协进会，柯达公司及威廉士药局等之赞助，伴克支持，无任感谢。此复谨堂继续请跟捐输，逸福宠敦，至至幸。计自开设时起至民国二十三年六月三十日止平均每年用费约数如下：

房租及电费洋七百二十元

护士配药师及助理职员新俸洋一千零八十元

药品料四百四十元

义务医师之车费及其他杂费洋七百六十元

合计洋叁千元正

自民国二十三年七月一日起本所经费用，恐由联青社社员及友好按照上开预算，捐助或认募维持。本年认捐款项数目如下：

张女士（由张贻萱医师经募）　洋壹百元　赵深　洋壹百元

陈立廷　洋陆拾元　张似旭　洋壹百元　郑萧待　洋壹百元

陈三才　洋壹百元　周君常　洋二百元　朱怀泉　洋壹百元

郝伯阳　洋壹百元　李元信　洋贰拾元

李似明　洋二百元　李祖佑　洋拾五元　虚寄梅　洋伍拾元

马伯乐　洋壹百五十元　伍守恭　洋壹百廿元　盛毓常　洋壹百另九元二角

韦伯祥　洋壹百元

汪卓然　洋拾五元　王拷亚　洋拾五元

王文秀　洋壹百元　王志仁　洋陆拾元　姚长安　洋二百元

徐乃礼　洋壹百元　徐振东　洋壹百元　吴志卫　洋叁拾元

罗屏斯　洋廿五元　李女士（张贻萱医师经募）　洋二百元

合计叁千壹百陆拾肆元二角

本所之经济来源，（自民国十六年创始至二十三年六月三十日止）首得自联青社社行之服装表演收入，计洋七七百元，悉克本所经费。此外得陈百川社员及外界人团体，如孔祥熙博士，Public de la Concession Francaise de Changhai, Commission d'Administration de la Caisse d'Œuvres d'Interet海宁洋行，谦信洋行经理「科耳」药厂，上海棕榄公司，英鸡牌炼乳公司，上海扶物社，柯达公司及咸康士医生药局等之赞助，伴克支持，无任感谢。此复谨堂继续请跟捐输，逸福宠敦，至至幸。

联青社陈三才司库报告

1935年10月17日，题为《联青儿童施诊所近讯》的报道称：上海联青儿童施诊所于上星期末邀请桑梅丝跳舞学校为该所捐款，特在兰心戏院义务表演，三场收入约二千元，悉充该所经费。报纸上还配有一张图片，司库陈三才与董事长陆梅僧在图片中。陆梅僧是清华大学早期的重要人物之一，五四运动时，作为青年会会长参加了清华临时性领导机构"清华学生代表团"，在五四运动中发挥了重要作用。1920年，他与陈三才一同赴美留学。陈三才被捕后，他找人营救；三才就义后，他悲愤至极，在重庆举行的追悼会上，陆梅僧声泪俱下地讲述了陈三才的高贵品德与抗战事迹。

后来，陈三才又参与了同仁于1936年4月发起的在大上海影剧院以及6月在百乐门大饭店的筹款活动，目的不仅是维持儿童施诊所，同时计划在中山路模范村设立一处运动场所。陈三才当时担任联青社的董事一职，后来还担任社长，为该社的公益活动可谓尽心尽责。

1935年10月17日，《申报》报道联青儿童施诊所近况（截图）

安妮工作室演出海报

　　看到陈三才的恋爱与结婚经历,笔者不由想到瞿秋白与杨之华。二人相恋时,杨之华是有夫之妇,丈夫沈剑龙风流倜傥,沈家是当地的名门望族。瞿杨二人"山无陵,天地合,乃敢与君绝",就邀请沈剑龙,三人聚在一起商谈。谁知这一次商谈,令沈剑龙与瞿秋白一见如故,对瞿秋白的才华十分欣赏。于是他们三人在《民国日报》上刊登了三则启事:杨之华与沈剑龙解除婚姻关系;杨之华与瞿秋白结婚;瞿秋白与沈剑龙确立朋友关系。1924年11月7日,瞿秋白与杨之华在上海举行婚礼时,沈剑龙亲自到场,祝贺两人喜结良缘,并送上礼物。此后,瞿秋白与沈剑龙成为朋友,瞿秋白称沈剑龙为"龙弟"。而"秋之白华"成为爱情的象征。

瞿秋白视杨之华与沈剑龙的女儿独伊为己出,独伊喊瞿秋白为"好爸爸"。

陈三才与瞿秋白虽从事的职业不同,但人品相似。陈三才也是个好继父,对安妮·桑梅丝与桂中枢的女儿桂梅琳也是视如己出,以致当桂梅琳知道三才不是她的亲生父亲时,一时难以接受,痛苦到接近抑郁。

安妮与陈三才结婚后,按陈家的家谱序列——三才的下一代是"华"字辈——将女儿桂梅琳的名字改为陈华琼。陈三才夫妇婚后两年,给陈华琼添了一个弟弟,取名为陈华伦。

安妮与儿子华伦

一家四口，非常幸福。几十年后，陈华琼在一篇回忆录里写道：

我们住在一栋大房子里，有九个仆人。我有一辆小汽车，还有一个司机，我想去哪里他就把我送到哪里。放学后我常去图书馆借书，能借多少就借多少，可是不等到家，我就全看完了。我完全可以让司机开回去再借一些书，可是当时我还没有那个心眼。

我还记得住在我们阁楼上的那个女人。我常常喜欢爬上楼梯去闻从屋子里飘出来的那股香香的又令人恶心的气味。我不知道那是不是鸦片的气味。

我家的朋友都是中国最有教养的、有贵族气派的人。我六岁时开始读书，专门请了一个家庭教师教我国文。他是一位老人，非常温文尔雅，穿着中式长袍，下巴上有颗痣，上面长着一根长长的毛。他常拿出一张卡片给我看，卡片的正面写着一个中文字，反面画一张图，表示这个字的意思。

我们常和父亲到中国内地旅游。我们常坐着滑竿在陡峭的山路上绕来绕去。那令人惊叹且难忘的景色就像古代画卷中的水墨画一样：陡峭的高坡不断上升，消失在雾中；嶙峋的怪石，虬结的古树，涓涓的小溪，山间小屋里依稀的人影……有时我们会在道观里歇息一会儿，道观里的道士会用带有高高盖子的茶杯给我们沏上一杯热茶，那是世界上最好喝的茶！有一次，我们参观了紫禁城，那是皇帝居住的地方。紫禁城有高高的围墙和雄伟的大门。所有的房屋都有精美的走廊，房里摆设着雕刻精美的红木家具，还有色彩艳丽的丝绸绣花帘布和靠垫。大理石画舫使得那个大湖别具特色。

我们还去了杭州，那是一个湖泊之城，也是中国最受人喜爱的旅游胜地之一。我们也去过苏州，那是个园林之城，春天里的苏州城望去是一片灰绿色。

我永远不会忘记的一件事，是我八岁时父亲给我上的一课。那天傍晚，正当我们要离开他办公室的时候，我看到一群顽皮的孩子在我们的车上爬得满满的。我上前去像赶苍蝇似的把他们赶走。我父亲温和地阻止我说："难道你就是这样对待别人的吗？"

还有一次,我说我不想去上学,实际上纯属无理取闹。只听得一声"上学去",我屁股上挨了重重的一巴掌。就在这段时间,我父亲开始卷入刺杀日本傀儡汪精卫的秘密活动之中。

我母亲开办了一所舞蹈学校,我是在她的工作室里长大的。她每年都要在上海最大的剧院举办为期三天的大型专业演出。我第一次上台演出时还不到五岁。我扮成"阳光玛丽"在舞台上走来走去,然后坐到一个箱子上。

我八岁时,在欢迎美国副总统加纳的国宴上跳舞。那次他们派飞机把我从上海接到南京,那是政府的临时所在地。这是我第一次坐飞机。我至今还记得那次飞行和那个巨大的舞厅。我在宴会上跳了一小段踢踏舞。

我上了一所英语学校,学校的老师很严厉,我很怕他们,尤其害怕那个法文老师。我每天都要在法文课前的休息时间匆忙地复习一下功课,并随时担心会考不及格。几年后我换了一所学校,听我的朋友们说那个法文老师老是打听我,并问他们为什么我不回去上学。怪得很,尽管我后来的法文老师都十分和蔼,而且我也非常喜欢法语和法国文学,但我对法文老师的惧怕却一直延续到现在。

安妮与儿女

几十年后,他们的儿子陈华伦在美国回忆父亲时说:

> 那个时候在上海,我们一家人特别快乐。父亲给人的印象总是意气风发,很潇洒。我那个时候还小,根本不知道是什么让他放弃了那么稳定的生活,去做那些让人惊心动魄的事情。父亲是非常有教养、现代化的人,人人都爱他。他是很成功的人,我的荷兰继父很敬佩他。

陈三才与儿女

北方有战事

早在清华学校读书时，五四运动就给了陈三才深刻的启迪，为泱泱大国遭受列强欺凌而倍感屈辱。赴美留学期间，他又慨叹中国这个文明大国因长期闭关锁国，使得科学技术、经济与工农业发展远远滞后于西方国家。西方文明的冲击使得陈三才这类知识分子对中国传统文化的局限性有了深刻的认识，他们主张借鉴西方的先进科技与思想来发展祖国，并认为，唯有学习西方先进制度与科学技术，才能使中国赶上世界的步伐。回国后，陈三才实业救国的愿望更加强烈。

1931年8月，陈三才在上海发起组织了"中国工程师学会"，旨在以科学技术推动国家的进步。一切都在按部就班地进行着，看起来是那么井然有序。然而，就在学会成立不到一个月，中国东北发生了一件大事——"九一八"事变爆发了。

事变的消息迅速传遍全国，激起了广大民众的强烈义愤，抗日救亡成了全民族的共同心声。黄浦江畔很快掀起了声势浩大的抗日浪潮，大家喊出了"凡有血气，莫不同仇"的口号！

9月20日的《申报》刊发了《上海各界反日援侨委员会宣言》："正我国民族生死关头，我国民众当激发伟大民气，合群策群力同御外侮，末日已临，其各奋起。"两天后，该会更名为上海抗日救国委员会。随后，上海各团体代表发布《抗日救国会宣言》，要求国民政府"下达陆海空军总动员令，驱逐日军出境，恢复失地"，征集抗日救国团义勇团员，彻底对日经济绝交等。

9月26日上午，800多个团体、约5万人在上海公共体育场举行声势浩大的抗日救国市民大会，要求当局限令日军退兵，否则断交宣战。

青年学生自五四运动以来就走在反帝救亡的前列，面对此次事变，上海学界同样迅速行动起来。就在上海公共体育场举行声势浩大的抗日救国市民大会这天，上海56名学生代表26所高校来到南京请愿。28日上午9时许，上海请愿学生联合数百名国立中央大学学生，顶着秋风秋雨来到国民党中央党部请愿。10时许，

5000人的浩荡队伍又来到国民政府请愿，于右任冒雨登台答复。随后，蒋介石现身，表示"一定尽职用力量去办理"，同时劝学生"用心读书，增加知识，亦所以增加抗敌之力"。当晚，来自上海19所大学的3000余名学生组成的第二次赴南京请愿团连夜出发，翌日清晨抵达南京。蒋介石在中央军校大礼堂接见了学联代表，表示接受请愿要求，随后责令学生即日回校，或留京编入义勇军受训。11月26日，上海大中学生抗日救国会组织督促政府出兵团5000人抵达南京，在政府门前顶着寒风、冒着飞雪请愿，彻夜不散。第二天下午2时，蒋介石出面允诺绝对负起责任，并写下"对于诸生请愿，自可接受"等内容的手谕。

上海学生的请愿让陈三才热血沸腾，想起了五四运动时期的自己。如今，自己虽已不是学生，但应该为抗战做些事。10月5日，上海第一支民间义勇军——上海福建路商界联合会成立。作为工程师的陈三才在上海为东北义勇军声援，参加抗日集会活动并捐款。

据《申报》统计，从1931年9月18日至12月31日，在3个多月里，上海各界团体发出抗日通电、宣言532件；成立抗日团体101个；举行抗日集会138次；成立义勇军、救护队等49支。此外，1931年11月10日至12月31日，上海各界团体声援黑龙江将士抗击日军，发出通电128份，组织募款活动118次。

这些活动中不乏陈三才的身影。陈三才虽然忙着北极公司及社会公共事务，但他仍然密切关注着东北的局势。当国内同胞关注着国内局势时，三才与他的同学及朋友同时也在关注着国际上对这次事变做出的反应，以及来自上海的知识分子对这次事变的揭露与抗议。

"九一八"事变的爆发，使得陈三才这批留洋知识分子的民族觉醒更加迫切，在揭露与抗议方面他们没有缺席，撰稿人用中英文向海内外揭露日本侵华的真相，批驳日军的不实战争宣传，激发人们的爱国情感。

陈三才每天都在翻阅各类报纸，看看自己能做些什么。"九一八"事变爆发后的第三天，他在《大美晚报》上看到了他

的校友、安妮·桑梅丝的前夫桂中枢用英文写的一篇题为《从国际形势看日本占领满洲》（The International Aspect of Japan's Occupation of Manchuria）的文章，深受触动。

该文开篇即指出，日本迅速出兵占领东北是其长久以来奉行大陆政策的直接后果。在作者看来，日本方面极力主张把事变善后"地方化"，是企图淡化其侵略他国的事实。作者讽刺这种做法如同盗贼在将财物洗劫一空后，宣称以后永不再犯一样虚伪可笑。

陈三才拿着这天的《大美晚报》，对这位校友的观点非常赞同。此后，他每天都要看《大美晚报》上桂中枢的英文文章。

9月25日，桂中枢又发表了《日本、美国与国联》（Japan, America and the League）一文。文中斥责日本所谓"出兵东北是在行使条约赋予的权利"的虚伪性，"如果日本对条约赋予的权利如此理直气壮，由国联派出一个公正的委员会进行调查，又何惧之有呢？"他接着发问道："既然中日都是旨在协助调解国际争端的国际联盟之成员国，向国联提交中日之间的问题不是再合适不过的么？试问，如果日本从不打算遵循国联和平精神，又何必加入国联呢？"

陈三才学的是工科（电气），桂中枢学的是文科（新闻），陈三才的文笔没有桂中枢的好，但他非常关注作为报人的桂中枢对中日关系的论述。陈三才在与同学好友的聚会时表示，桂中枢对中日关系有着非常清晰的认知，洞察东北的紧张局势，就得注意四个方面的立场，即日本政府、反对党、日本舆论及关东军，而在"九一八"事变之前，桂中枢便看到了日本军部制造舆论挑起战端的企图。

陈三才又把"九一八"之前的《大美晚报》翻了出来，翻到9月9日这天的报纸，看到桂中枢在报上发表了题为《日本是否打算与中国开战？》（Is Japan Thinking of War with China?）的文章。对日本渲染"中村事件"的做法，桂中枢认为："在当前的事件中，日本针对中国进行负面宣传的唯一原因是满足军事集团寻找借口将中国推入战争的需要，他们企图以此稳固自己在帝国中的位置。"

陈三才不得不承认,桂中枢是有远见的。

1931年10月,日本不顾国联撤兵决议,悍然向黑龙江发起进攻,并于7日轰炸了东北边防军司令部和辽宁临时省政府所在地锦州。13日,在南京国民政府的要求下,国联再次召开会议讨论满洲局势。在这次会议上,日本驻国联代表芳泽谦吉抬出"日本开发东北有功"说,企图赢得各国代表的同情。桂中枢在专栏中对这个荒谬的论点大加挞伐。他强调东北近几十年的发展是中国人辛勤劳动的成果,"如果没有中国人迁居关外,没有他们的劳作与积极性,东北至今还是一片荒漠。无论日本人从这块土地上得到了什么,都得益于中国人"。桂中枢犀利地指出:"如果芳泽先生想要让世界相信,日本人为了满洲进行的两场战争目的是开发该地以使中国人受益,那么他显然低估了全世界的判断力。"此言一出,陈三才及清华校友一片叫好,这无疑拆穿了日本"开发有功说"的伪善面目。

"九一八"事变后,中国民众反日情绪加剧,抗日运动在全国广泛兴起。南京、上海、北平等城市的工、农、商、学等组织纷纷联合起来,组织召开抗日救国大会和反日示威游行,谴责国民政府的不抵抗政策,要求对日宣战,惩办失职失地的官员。日本趁机以中国抵制日本的活动有违国际盟约为由向国联申诉。对此,桂中枢不无嘲讽地说:"如果日本如此在意中国对国联决议之遵循,何以他们的政府却拒绝了国联的调查呢?……既然日本人希望我们尊重国联之权威,何以陆相又要威胁撤出国联呢?"

作为曾留学美国的知识分子,桂中枢有语言优势,对于国际局势的认知以及对西方社会的了解,使他的政论显得理性从容而有说服力,更易被西方舆论接纳。在这个没有硝烟的战场上,桂中枢等中国知识分子的英文著述受到了西方世界的关注。

在约一年的时间里,桂中枢发表了多篇英文文章,内容主要围绕中日间的军事冲突与争端,揭露日本侵略行径,抒发民族情感。他的这些文章于1933年由上海商务印书馆结集出版为《直言日本:中日冲突论文集》。

1933年3月4日,《申报》报道"归国华侨在嘉兰船上开临时救国大会"(截图)

　　桂中枢的这些文章,陈三才每篇必看。这些文章也激发了陈三才更多的爱国热忱。《申报》曾刊登一篇题为《归国华侨在嘉兰船上开临时救国大会》的文章。文章称,此船自美国启程,华侨在船上组织"归国华侨救国会",将船舱布置成会场。船中有人演讲,揭露日军残杀东北抚顺民众之惨状。全体华侨闻之愤慨,当场为东北义勇军捐助军费及救国军粮等。文章中提到了陈三才,说三才是归国华侨救国会的一名成员,"陈三才、郑荣华两君为保管"。船抵达上海后,由华侨派出陈三才等代表,将捐款交给上海救国会转东北义勇军。

　　"九一八"事变几个月后,上海又发生了"一·二八"事变。在这场淞沪抗战中,陈三才以工程师的身份直接投身战场。

一世夫妻七岁缘

　　1936年,安妮·桑梅丝的舞蹈工作室从陈三才的福履理路622号花园洋房搬到了静安寺路1205号。

　　由于安妮的精湛技艺,她在上海滩声名鹊起,社交活动越来越多。各种重大庆典、客厅舞会、朋友派对等活动都会邀请安妮参加,安妮几乎是每请必到。她的到来,会使庆典精彩异常,最引人注目的就是舞场上安妮的踢踏舞。她的舞鞋在地板上摩擦拍击发出的踢踏声，伴随着各种优美的舞姿，惊艳全场，特别是男性争相邀请安妮作舞伴。

陈三才除了忙着北极公司的业务，也忙于各种社会公益活动。夫妇二人都是上海滩的风云人物，只是各忙各的。

两人频繁的社会活动，招致了一些蜚短流长，再加上安妮那种美国人与生俱来的开放活泼、毫不设防的做派，引来更多的麻烦。

不久后，有关安妮的绯闻一个接一个地传来，使陈三才痛苦不堪。虽说陈三才和安妮都很珍惜他们来之不易的爱情与婚姻，但陈三才摆脱不了那些似有如无的艳闻以及别人挑拨离间所带来的阴影。

这对恩爱夫妻终于没能抵挡住上海滩的乱象，在走过七年之痒的婚姻生活之后，陈三才与安妮于1937年的春天协议离婚了。关于他们离婚的真正原因有多种说法，按陈三才清华同学曾劭恂的说法是："因人离间，发生严重误会，两人协议离婚。"从离婚后两人的相处来看，他们彼此还相爱着。3年后，安妮得知三才在南京就义时，当着她新任丈夫的面对三才同学刘驭万说："我要是知道Sarcey会如此遭遇，我一定不会离开他，就是今天，我还是爱着他。"

那时安妮的女儿陈华琼已经记事，几十年后，她仍能清晰地回忆起当时的情景：

九岁时，我母亲、弟弟和我到洛杉矶郊区的韦斯特伍德待了一年。就在那里，母亲告诉我，她与父亲分开了，并告诉我，我深爱着的并一直把他当成我亲生父亲的那个男人并不是我的生父。从那以后，我再也不能表露对他的爱，当他和我弟弟在一起玩时，我总是躲得远远的。我想我始终没能从这种伤痛中恢复过来。我多么希望母亲不曾告诉我此事。

母亲与父亲离婚以后，我知道父亲一定感到十分寂寞，我为他感到痛苦。有一次，他带我们去看他的新寓所，房子里面空空如也。我感到他特别孤独，并问他是否感到寂寞。每星期日他都

来母亲家带着我和弟弟去公园玩耍,有的时候我们会到上海最好的中餐馆去吃烤鸭,还有的时候父亲带我们去汤太太家吃一顿美味午餐,有汤有鱼。汤太太是一位寡妇,她是父亲的表嫂,我知道父亲在经济上资助她们一家。她有一个漂亮的女儿汤靖宇(汤美丽),那时已与一位中国空军订婚,他常站在钢琴旁看她弹琴。显然,他们很相爱。

离婚后,陈三才与安妮·桑梅丝仍然是很好的朋友。儿子陈华伦随母亲生活,安妮带着一儿一女仍居上海。按离婚协议约定,每个周日,陈三才开车到安妮·桑梅丝的家,把儿子华伦和女儿华琼一起接出来,有时到亚尔培路逸园跑狗场看足球和赛狗,有时到南京大戏院、美琪大戏院看戏,或者到沪光、新光等影院看电影,有时去逛街或兜风。

上海发行赈灾福利彩票时,陈三才想用购买彩票的方式来支持赈灾活动。他慷慨解囊一口气买了 100 张彩票,根本没指望中奖的陈三才竟然中了特等奖,奖品是一辆美国生产的高级轿车。陈三才本想立即将这辆轿车送给安妮·桑梅丝,但此时他在苏州的家人来上海避难需要用车,等父母离开上海后,三才就将这辆轿车送给了安妮。

安妮带着儿女在"迪沙多"轿车前合影

为此,陆宜泰先生于2001年7月20日写信给上海的杨小佛先生,询问陈三才当年是否真的中了一辆汽车。杨小佛告诉陆宜泰,陈三才买赈灾福利彩票,确实中了一辆汽车,牌子是"迪沙多",颜色是浅灰色的。

此后不久,安妮·桑梅丝带着一双儿女回美国度假,打算两个月后再回上海。就在他们度假期间,上海爆发了"八一三"淞沪会战,他们不得不在加利福尼亚又待了一年。陈华琼遗传了母亲的基因,也喜欢舞蹈,这段时间在美国学习舞蹈。

"八一三"淞沪会战后,他们回到了中国。

安妮回到上海时,正赶上一年一度的演出。她在兰心大剧院举办了一场演出,女儿成了母亲的陪演。女儿是颗小星星,一上台即展现了她的表演才华,演出一结束,热情的观众给了这个小演员持久的掌声。几十年后,陈华琼还记得,观众全体站了起来,而且长时间地齐声跺脚鼓掌,根本停不下来。华琼说:"我的心都跳出来了,和深爱我的观众的心贴在了一起。这是我一生中唯一一次得到母亲衷心的表扬,她说,'我们该在你的化妆室门上挂上一颗星星'"。

不久后,安妮·桑梅丝与一位荷兰人结了婚。安妮的第三任丈夫名叫朱尔斯·温克尔曼。二战时,荷兰的温克尔曼姓氏非常有名。德国对荷兰

陈华伦(右)幼年登台表演

发动进攻时,荷兰女王威赫尔米娜一边谴责德国,一边带领荷兰皇室、内阁以及政府大臣逃亡英国,留下荷兰军队的最高统帅亨利·温克尔曼将军率军驻守荷兰最后一道防线鹿特丹。在与德国军队的交战中,温克尔曼将军与他的手下认为打几周防御战拖住德国军队,等着英法军队来施以援手即可。但德国的轰炸机在他们等来英法联军之前就轰炸了鹿特丹,这座历史名城瞬间成了一片废墟。温克尔曼将军不得不签署了投降书。在签署投降书后,将军由于拒绝协助德军劝降荷兰境内的抵抗组织而遭到囚禁,在狱中待到二战结束。

战后的 1945 年 10 月,温克尔曼将军从荷兰军队退役,并被授予荷兰最古老、等级最高的军事勋章——威廉勋章。温克尔曼将军在荷兰签署投降书时,他的长子朱尔斯·温克尔曼正在上海与香港两地经商,与安妮·桑梅丝组成家庭后,夫妇二人带着陈华琼与陈华伦在上海生活。

据陈华琼回忆,她的这位荷兰继父与陈三才相比,在教育孩子方面毫无经验,常常对两个孩子使用威权。荷兰继父的双亲十分严厉、固执与专制,继父是在一个军人父亲和一个守口如瓶的母亲的教养下长大的,他们常常会让子女们产生一种犯罪感。所以,华琼与华伦的这位继父受其原生家庭的影响,管理这个新家庭就像管理一支军队一样。他会时不时地用手指着两个孩子大声说"该死的"。有一次吃晚饭时,他拍着桌子说:"在这所房子里,我就是上帝。"

陈华琼回忆:

每当我和弟弟发生争吵时,他就会坐下来,让我们两个站到他左右两边,然后像在法庭上那样进行宣判。我喜欢那样,我觉得很公平,而且很好玩。

在这段时间里,我母亲常常会毫无缘由地大发雷霆,并用一根短马鞭往死里抽打我。我常常设法把我的衣服往下拉,以便盖住我胳膊和腿上的鞭痕。每天上学的时候,我总是非常尴尬,因为我的裙子很短,胳膊总是露着。尽管我一再抗议,母亲还是让我穿短裙。我尽量避免弯腰到水龙头上去喝水,因为裙子太短了,我一弯腰,内裤就露出来了。也许这是另一种贬损我的手段,因为她总是抓住一切机会让我出丑。

那个时候,上海到处都是从欧洲各地逃离战争的流亡者。我父母想给我找一个法国女家庭教师,可是我母亲每找一个,父亲总会找出反对的理由,这个可怜的女人只好走人。最后我母亲找到了一个极好的德国妇女,名叫弗拉·格鲁恩。她幸运地留了下来,常常会满屋子追着我和弟弟喊"扎那普真,扎那普真(德语刷牙的意思)"。

从这段文字中我们可以看出,再婚后的安妮生活得并不幸福,受母亲影响,两个孩子的生活也不是很好。

不久以后,安妮想回美国定居,朱尔斯·温克尔曼也非常愿意去,因为他的进出口公司在旧金山开了一家分公司。去美国途中,他们在香港停留下来,因为他在香港也开了一家分公司。他们在海滩对面租了一处中等大小的临街房子,两个孩子常去海滩玩,还学会了划皮划艇和驾驶小帆船。

就是在香港的这段时间,安妮与她的丈夫接到了陈三才在南京被汪伪政府枪杀于雨花台的噩耗。这对夫妇将两个孩子托付给三才的同学刘驭万照料,连夜赶往上海。这是后话。

他们在香港生活的这段时间里,香港沦陷了,安妮一家被囚于日军集中营,后来交换侨民,他们一家才走出集中营。抗战胜利后,安妮与温克尔曼带着两个孩子前往美国定居。

我们对陈三才的儿子陈华伦的情况了解得很少。20世纪70年代后期与90年代,陈华伟曾去旧金山拜访过陈华伦和他的家人。那时候,安妮和温克尔曼都去世了。陈华伟说:

我第一次拜访他,当我看见华伦时,我以为我看见了三才叔叔。他也像三才叔叔一样,脸上始终挂着灿烂的笑容。他精力充沛,非常谦虚。过了一段时间我才知道,他曾在哈佛大学攻读经济学博士学位。他在西点军校执教20余年,以上校军衔退伍。然后他一直在卡车公司担任主管。他的妻子帕特是某个专业刊物的编辑。他们有两个女儿,一个已婚。说到三才叔叔时,陈华伦说他父亲非常有教养,正直、可爱、真诚,人人都爱他,是个很成功的人,他的荷兰继父很敬佩三才叔叔。

陈华琼是旧金山的一名心理学家,她的丈夫博勃·赫尔德瑞是一位艺术家。在我第一次拜访华琼与华伦时,我想起了他们令人难忘的舞蹈照片,那是他们很小的时候在舞台上拍的(我前段时间在我表妹罗斯的相册里看过这些照片)。华伦穿着白色燕尾服,戴着礼帽,右臂下夹着一根警棍。而华琼则穿着一身水手服,左手张开,右膝弯曲,一副踢踏舞的姿势。显然,他们的母亲安妮·桑梅丝在上海开舞蹈学校时,教他们跳踢踏舞。听我提起这段回忆,华琼与华伦却都不知道我在说什么。经过这么多年的战争及战后发生的一切,他们对这一段童年记忆已经遗忘得无影无踪了。

在西点军校学习期间的陈华伦

离婚后的陈三才搬到了大西路美丽园24号。这是一幢三开间的三层小洋房，同住的依然是三才的表嫂汤杨锡琳一家。

大西路如今叫延安西路，这条路上有许多历史建筑与名人故居，也有一处臭名昭著的建筑，那就是大西路67号。当然，建筑本身不臭，"臭"的是住在里面的人。李士群在香港投靠日本人后，回到上海，租下了大西路67号这幢洋房作为汉奸、特务的活动场所。据他自己说，这是一处保险房子，重庆政府的特工是找不到这里的，就是找到也不敢进来。他之所以这么说，是因为67号的东邻65号是美国海军陆战队的驻沪兵营，门前有武装士兵24小时守护；67号西邻69号是专与日本人做生意的汉奸谢筱初的住处；67号对面是云飞出租汽车行的几十米长墙，如果有人进来，一览无余。

陈三才做梦也不会想到，这条路还驻扎着汉奸李士群的特工机构，李士群一伙就是从大西路67号搬进极司菲尔路76号魔窟的。

大西路还有工部局大弄堂二、四号住宅，为独立式的双户联立式建筑；犹太富商埃利·嘉道理爵士的"大理石宫"、被称为"远东最好的医院"的宏恩医院、意大利总会、哥伦比亚总会、文艺复兴风格的真如中学、永安百货公司创始人郭标兄弟的郭氏花园、孙中山之子孙科的西班牙式住宅、17幢大西别墅、光华大学、与美丽园一墙之隔的熊佛西楼等也在大西路上。

美丽园原来是大西路45弄，建于1912至1936年间，有7幢独立花园住宅和7幢联排住宅，具有浓郁的英伦风情。美丽园的英文名为"May Lee Court"，据说是开发商女儿的名字。房子是砖木结构，红色平瓦坡屋顶，清水红砖外墙，转角是灰白的水刷仿隅石装饰。

陈三才只身一人住在美丽园24号的二楼，表嫂一家住三楼，楼下是客厅兼活动室。宽敞的大厅里放着钢琴、乒乓球桌，还有桥牌室，朋友来了就在客厅喝茶、聊天、打桥牌。

第三章

·

行胜于言

战争打到家门口

离婚后的陈三才非常孤独，生活被离婚搅得支离破碎，尤其让他沮丧的是，不能天天看到两个孩子。

据陈三才的外甥王俊怡回忆，当时他在上海读书，随舅舅住在美丽园24号。晚饭后，家人通常在一楼客厅相聚，每个人都有固定的座位。后来王俊怡虽然搬了出去，但中午放学后仍去24号与家人共进午餐。当时去美丽园24号吃午饭的孩子很多，还有陈华伟、陈华粹兄妹等人。

孩子们给离婚后的陈三才带来慰藉。他非常幽默，虽然婚姻失败了，但他的幽默感无时不在。陈华伟回忆说：

三才叔叔常给我们讲他的故事。有一次他说，在清华学校读书时，一次小测验过后，一位看过成绩布告栏的同学跑来告诉他："三才，你考了第一名。"三才叔叔谢过这位同学后，自豪地走到布告栏前确认自己的成绩。他发现自己考了第一名不假，却是倒数第一名。我们都被他的幽默逗得前俯后仰。从各方面得到的消息看，三才叔叔实际上是一个优秀的学生。很久以后，我才意识到他讲笑话的重要性。讲笑话需要幽默感，但如果一个人开玩笑损害他人的利益，往往会引起人家的反感；如果经常吹嘘自己，别人就不会喜欢他。另一方面，如果一个人以牺牲自己为代价讲笑话，人家总是喜欢这些笑话，享受这种幽默感，从而喜欢讲笑话的人。所以，自嘲的笑话是世界上最有趣且最受欢迎的笑话。我可能不知不觉地从三才叔叔那里学到了自嘲的重要性。它确实帮助我过上了更快乐、更有成效的生活。

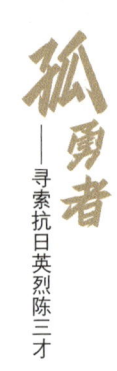

这段时间，陈三才除了跟汤家几个孩子及陈华伟他们玩，他把所有精力都投入北极公司的业务、与之相关的有效社交，以及一周一次看望孩子的活动中。与两个孩子在一起是他最高兴的事，他会推掉所有的事，去安妮的住处接两个孩子出去玩。但是这样的日子很快被战争打乱了。

1937年7月9日，这天是周五。陈三才像往日一样开车从家里来到公司。上班不久，一个爆炸性新闻传来：昨天，中日在卢沟桥附近交战了！

这个消息让陈三才对手头的工作失去了兴趣，他立即给一位消息灵通的重要人士打电话，打听这个消息的真实性。

消息是真的。

抗日战争不断向内地延伸扩大的情况使陈三才逐渐从离婚的沮丧中走了出来。他每天最关心的就是这场战争的走势。他虽然无党无派，也不是政府人员，但他是一位爱国知识分子，幼年时读的那句陆游的诗句此时竟然脱口而出：位卑未敢忘忧国，事定犹须待阖棺。

中国军队在华北战场失利后，陈三才痛心疾首。他在北平读了4年的书，对这座千年古都充满感情，如今遭战火摧残，他恨不能上阵杀敌。书生无力挥干戈，只能与朋友们聚在一起分析战事。随着事态的发展，他感觉形势越来越紧张。

8月9日17时30分，驻上海的日本海军陆战队中尉大山勇夫和水兵斋藤要藏驾军用汽车冲击虹桥机场。守卫机场的中国保安队喝令其停车，大山竟开枪打死一名保安队员。中国保安队予以还击，击毙大山等人。日海军陆战队借此在上海登陆。

这一系列事件刚刚发生，陈三才与他的同事及同学就都知道了，他们密切关注事态的发展。11日，大批日舰开至上海；12日，日军将上海北四川路的交通完全断绝。

陈三才预感到战争马上就要打到家门口了。正当他为上海这座城市担心时，国民革命军第87、88两个师由太湖开往闸北和江湾两地驻防。12日，88师进入北站待命，87师也进入江湾市区。中国军队以精锐之师突临敌前，出乎日军的意料。

事态以不可预料之势迅速发生着变化。13日上午9时30分，日军向中国军队发动了进攻，中国军队奉命奋勇反击。

"八一三"淞沪会战拉开了序幕。

战争虽把陈三才心中的离婚阴影一扫而光，但使北极公司的生意遭到了巨大的损失。在陈三才看来，个人与公司的事皆是小事，国事才是大事。此时，他无牵无挂，几乎把心思全用在了抗战上。他虽然不是军人、不在战场，但他希望自己还能像"一·二八"淞沪抗战时一样，贡献自己的技术与能量，乃至生命。

原来，5年半之前，陈三才就参加了淞沪抗战。

工程师也能上战场

"九一八"事变后，日军占领了中国东北地区的大量土地，并试图扶植溥仪建立伪满洲国。但这一行动遭到了以国际联盟为代表的国际社会的普遍反对，于是日军决定在上海这个国际性的大都市制造事端以转移国际视线，妄图使日本对中国东北地区的侵略与控制能够顺利进行。

1932年1月28日午夜，日军陆战队分三路突袭闸北，攻占了天通庵车站和上海火车北站。当时，担负沪宁地区卫戍任务的是国民革命军第19路军。19路军有3个师共3万余人，第60、61师分驻苏州与南京一带，第78师两个旅驻守上海。在总指挥蒋光鼐、军长蔡廷锴的指挥下，第19路军对日军的挑衅奋起抵抗。

29日凌晨，多架日机从停泊在黄浦江上的"能登吕"号水上飞机母舰上起飞，轰炸闸北华界，引发多地大火，许多房屋被烧毁，居民死伤无数。宝山路上的商务印书馆总厂起火后火势蔓延，浓烟弥漫在闸北天空，厂里各种印刷设备及纸张毁于一旦，难以计数的纸张燃烧后的灰烬飞至数十里外。

30日，上海一些慈善团体开始行动。他们联合发起组织上海战区难民临时救济会，设立了28处寄宿所，专门收容、救护战区

受难市民。

上海国货工厂联合会接到会员报告称,日军自1月28日起每天以飞机、重炮实施轰炸,厂屋、机器、栈房、存货等皆被焚毁。

2月1日清晨,商务印书馆总厂对面的东方图书馆连同编译所又遭焚毁,馆内收藏宏富的中外书刊、古本善本珍籍尽付一炬。时任上海市市长吴铁城、蔡廷锴以及孙科、李宗仁、胡适、翁文灏等政要名流纷纷发表通电,指责日机掷弹炸毁"全中国教育界所托命之商务印书馆及其藏有多量无价典籍之图书馆"的暴行实为"掠夺侵凌、惨无人道"。陈三才听闻也是发指眦裂,他对同仁说,我们不能坐以待毙。

国之不存,何以为家?上海各界纷纷行动,组织义勇军、敢死队奔赴前沿阵地,支持第19路军。一向热心公益事业的陈三才当然不会缺席,他指挥自己负责的一些社会团体及北极公司人员,兵分几路,做一些救护救助的事情,哪里有需要,他们就冲向哪里。

陈三才自己另有事做。他以上海联青社社长和中国工程师学会会员的名义,带着一群志同道合的工程师进入了闸北的前沿阵地。

阵地上,第19路军的一个团和某部队宪兵团正在与日军激战。炮声隆隆,硝烟弥漫,子弹不时从身边呼啸而过。两名士兵拦住了陈三才他们的去路。三才对士兵说:我们是上海联青社和中国工程师学会的,我们是来见你们长官的。士兵说:你们也看到了,我们正在打仗,子弹不长眼,会伤着你们的,快离开吧。三才坚持要见长官。士兵看着陈三才坚定的眼神,只好把他们带到一处由倒塌房屋改造的临时掩体里。陈三才见到了这个阵地上的最高长官,一名正在指挥作战的副团长。

陈三才对副团长大声说:我们是工程师,想用我们的技术参加战斗,现在需要我们做什么?

打红了眼的副团长根本不问他们是哪里的工程师,直截了当地说:你们能帮我们修筑工事吗?那种既能防御又能反击的工事,马上就要用,要一边筑一边用。

陈三才学着军人的口气大声说:能!

副团长叫来了一个军官，命令道：我把这些工程师交给你，限你们在最短的时间内，筑好第二道防线，并给我死死守住。副团长话音刚落，陈三才便带着工程师们随这名军官奔赴指定地段，根据地形，一边画草图一边垒起沙袋。

就在第一道防线告急时，工程师与战士们修筑的第二道防线及时派上了用场。

战斗愈发激烈，枪炮声非常密集，阵地上满是尸体，既有日军的，也有我军的，还有老百姓组成的敢死队员。那些头裹白毛巾的战士是由老百姓组成的敢死队员，他们正操着刀持着枪顶着枪炮往日军阵地上冲。这种壮怀激烈、视死如归的惨烈场面，陈三才看得热血沸腾，让他有一种参加敢死队的冲动，但被同伴拉住了。

从阵地上下来后，陈三才很受刺激，那惨烈的情景、遍地的尸体让他彻夜难眠。住处的收音机整日整夜地开着，他想知道每一条关于战争的消息，他想听到前方传来的好消息。

陈三才知道，当下他能做的最有效的事就是奔走于商界，联络正义人士募捐。他自己率先做出榜样，慷慨解囊，出钱又出力，再将募捐来的钱与物直接送往前线。三才不仅自己出钱出力，也鼓励上海与苏州的家人为抗战出力。

侄子陈华伟回忆道：

> 母亲知道捐款救国的地点，第二天就带着我们三个孩子，先去银行取出各自的储蓄送去捐献。出乎意料的是，第二天报纸竟报道了我们一家的捐款事迹。

战争在持续。苏州与上海近在咫尺，苏州城里的陈府担心上海的战火烧到苏州，陈三才的父母与在苏州的儿子商量是否前往上海的租界暂避一段时间，一是三才与定秀在那里，二是日本人不能进入租界。儿孙们都同意父母的这个想法，于是，他们把前往上海的时间告诉了陈三才。

对于陈府的这次避难，晚年的陈华伟回忆道：

我们全家一行八人乘了一艘小汽艇，经过一夜的航行，在上海西南远郊上岸。三才小叔已在岸上迎接我们了。中国人去自己土地上的外国租界避难，真是一个天大的讽刺！可这是事实。

小叔是叔叔辈里最小的，我们习惯称他"好叔叔"。他已在英租界康定路为我们租好了三套相连的公寓，又给孩子们安排了读书的学校。我们的生活就这样安定了下来，偶尔还能听到租界外的爆炸声。

我们住在上海期间，好叔叔通常在周末下午来看望爷爷奶奶，和他们亲切地说话，给我们带巧克力，我们都喜欢他。或许是我们给好叔叔带来了好运，有一天，他来告诉我们一个好消息：他买了一张彩票，竟中了一等奖，获得了一辆轿车，好叔叔原来的车子就可以为我们服务了。他雇用了一位司机，白天带我们去逛公园、商场，晚上去看霓虹灯。有一次，我们去了一个公园，下车进园时，妈妈指着一块牌子说："孩子，你看这牌子上写的是什么？"我们仔细一看，原来是"华人与狗不得入内"。我的血立即涌上头顶，感到一种强烈的屈辱，心中愤愤不平，更多的是无奈！妈妈说："孩子，要恢复中国人的尊严，中国领土与主权的完整要靠你们这一代了！"

陈三才一家与父亲（前排右二）在上海

除了好叔叔，还有小姑陈定秀也常来看我们，她是奶奶最小的女儿，在上海工部局女中教书。他们家住在英租界戈登路一个石库门的住宅里，离我们不太远，我常常去他们家玩。四个月后，我们准备回苏州老家了。我们逃难来上海是搭小汽艇，用了一整夜的时间。现在我们乘火车，五十公里的路程，只在昆山停一站就到苏州了，全程用了一小时十五分钟。

5月5日，中国政府与日本签订了《淞沪停战协定》，战争暂时停止了。

战后统计，日军侵占区内有工厂597家，占全市工厂四分之一，受损者为数过半，因战事失业者占工人总数的80%，仅纱棉织厂等产业工人失业人数就达25万。

陈三才看到这个数据后痛心疾首。"一·二八"淞沪抗战让陈三才心中燃起了对日军仇恨的火苗，这也许是他几年后想炸毁"76号"魔窟、枪杀汉奸汪精卫的原因之一。

"一·二八"淞沪抗战后，上海的经济日渐好了起来。到了1935年，外商金融机构约30家，58家华商银行总行设在上海，占全国银行总数的35%。1936年，上海已有银行机构182家，另有11家信托公司、48家汇划钱庄、3家储蓄会和1家邮政储金汇业局。同时，上海建有全国最大的外汇市场、黄金市场和证券交易市场。

但随着"八一三"事变爆发，日军的入侵让上海的发展势头彻底中断了。

全民族抗战开始后，因北极公司总裁汉布尔敦曾经担任过美军工程师，当时的中国军方特别需要这样的人才，所以他受国民政府之邀，赴内地参加中国抗战军事工程工作，公司管理全部交给了陈三才。非常令人痛心的是，1942年，汉布尔敦协同中国远征军在缅甸北部作战时，在森林中遭到日军偷袭，英勇牺牲。

1937年9月，在租界的商业俱乐部里，商人们开始讨论战争中的经济趋势问题。著名经济学家马寅初在上海举行了一次演讲，他认为战争不会拖得太久，没有囤积居奇的必要。现场有个颜料

商人,说马寅初的言论纯属书生之见。陈三才是书生,但他没有书生之见,他看出中日军事上的差距,认为战争时间不会太短。他的见识与囤积居奇无关,他在思考,作为一名中国人,为了让战争早点结束应该做些什么。

战争刚刚开始时,上海呈现出一种独特的政治、经济和社会景象。部分上海人的态度是以自保为主,既没有勇气奔赴前线,也不愿意下水去做汉奸。但真正打起仗来,正规军开进上海闸北、吴淞地区时,市民们感到战争已经影响了他们的生活,大部分上海人并没有恐惧,大有同仇敌忾之感。一时间,军方需要什么,后方就捐献什么,上海不少贵妇把自己的私房钱都捐了出去。

战争让有些商人发了财,如颜料商、西药商等,他们囤积物资、投机倒把。但更多的人为抗日捐款捐物,"八一三"淞沪会战中,中国军队能在上海坚持数月的战斗,离不开包括陈三才等商界人士在内的爱国市民的支持。

淞沪会战爆发后,由于租界仍在英法两国的控制之下,大量上海市民涌入租界,有一些富豪去了国外避难,他们都认为去美国比较安全。陈三才很有钱,北极公司属于美商,他也经常往返于中美两国,完全可以搬到美国去避难。外交官施肇基博士之子、世界卫生组织创始人之一的施思明有一本口述自传,每一章大约用十分之一的篇幅回忆他所认识的名人,他们都做了些什么、后来结局如何等。在回忆陈三才时,他称其为"我们的朋友之一"。书中还写道:"当生活在敌占区时,我想我一个人能做的,就是悄然生活,在沉默中忍受。"他感叹陈三才留在了上海,既没有"悄然生活",也没有"在沉默中忍受",更没有在沦陷区发财,而是意图行刺汪精卫,以此改变时局。

当时的一些有钱人离开了上海,但陈三才没去国外,也没去重庆。他的一些朋友、同学去了后方,如陈三才的姐夫、陈定秀的丈夫程树仁停止了他在上海的电影事业,成为一名铁道部专员,转道去了重庆、昆明,抗战胜利后才回到上海。此时,北京大学、清华大学、南开大学也迁往长沙,组成国立长沙临时大学,后迁往昆明。陈三才的好友顾毓琇也离开清华大学，以无党派人士的身份到国民政府教育部工作，组建战时教育问题研究委员会，合力破解抗战时期的教育难题。

陈三才主动留在了沦陷区，他要像5年半前一样，亲自上战场。

陈三才与他的同仁一次次来到战场，穿梭于浦东浦西，给驻守的浦东炮兵提供物资和情报支持。他为前线战士送去急需的船只、仪器以及标示日本军舰方位的草图。

在陈三才等人的帮助下，浦东炮兵把大炮、弹药、仪器等装在小汽艇上，再加上一些伪装，隐藏在沟渠与竹林芦荡里。黄浦江上夜幕降临，士兵们将小汽艇拖出，出其不意地攻击日军兵舰，屡屡得手，在一个多月里重创敌舰20余艘。

每一次捷报传来，陈三才的脸上都会露出会心的微笑。他把所学的知识与技术都用在了抗战上，哪里告急他就去哪里"救火"。

"八一三"事变爆发之后的一天，陈三才给部队送仪器，开车途经黄浦江，看见几十艘日本军舰乌泱泱地停在黄浦江上。他停下车，粗略地数了一下，有30余艘，停泊在日本领事馆附近的海军巡洋舰"出云"号的巨大舰炮直指上海的繁华市区。陈三才顿时觉得热血直冲脑门，他之所以反应这么大，是因为这艘该死的巡洋舰在5年多前的"一·二八"事变中作为日本海军第一外遣舰队旗舰在上海海域停泊，其大口径舰炮轰击上海市区，造成了大量平民伤亡。陈三才突然冒出一个想法，把他自己也吓了一跳——炸掉"出云"号。当时的陈三才正在帮中国军队购买武器，他自信有这个实力。

这艘"出云"号装甲巡洋舰背负着罪恶的历史。1896年，日本海军利用甲午中日战争后《马关条约》的赔款，提出了"六六舰队"发展规划。所谓"六六舰队"，就是由6艘战列舰和6艘装甲巡洋舰组成的舰队，这在当时可是一项极其庞大的海军建设规划。除了其中2艘战列舰在甲午中日战争前完工，其余的4艘战列舰和6艘装甲巡洋舰都是在甲午战争后完成的，"出云"号就是其中一艘。这艘"出云"号是日本向英国订购的，于1898年

日军"出云"号

在英国阿姆斯特朗造船厂动工建造,于第二年9月下水,1900年9月正式服役。刚刚建成的"出云"号排水量9773吨,舰长121.92米,舰宽20.93米,吃水7.37米,装备203毫米主炮4门、150毫米副炮14门、12磅速射炮12门、2.5磅速射炮8门、450毫米鱼雷发射管4具。与其他的巡洋舰相比,"出云"号有着更大的载弹量和更强的作战能力。

从1930年起,"出云"号被编入日军第一遣外舰队。1932年1月,"一·二八"事变爆发,"出云"号驶入上海,担任日本海军专门负责在中国作战的第三舰队司令长官野村吉三郎中将的旗舰。"七七事变"后,由"出云"号担任旗舰的日本海军第三舰队抵达上海。

日本海军第三舰队的30余艘军舰集结在黄浦江上,沿江停泊,截断了水上交通。360多门大口径远程大炮对准繁华的市区,给市区和上海驻军构成了巨大的威胁。"出云"号更是凭借其强大的舰炮,向中国军队阵地和上海市区的建筑物猛烈轰击,对上海造成了巨大的破坏。面对如此威胁,当时还很薄弱的中国海空军依然进行了艰苦卓绝的反击。

自从冒出炸掉"出云"号的想法后,陈三才秘密组织了一批力量做准备。他们先是准备了许多炸药,计划从陆地行动,打个突袭战。后来经过实地查看,发现日军陆上戒备森严,很难接近,于是决定放弃陆地偷袭,改为从水上行动,计划用装满炸药的渔船去撞击它。上海周边有多条河流与黄浦江相连，夜间，河面上一片漆黑，非常有利于小船隐蔽行动。计划好这一切后，在一个没有月光的夜晚，陈三才和同伴分乘两条渔船，一条装着炸药，另一条负责接应。当两条渔船驶入黄浦江上游，逐渐接近日军舰艇时，他们发现"出云"号周围还停有许多其他舰艇，舰艇上的探照灯不时地划过水面，装满炸药的渔船想要接近"出云"号而不被发现绝非易事。陈三才与同伴商量后，决定放弃这次从水上偷袭的计划。

此后不久，中国军队在付出很大的牺牲后，击伤了"出云"号，迫使其不得不暂时离开停泊的码头，前往黄浦江下游休整。在得知"出云"号离开战场消息的那个晚上，陈三才家彻夜通明，他与朋友们庆祝这来之不易的胜利。陈三才虽然没有成功炸掉"出云"号，但也为此付出了财力与精力。

1943年，"出云"号返回日本，成为海军学校的训练舰，并于1945年日本投降前夕被美军击沉。还有一种源自陈香梅女士的说法：日军用其他军舰顶替了"出云"号，而真正的"出云"号早已被中国空军击沉。

战争在继续，闸北、南市、浦东等地区相继沦陷，经济损失极为惨重。全市约有2270家工厂毁于日军炮火，148家民营企业和1.2万吨机器物资被转移到重庆等后方城市，一批工厂迁入租界。

中日双方总共投入百万人的海陆空三军，进行了一场长达三个月的大会战，把一座远东明珠变成了处处鸟啼花落的"废都"。在这场会战中，数十万军民伤亡，最终以中国军队战败而告终。

11月12日，上海沦陷。

日军占领了中国最富庶的地区，控制了中国最重要的经济中心。中国军队及国民政府虽撤出上海，但仍在上海逐渐恢复生机的灯红酒绿中保存着一定的武装力量，特别是地下力量。此后，上海成了重庆当局锄奸的一个主要战场。

陈三才没有撤往西部，他以一己之力继续战斗在这座东方魔都。

让沦陷区的金融混乱起来

上海沦陷后,北极公司的总裁汉布尔敦离开了上海,把公司全权交给了陈三才。三才接手北极公司后愁绪萦怀,看着满目疮痍的上海滩,看着同学、朋友、同仁一个个地离开了上海,他哪有心思经营公司呢?上海沦陷23天后,也就是1937年12月5日,苏锡文在日军的支持下,在上海浦东成立了伪"大道市政府",一切市政由日军上海特务机关控制。上海已经不是往日的上海,陈三才在苦闷中挣扎——离开上海,还是留下来?

正当陈三才进退两难时,日军开始在上海大量收购铜元,就地制造子弹。最初铜元很便宜,1日元能买到80枚铜元。但随着数量减少,铜元越来越值钱,1日元最后连50枚也买不到。汉奸和不法商人也参与了私运、倒卖铜元给日军的勾当。市民的日常生活受到了严重影响,他们乘坐公共交通、去菜市场买菜,以及去小店铺购买针头线脑什么的,都离不开铜元。当年从法租界到公共租界的公共交通需要一枚铜元,在公共租界里兜一圈也需要一枚铜元。因此,百姓也纷纷购买铜元储存起来,这就造成了铜元更加短缺,以致市面上很难见到铜元流通的踪影,极大地危及上海的工商业和市民的正常生活。在这样的情况下,为了就地制造子弹,日军还在到处搜罗铜元。

其实,日军刚开始收买铜元时,国民政府就捕捉到了信息。为了破坏日军的这一计划,中央银行也在广收各种铜元。日军在明处,中央银行在暗处。没多久,中央银行竟然收购了几十吨铜元。这可不是小数目,在沦陷区的上海很容易被日军探知,如果被日军察觉,损失的不仅仅是铜元,更严重的是日军会用这些铜元制造出的子弹继续杀害中国人。这几十吨铜元是运不出上海的,那一定得藏在上海最保险的地方,什么地方最可靠呢?不仅人员要可靠,还得有不易被发现的可藏之处。

全民族抗战开始后,国民政府中央银行由上海迁往南京,后又从南京迁往武汉,1938年8月迁至重庆。当时的中央银行行长是孔祥熙，其前任是宋子文。他们两人都熟知北极公司的总经理陈三才，更晓得陈三才在"一·二八"淞沪抗战与"八一三"淞沪会战中的表现。中央银行在寻找铜元的收藏之处时，孔祥熙就想到了陈三才的为人与北极公司的地盘。

他立即派人与陈三才联系，希望能将这几十吨铜元藏匿在北极公司的仓库中。陈三才当然知道，当时的上海到处都是汉奸与特务，如果被他们探知此事，并向日军告密，一定会危及自己的生命安全。但他还是一口答应下来，没有一秒钟的犹豫。

此事一出，陈三才不再纠结，决定留在上海——在沦陷区一样能抗战。

陈三才知道藏匿铜元事关重大，为了安全起见，他不让公司的其他人员知道，自己冒着生命危险，秘密会同中央银行高层将所有铜元悄悄运出，藏在法租界北极公司的仓库中，并派亲信昼夜看守。几十吨铜元是怎么一点一点地运进北极公司仓库的，我们不得而知。日军做梦也想不到，一家普通公司的仓库会藏着他们梦寐以求的铜元。

为了查清楚陈三才为中央银行藏铜元的细节，陆宜泰先生打算拜访陈三才生前好友杨小佛先生。

陆宜泰在日记中写道：

2001年5月28日，我收到上海社科院文学研究所陈梦熊的来信，内容关于陈三才其人其事。信中说，上海市政府参事、耄耋老人杨小佛先生说他与陈三才生前曾有交往，"孤岛"时期曾同住过一幢洋房。陈老师热情地推荐并帮助我与杨小佛先生约时间见面，杨先生表示同意，约我在6月10日前去拜访。6月10日那天，我如约来到上海，先乘地铁1号线到锦江乐园站下车，穿过马路再乘731路公交车到梅陇11村，拜见了陈梦熊先生。然后我们一道乘公交车去杨小佛先生家。

此时，杨先生已是84岁高龄，但说到陈三才时，老人非常兴奋，对60多年前的往事记忆犹新。当年杨先生刚从光华附中毕

陆宜泰采访时与杨小佛（左）、陈梦熊（右）合影

业，租住在愚园路中实新村579号的3楼，陈三才与表嫂汤氏就住在这幢楼里。杨小佛先生说，陈三才与汤家很客气，每天给我们供应早餐。有时，陈三才约他和汤家两位小姐一起去百乐门舞厅跳舞，陈三才自己开车。当我问到北极公司收藏铜元一事时，杨先生说，抗战时期，陈三才将国家收购的数十吨铜元秘密藏在北极冰箱公司的仓库里。公司因地处法租界，况且北极公司是和美方合资的企业，所以，铜元是不会轻易被日本人发现的。后来日本人知道了这件事，千方百计地追杀陈三才。陈三才是爱国的抗日志士，他不会让日本侵略者的阴谋得逞。后来听说陈三才因要炸掉汪伪特工机构76号而被他们捉进去，谋刺汪精卫的事我就不清楚了。

市场上没有了铜元，这给上海市民的生活带来极大麻烦。为了解决上海辅币短缺的问题，国民政府财政部饬令中央造币厂"会同中央银行在上海铸发壹分及伍分两种铝币，俾资流通"。这两种铝币仅限在上海流通,由央行收兑,并由上海银行业公会发行。

淞沪抗战时,中央造币厂连同部分机器由上海撤往内地,在上海留置了临时办事处,后改为运输保管组,负责保管留沪的部分设备、原料等。中央银行在上海也留有分行,分为两处:一处设在法租界亚尔培路逸园跑狗场(今陕西南路文化广场);另一处设在公共租界静安寺路(今南京西路),专门负责银行业务。财政部关于在上海铸发铝币的饬令就由中央银行留下的这两处机构具体执行。

1939年12月,中央造币厂通过财政部找到了陈三才,拟委托北极公司代铸壹分与伍分两种铝币各2500万枚。在中央银行上海分行的协助下,中央造币厂委托上海银行公会代为出面,于1940年1月29日与北极公司签订了代铸铝币合同。中央银行上海分行

铝币

负责为中央造币厂向北极公司垫付铸造费用。中央银行上海分行从黑市购入美元垫付，同时垫付法币。北极公司代铸的铝币面值共有壹分与伍分两种，形制正面中央为"壹分"与"伍分"，上环是"中华民国二十九年"，纯铝质。壹分直径为15.5毫米，重0.66克；伍分直径为20毫米，重1.12克。

　　第一批代铸币获得成功后投入上海市场，大大方便了上海市民的生活。1940年4月，中央造币厂呈请财政部由北极公司续铸壹分与伍分铝币各5000万枚。财政部准予照办。

　　这种很难操作的事情，陈三才何以能够顺利完成呢？其实，陈三才还兼任着中国通惠机器公司常务董事一职，该公司承担着中央银行的钱币制造工作。在沦陷区的上海，给财政部造铝币这种事情不是一般公司能承担的，之所以找到北极公司，是因为北极公司属于美商。试想，如果大量的铝币在上海流通，日军肯定会知道，在他们侵占下的上海，竟然有人能铸造出铝币并在市场流通，他们定不会袖手旁观。后来陈三才被绑架以致就义，会不会与藏匿铜元、铸造铝币之事有关呢？

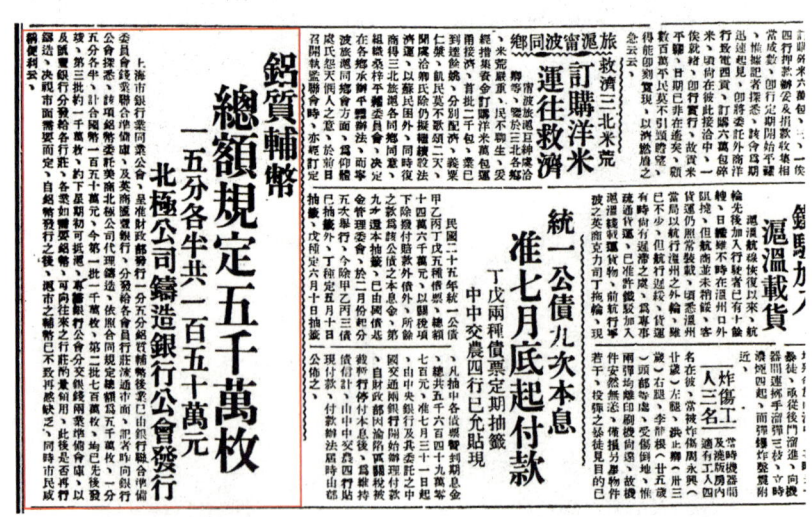

1940年4月28日《总汇报》关于铝质辅币的报道（截图）

上海发行大批铝质辅币且在市场流通后，引起了日伪的高度重视，他们连夜开会，要调查清楚这件事，因为铸铝币破坏了敌伪在沦陷区的金融经济。而财政部、中央银行与陈三才不知道的是，早在陈三才酝酿代铸铝币的时候就已经引起汪伪特务机关的关注，他们察觉出北极公司总经理陈三才正在从事抗战活动，但不知道具体细节。陈三才被捕后，众多汪伪高层出面为他说情，但汪精卫还是下令处死陈三才，会不会也与这件事有关呢？

日伪当局为了控制上海金融，破坏铝币的铸造发行，一定会对陈三才有所行动。事实上，陈三才就义后，上海再也没有发行新铝币了。

魔鬼在人间

国家危难，大厦将倾。举国上下正在"地无分南北，人无分老幼"地抗击日本侵略者时，"汉奸论"却甚嚣尘上。

南京西流湾8号周佛海花园洋房的地下防空室里，一群权贵以汪精卫为精神领袖，喊出了"战必大败，和未必大乱"的口号，将抗战视为"镜花水月的幻想"，主张与日本侵略者"互相抱头痛哭，彻底地忏悔和觉悟"，以谋求"和平"。这群"低调俱乐部"里的大部分成员后来成了汪伪政府班底成员。

1938年12月，汪精卫令陈璧君侄子陈国琦通过交通部次长彭学沛购买几张飞昆明的机票。19日，汪精卫、周佛海、陶希圣、陈璧君等乘坐云南省政府主席龙云代包的专机，从昆明飞往越南河内。汪精卫在离开昆明前发了一份电报给蒋介石，谎称因高原反应，身体不适，多留几日，再行返渝。20日，陈公博由成都追赴河内。29日，林柏生代表汪精卫在香港《南华日报》发表"艳电"，响应日本首相近卫22日提出的"善邻友好、共同防共、经济合作"三原则，公开卖国降日。此举激起全国愤慨，在上海的陈三才愤怒之余大骂汪精卫是"头号汉奸"。也许从此时起，陈三才就有了杀汪之心。

　　与此同时,另一股汉奸势力正在悄然形成。原中统特务李士群于1938年秋携特务经费叛逃至香港,经日本女特务引荐投靠驻港领事中村丰一,被中村派往上海,为日本使馆搜集情报。李士群在沪西收罗流氓地痞组建特务班底,并拉拢失势的军统第三处前处长丁默邨合作。1939年初,日本特务土肥原贤二在上海东体育会路七号的"重光堂"召见丁默邨与李士群。彼时上海已成抗日锄奸之战场,土肥原要求他们想个办法控制住这种局面。但两个特务头子怎么能遏制汹涌澎湃的抗日活动?

　　然而,道高一尺,魔高一丈。随着抗日行动的激烈展开,土肥原贤二,这个1913年就来到北京、一直干着间谍特务勾当的"中国通"深谙对华谋略,就想以恐怖制恐怖的方式来对付抗日锄奸活动。

　　丁、李二人完全理解土肥原的意思,立即提议由他们出面建立一支特工队伍,并请求日军的支持和援助。这个计划正符合土肥原"以华制华"的策略:由日本人出钱出枪,扶植和收买汉奸当特务,建立以日本人为后台、以汉奸为主体的特务机构,对付抗日志士,以达到镇压中国抗日军民的目的。

　　于是,双方一拍即合,一个"魔窟"即将横空出世。

　　此时,李士群的汉奸老巢在上海大西路67号,前文说过,与陈三才住在同一条街上。土肥原的助手晴气庆胤前往大西路67号与李士群、丁默邨密谈。为了表示"诚意",两个汉奸向晴气庆胤提供了国民党上海市党部及下属单位名称,各种抗日团体、国民党游击队的指挥部以及军统、中统、三青团等地下组织成员的情报。晴气庆胤如获至宝,这些正是日本人求之不得的重要情报。

　　接下来就是商谈建立汉奸特务机构的程序。李士群拿出了他与其妻叶吉卿写的《上海特工计划书》,晴气庆胤一页一页地翻下去,看完后对他俩说:这是个令人胆寒的计划。用他后来的话说,这是一个以恐怖对抗恐怖的可怕计划。这份计划书涵盖工作方针、工作要领、成立行动队、情报工作、经费获取、武器清单等内容。

晴气庆胤带着这份计划书回到东京，拿给影佐祯昭看，得到影佐的赞许。

此时，影佐正在策划扶持汪精卫建立伪政权，妄图实现"以华制华"的目的。影佐听了晴气的介绍，立即决定把丁、李二人在上海的特务活动纳入汪精卫的"和平运动"中，以此来打击上海租界的抗日活动，并保护汪精卫的安全，使上海成为"和平运动"的一个基地。

1939年2月10日，日军大本营参谋总长向晴气庆胤下达了《援助丁默邨一派特务工作的训令》。

一、大本营确定，将援助丁默邨一派的特务工作，作为对付上海恐怖活动对策的一个环节。

二、你在上海应与丁默邨进行联络，援助特务工作，协助华中派遣军推行其对付租界的对策，并处理土肥原机关所遗留的工作。分派冢本诚宪兵大尉和中岛信一少尉，作为你的部属。

三、在援助特务工作时，宜就下列事项与丁默邨进行联络：

（一）专事杜绝在租界内发生反日活动时，尤应避免与工部局发生摩擦；

（二）不得逮捕与日本方面有关系的中国人；

（三）与汪兆铭的和平运动合流；

（四）三月份以后，每月贷与三十万日元，借与枪支五百支、子弹五万发以及炸药五百公斤。

晴气庆胤把这个消息告诉了丁、李，并指令二人立即启动《计划书》，特别是打击重庆方面在上海的抗日力量，为汪精卫下一步组建伪政府打下一个安全的基础。丁、李欣喜若狂，特别满意的是每月有30万日元的经费。要知道，那时的30万日元与现在的30万日元不可同日而语。不久后，日本人从意大利军警备区内的日占房产中挑选一处洋房给了丁、李，作为他们的机构基地。这处洋房就是臭名昭著的极司菲尔路76号。

"76号"位于公共租界外，但又紧挨着租界，而租界一带由

意大利军警负责卫戍。意大利与日本是同盟关系，意大利军警自然会关照"76号"，所以，丁、李二人得到"76号"后更是铁了心地效忠于日本人。他们出入租界便捷，又受到日本宪兵队与意大利军警的双重保护，非常安全。

丁、李二人与特务们从上海大西路67号迁到极司菲尔路76号，丁默邨任主任，李士群任副主任，直属日本大本营领导。同年8月，影佐祯昭成立日本在华中地区的最高特务机构"梅机关"，这个特工组织就划归"梅机关"控制了。

"76号"坐落在极司菲尔路的中段、钱家巷的斜对面，是国民党安徽省政府主席陈调元的一座花园洋房。上海沦陷后，它被日军作为"敌产"霸占。此路因属华界，所以这条路上的每家门上都钉有白底黑字的门牌号，唯76号与它的东邻74号以及对面75号的门上钉的是蓝底白字的门牌号。他们又在75号设立了一个叫"海社"的外围组织，以胡兰成为主笔的《国民新闻》报社也设在这里。据说，这三幢楼房由外国人购于清朝时期。那时，外国人在中国购买土地后，执业凭证经过洋商挂号，再由道台衙门登记认可。这三幢大洋房的门牌号也与周边的房子不相关联，所以，门牌号的底色不同。

极司菲尔路大门外是租界的"越界筑路"，管辖权属于租界，"76号"的特务们无法在门外安设岗哨，就在西边搭了一间木屋，几个小特务在这里开设了一家白铁店；在"76号"东边的康家桥口的乐安坊附近租了一个店面卖杂货，这两家店铺是固定的外围望风哨。另外，"76号"附近还有各式各样的水果摊、小吃摊、算命摊等零星摊贩，作为外围岗哨，与望风哨遥相呼应。

没多久，30万日元巨款到位。有钱了，他们就可以大兴土木。他们把第一道大门拆除，把第二道门改建为中式牌楼。最具讽刺意味的是，他们在牌楼上挂了个横匾，横匾上刻着"天下为公"四个蓝底白色的大字，又在牌楼四周加建了水泥堡垒和铁丝网，两侧墙上开了两个枪孔，对外架上两挺机枪。

"76号"的院子很大，他们在院子里新建了20多间平房，作为警卫队的住所和审讯室。前面两间是警卫总队长兼第一特务大

汪伪特工总部"76号"

队长、"第一杀手"吴世宝的办公室,西侧的两栋房子是宿舍。院子正中是两幢主楼,其中一幢叫"高洋房",一楼是会客室与交际室。交际室的主人自然是交际花,用来拉拢、利诱被抓进"76号"的抗日人士。两位交际花分别是钮美波与徐才立。这个钮美波是华俄混血女,沪上有名的交际花,也是日伪双料间谍,被称为"谍报之花",专事色诱被捕的重要抗战人士。交际室后面是电话间,对面是餐厅与会议室。

楼上是丁默邨的卧室和办公室。据说,丁默邨的卧室内虽然床铺齐全,但他从来不在这张床上睡觉。他真正睡觉的地方是卧室里的卫生间,因为卫生间四周装有防弹钢板。每晚,丁默邨锁上卫生间的门,睡在卫生间浴缸上方的棕绷上,清晨起床后再把棕绷搬回卧室,以掩人耳目。

李士群的办公室在丁默邨的隔壁。三楼有两间房是俘虏优待室,用来"软化"重要人物。

高洋房的另一边是一幢石库门楼房改造的礼堂,后来伪政府所谓的"六全大会"就在此处召开。大花棚被改成了看守所。花

棚前的一幢三开间、式样新颖精致的洋房，是日本特务机关派来的涩谷准尉及日军宪兵队小队的七八个人的住处。晴气庆胤的下属中岛等人也常驻"76号"。"76号"的任何行动都在日本人的监控之下。院子里还有3座20多米高的无线发射塔，斜对面就是"梅机关"的分支机构。

丁、李网罗了300多名特务与爪牙，其中配备了150人的行动队，市党部和新闻系统20人，情报系统20人，在通信密码译解班安排了40人，还配了一个警卫大队。他们在杭州、苏州、南京、蚌埠以及沪杭、沪宁、津浦路南段各铁路线设立区、站、组，以此形成一个汉奸特务网络，采用勾结、收买、敲诈、离间、明捕、暗绑、酷刑、投递恐吓信件、安置爆炸物以及暗杀等各种手段，拉拢和发展汉奸势力，破坏抗日组织，镇压抗日民众。

"76号"里的汉奸都是些什么人呢？按李士群部下马啸天的说法，这帮人都是"党棍恶霸、地痞流氓、中统军统特务与马路政客、失意军人，凡是社会上的渣滓，无不为丁默邨、李士群所兼收并蓄，来者不拒"。人们称"76号"所在的沪西地区为"歹土"。丁、李领导的这帮社会渣滓很得"梅机关"的赏识。

就在这么恐怖而严密的地盘，丁、李及日本人做梦也不会想到，有人会策划炸掉这个魔窟。这人不是别人，正是陈三才。

日军大本营参谋总长给晴气庆胤下达了《援助丁默邨一派特务工作的训令》，其中有一条是"与汪兆铭的和平运动合流"。于是，1939年春天，晴气庆胤收到香港上司的一封电报，让他到码头去接从香港来的两个神秘人。这两人就是周佛海与梅思平。此时，汪精卫遇刺后刚刚逃出越南河内，正在开往上海的另一条船上，与影佐、犬养健商量所谓的"和平计划"。汪精卫派周佛海与梅思平先行一步到上海，为"和平计划"铺平道路。

接到周佛海与梅思平后，晴气庆胤独自去了"76号"，派丁、李二人去见周佛海，商谈卖国事宜。

随后，汪精卫逃到上海。当他到达虹江码头时，码头上已挤满了新闻记者。汪精卫如惊弓之鸟不敢上岸，第二天才在日本宪兵的保护下，由日军的汽车直接送到虹口保护区东体育会路七号的"梅机关"。在日本人的授意下,丁默邨与李士群去"梅机关"面见了汪精卫。之前,丁、李二人已与周佛海和梅思平谈妥,到"梅机关"只是见见主子。汪精卫有特务保护,当然高兴。将一切安排好后,日本人把沪西愚园路1136弄内的一幢西式楼房给了汪精卫。这幢楼房原是国民党交通部部长王伯群的豪宅,上海沦陷后,被日军强占。随后,汪精卫由"梅机关"搬到了愚园路1136弄内,由"76号"的警卫大队进行24小时警卫,没有通行证任何人不得进入。

愚园路1136弄里有10余幢独立的花园洋房,汪精卫搬进去的同时,周佛海、梅思平、林柏生等人也搬了进去。

1939年8月28日,汪伪国民党"六大"在"76号"大礼堂召开。开会前一天晚上,汪精卫带着众多保镖从愚园路1136弄汪公馆潜入"76号",李士群把自己的房间让给了汪精卫。即便如此,汪精卫还是不放心,让陈春圃在他的房间搭一张临时床铺,与他睡在一起,保镖睡在室外。

9月5日,在汪伪"六届一中全会"上,非法成立了汪伪中央党部。汪伪"一中全会"后,又成立了"中国国民党中央执行委员会特务委员会",由汪伪政权第三号人物周佛海任主任委员,丁默邨任副主任委员,李士群任副主任委员兼秘书长。该委员会下设"中国国民党中央执行委员会特工总指挥部",简称"特工总部"。

刚搬进76号时,这个特务组织还没有正式的名称,就以这幢房子的门牌号"76号"作为代称,现在有了"特工总部"的正式名称。但"特工总部"这个名字远没有"76号"家喻户晓。"76号"就成了汪伪特务委员会下属的一个特务组织,丁默邨为主任,李士群、唐惠民为副主任。

伪国民政府成立后,警政部部长由特务委员会主任周佛海兼任,副部长由李士群担任。这样又把特务和警察结合起来,进一步加强了特务机构。

"76号特工总部"直接隶属于汪精卫,主事的是周佛海,丁默邨与李士群的这个特务组织终于有了"名分"。它是汪伪时期

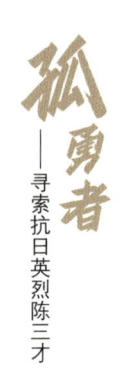

组织最庞大、对抗战危害最大的一个日伪特务机构。日本人曾这样评价"76号":在"支那"事变史上占有重要地位的是躲在幕后的"76号"和重庆特务队。

"76号"应该从人间消失

陈三才代铸铝币、破坏日伪统治下的上海金融经济的同时,还在做着一件大事。什么事呢?先说一下汉奸们是怎样把上海这座"东方明珠"变成腥风血雨的恐怖之城的。

"76号"特工总部开张后,上海发生了许多起恐怖事件,恐吓、暗杀、绑架几乎天天发生。特务或在人家门前插匕首、放子弹、摆恐吓信;或跟踪绑架人质,在路灯下悬挂血淋淋的人头,向人家屋内扔断手断脚,让人闻之丧胆。这座魔窟里设有各种各样的刑具,酷刑让人生不如死,如吊刑、电刑、老虎凳、灌辣椒水、钢针刺指等,还设有天牢、地牢和水牢。被捕进"76号"的人很难活着出来,除非当汉奸。

有数据为证:仅1939年至1943年间,"76号"制造的暗杀、绑架事件达3000多件,每年近1000件。被暗杀与绑架的大多是抗日志士,"76号"也就成了抗日志士的人间地狱。上海市民经过这个地方都不敢朝它看上一眼。

陈三才暗中留意着日伪在上海的一举一动。他看着"76号"逐步坐大,眼见"76号"与汪精卫政权合流,最后成了"特工总部",复见报纸上天天刊登着各种令人毛骨悚然的新闻。陈三才订了好几份报纸,他了解的信息,特别是抗日信息,不止来自各类报纸,还有朋友聚会时听来的。

对于日伪接二连三地暗杀、绑架抗战人士,各类报纸作了详细报道,揭露日军暴行并刊载反汪言论。日伪岂能让这些消息传出?《申报》首先被"76号"盯上了,在收到恐吓信的第二天,《申报》记者瞿绍伊与金华亭被特务暗杀;"76号"的万里浪还向申报社投掷手榴弹,致19人死伤。

此后，"76号"又给文汇报社送去了有毒的水果。接下来《大美晚报》也被"76号"盯上了。

《大美晚报》是1929年4月由美国人在上海创办的报纸。这份报纸是陈三才这些留美生每天必看的，1933年初增发的中文版更是大受他们欢迎。自上海沦陷后，陈三才从《大美晚报》《申报》《新闻报》等报刊上洞悉上海及全国的抗日救亡形势。他就是在《大美晚报》的副刊《大美画报》上看到了毛泽东与朱德的大幅照片，才对八路军的抗战情况有所了解。

对于《大美晚报》，"76号"恨不能马上炸掉这家报馆，怎奈报馆不是中国人办的。于是，丁默邨与李士群就派人去找报馆高层谈话，谁知对方根本不理睬他们。随后，他们让大流氓吴世宝派人去报馆闹事。

1939年7月22日这天，吴世宝带领一帮流氓直奔大美晚报馆，也不知是这帮流氓不识字，还是听错了报馆名，居然把《中美日报》当作《大美晚报》，到了英租界的中美日报馆，不管三七二十一就开始冲砸，闻讯赶来的公共租界巡捕立刻把这几个流氓特务抓捕了。

大美晚报馆的地址位于公共租界与法租界交界的延安东路上，中美日报馆则位于大美晚报馆的对面。几个流氓本来想打砸后再利用英法租界管辖权的矛盾蒙混过关，谁知法院不买账，把他们判了刑。

大美晚报馆在得知"76号"是冲着他们来的情况下，仍然继续报道抗日救亡的消息，大骂日伪汉奸。丁、李经过商量，觉得还是不能放过《大美晚报》，于是改派第六行动大队队长潘公亚带领另一帮流氓打手前往报馆。这次他们改变了策略，不是冲砸，而是殴打编辑部的人员。谁知又出了状况。这帮流氓跑到大美晚报馆，不知哪一间办公室是编辑部，东找西找，就引起了报馆人员的警惕，大家纷纷躲藏。几个流氓一看惊动了报馆人员，慌忙开枪，还投了手榴弹，报馆顿时陷入一片恐慌与混乱。轻车熟路的报馆人员一下子全跑了，流氓像无头苍蝇一样闯进了排字间，正在排字的几个工人被打伤，所有字盘被砸烂。

　　自上次"76号"冲砸中美日报馆后，法捕房就派了一辆装甲车停在大美晚报馆门前。几个流氓混进报馆时，装甲车上的人没有在意，直到报馆传出枪声与爆炸声，才立即拉响警笛。几个流氓正冲砸得起劲，突然听到外面的警笛，队长潘公亚大叫：快跑！快跑！流氓往外跑，警察往里冲，半道遇上打了起来，结果一个安南巡捕被潘公亚打死，潘的脚被打伤，其他打手冲出报馆。潘公亚因脚伤没能冲出去，就把手上的枪扔进了马路对面的英租界，随后被抓捕。后因他手上没枪，当时场面混乱，又没有监控，他谎称自己是路过被击伤的，击伤他的人也死了，死无对证，最后被释放。

　　事情平息后，《大美晚报》收拾好残局，继续在报上骂汉奸、骂"76号"。丁默邨与李士群这个恨呀，在日伪统治下的上海滩，还没人敢这样漠视他们。于是，他们决定杀人。

　　《大美晚报》国际新闻编辑程振章首先被"76号"枪杀。

　　暗杀程振章后，"76号"又写了一封信，信中附上两粒子弹，寄给了《大美晚报》经理李骏英与总编辑张似旭，要他们把投"抗日"稿件人的姓名、住址告诉"76号"，否则将以附物奉餐。第二天，《大美晚报》在报上严词揭露了"76号"的无耻行径。不久，总编辑张似旭被特务枪杀在静安寺路上的凯司令咖啡馆楼上，李骏英被打死在四马路（今福州路）上。

　　朱惺公是《大美晚报》副刊《夜光》的编辑。1939年三四月间，他在《大美晚报》副刊上连续发表《民族正气——中华民族英雄专辑》，向读者介绍中国历史上的民族英雄与爱国志士，又连续刊登《汉奸史话》，对秦桧、吴三桂、洪承畴等中国历史上的汉奸一个一个地骂个遍。在汪精卫逃到上海时，他署名陈剑魂发表了《改汪精卫诗》，对汪指名道姓地批判。改后的诗道：

　　　　当时"慷慨歌燕市"，曾羡"从容作楚囚"。恨未"引刀成一快"，终惭"不负少年头"。

　　文章发表后不久，朱惺公就收到了"76号"的恐吓信：如若再写反动文章，即派员执行死刑。朱惺公将恐吓信扔在一边，执笔又写了一篇《将被"国法"宣判"死刑"者之自供——复所谓"中国国民党铲共救国特工总指挥部"书》，刊登在第二天的报纸上。

汪精卫看到这些文章，气得肝疼，一个电话打到了"76号"。1939年8月30日下午4时左右，朱惺公在其住处附近被三名预伏的汪伪特务枪杀身亡。

在朋友处听到这些消息时，陈三才在敬佩这些勇士的同时，流下了眼泪，自语道：行恶者必受罚，无论何时何地。

此后，大光通讯社社长邵虚白被枪杀；大中通讯社编辑秦钟被枪击，重伤不治身亡；《新闻报》记者顾执中被枪击，受伤未死，新闻编辑倪澜深则被抓进了"76号"。

这些事件的幕后主使皆为汪精卫与周佛海。接着，汪精卫签署对83名抗日人士的通缉令，其中《申报》有11人，包括总编伍特公。一时间，上海滩成了人间地狱，人人自危，抗日人士大受影响，有些人逃离了上海，有些人隐藏了起来。亲友劝陈三才也离开上海，即便不去美国，也可以前往重庆。三才说，特工总部里的汉奸是"汉奸中的汉奸"，穷凶极恶，毫无人性与底线，不除掉这些汉奸，上海无一日安宁。他没有听从亲友们的劝告，他认为越是危险的地方越能做出大事来。他频繁地开着轿车从"76号"门前经过。他在踩点。

茅丽瑛的死使陈三才决定提前实施酝酿已久的计划。

茅丽瑛是中共党员，在上海任党的职业妇女部委员，兼任中国职业妇女俱乐部主席。该俱乐部是宣传抗日救国的进步团体，以话剧、演讲等形式倡导妇女们投身抗日。俱乐部经常在租界组织义卖会，将义卖得来的钱用于救济战区难民及支援新四军。

由于租界不在日本人的势力范围内，日军驻沪宪兵队特高课长冈村让"76号"交际花钮美波去租界内刺探地下抗日分子的情况。

1939年夏天的一个傍晚，一个男人在中国职业妇女俱乐部门口毒打妻子，妻子的哀求声让茅丽瑛实在听不下去，上前制止。这个年轻漂亮的妻子被救下后向茅丽瑛诉苦，说她叫刘丽楣，家贫，丈夫又好赌，再也不想回到那个家了。于是，茅丽瑛就把她留在了俱乐部做事，还收留她住在自己家里。这个刘丽楣不仅相当聪明，而且有文化，很快得到了茅丽瑛的信任。

一天晚上，刘丽楣很体贴地让茅丽瑛先回家，她来加班。茅丽瑛离开后，又想起什么事，回到俱乐部时，竟看到刘丽楣正在开保险箱偷"钱"。茅丽瑛指责她不该偷钱。其实，刘丽楣开保险箱不是为了偷钱，而是为了偷看保险箱里的一份文件，她从这份文件中知道了茅丽瑛的真实身份。

这个刘丽楣就是钮美波，当天晚上她回到"76号"向冈村汇报：茅丽瑛是中共地下党员，在租界义卖、义演都是为了支援新四军。

于是，"76号"给茅丽瑛写了一封恐吓信，威胁她停止一切抗日活动。茅丽瑛没有理睬，将义卖场换到了四川路120号，继续从事抗日活动。

一天下午，茅丽瑛在中国职业妇女俱乐部举办征募难胞卫生经费之慈善义卖，"76号"的两个特务打手冲进俱乐部，一阵冲砸，损坏大量物品，后被总巡捕房逮捕。次日，《申报》作了详细报道。

1939年12月12日晚7时，刚结束工作的茅丽瑛走在下班回家的路上，一辆轿车停在她身边，从轿车上下来一男一女挡住了她的去路。男人向茅丽瑛开了3枪，击中了她的腹部和腿部，随后逃离现场。女的是钮美波，男的是杀人魔王林之江。据说，林之江每杀一人就能得到500元"喜金"。茅丽瑛被送进医院3天后，因伤势过重离开了人世。

陈三才在报纸上看到了这件事，双手微微颤抖，自语道："76号"应该从人间消失。心中的愤恨促使他做出一个决定：提前实施炸掉"76号"这座魔窟的计划。

怎么才能炸毁戒备森严的"76号"呢？陈三才无数次开车从"76号"门前经过，他把"76号"前前后后都观察了，特别是

"76号"的左右两边，想从中找出可行动之处。他发现"76号"右侧一片洋房的出口已被封死，经过打听，原来丁、李二人看中了"76号"右边这条叫"华村"的弄堂，将这里的居民全部赶走。20余幢洋房成为"76号"特务的宿舍，家属们住在里面，华村的出口被他们封死，从"76号"院墙另开了一扇门出入。于是，陈三才把注意力放在了76号与74号之间。他发现中间有一条狭窄的小沟，沟里没有水，沟边的泥土正好可以埋炸药！这个想法在脑中一闪，陈三才的脸上露出了自信的微笑。他一边开着车一边想着，这个开膛破肚式的"外科手术"一定能将"76号"炸去大半。

回到公司，陈三才立即行动起来。他与同伴密谋了一个行动计划，再三商讨后决定分头行动，一人负责购买炸药，并通过租界把炸药运进去；另一人负责把炸药埋在极司菲尔路76号和74号之间的那条泥沟里。

这两项工作都不容易，稍有不慎，不仅炸不了"76号"魔窟，反而会误了自己的性命。城里各处戒备森严，偷运炸药的人怕走漏风声，把炸药夹带在其他货物中，一点一点地运，运了许多趟才把大部分炸药运到"76号"周边一处地方藏好。

运炸药的同时，陈三才在找埋炸药的人。要在特务眼皮底下埋炸药不是一件容易的事，如果"76号"里有自己人就好办多了。这个想法一出现，陈三才立即利用自己在上海滩的富商身份，通过朋友的引荐，与"76号"第二处专员诸亚鹏搭上了关系。在觥筹交错中，两人成了"朋友"。陈三才具体是怎么说服诸亚鹏的，我们不得而知，但埋炸药是通过诸亚鹏办到的。

这次绝密行动中，陈三才除了资助行动经费，还疏通租界的各个关节，确保炸药运送到位并掩埋成功。

那些天，上海静安寺路慕尔鸣路口经常停着一辆黑色轿车，几名绅士从车上走下，走进街角一幢建筑。门房小心地四下张望，确认没有人跟踪，就关上了大门。这处建筑就是北极公司，当时成了陈三才等人密谋的安全地点。

陈三才正按计划一步一步地进行着，孰料，"76号"的一次

内讧打乱了他的计划。

诸亚鹏被第二处处长马啸天找去谈话,据说,在谈话当中,警觉的马啸天嗅出了一些异常,为防万一,特别加强了对"76号"的安全防卫。按这个说法,这次"谈话"并不是关于陈三才炸"76号"的事情,而是"76号"内部有什么矛盾,但诸亚鹏做贼心虚,让敏感的马啸天察觉出了什么。或者,诸亚鹏害怕了,不愿看到"76号"被炸,更不愿自己因这事被杀,有意说了些什么,让马啸天有了防范之心。

按照原定的行动方案,尚有一部分炸药没有运到,此时的上海城里各处戒备森严,路人与车辆常遭到检查,运送炸药就变得非常困难。安装雷管是待全部炸药运到后的最后一个步骤。"76号"加强防卫后,一般人根本无法接近,致使最后的炸药运送与雷管安装都没有完成。陈三才炸掉"76号"魔窟的行动被迫中止。

等待那个时刻的到来

炸毁魔窟计划被迫暂停,陈三才疑惑不已:怎么在这个节骨眼上,路上突然就加强了检查呢?"76号"也加强了防范,难道事情被泄露了出去?他仔细回想最近的行动,并没有泄密的迹象。或许魔王们对什么事情起了疑心?不管什么原因,此时肯定不能行动了。陈三才特意开车前往"76号"门前的那条路观察,透过车窗玻璃,他看到74号与76号之间的那条土沟还在,没有人动过,说明埋着的炸药还在。那就等等再说,静观其变。

正当陈三才寻找新的机会时,一个消息传到了他的耳朵里:汪精卫来上海了,准备在上海筹备伪中央政府的组建事宜。

当时沦陷区有一种说法:"日本兵可恨,汉奸更可恨。"在沦陷区,直接欺压民众的,是所谓的"维持会"和汉奸。最大的汉奸就是汪精卫,汪精卫来到上海,这不是把机会送上门了嘛!一个大胆的计划出现在陈三才的脑海里。

陈三才的同学曾劭恂曾说：

三才是个血性的男儿，对于做亡国奴的痛苦实在无法忍受。南京的大屠杀更使他悲愤填膺。我们的政府既已内迁，留在沦陷区的人，手无寸铁，如何能谈到为国杀敌。他对于含羞忍辱、暂时偷生的人，一点也不恨，但对于那些认贼作父的人实在无法容忍。于是他立志为国锄奸。擒贼先擒王，他将注意力集中在了汪逆精卫的身上。

各位已经猜出来了，出现在陈三才大脑里的那个大胆计划就是暗杀汪精卫。

陈三才知道，汪精卫曾被暗杀过两次，都没有成功。尤其是汪精卫发表叛国"艳电"之后，国民党军统方面就加强了对他的暗杀行动，只是一直没有成功。

日本当局得知汪精卫在河内遭暗杀后，决定派影佐祯昭、犬养健等人前往河内，协助汪精卫转移到安全的地方。他们的动作很快，4月16日就抵达河内。汪精卫希望以上海为据点发展他的"和平运动"，于是，1939年3月25日深夜，汪精卫与陈璧君带着一帮人，趁着夜幕登上了法国货轮"冯·福林哈芬"号逃离河内。5月6日，在日本宪兵的保护下，他们下船住进了上海虹口区东体育会路7号的"梅机关"。此时，原来的"重光堂"已改名为"梅机关"，机关长由土肥原贤二换成了影佐祯昭。梅机关有50多名特务，总部后来设在上海北四川路（今四川北路）永乐坊内，这也是即将成立的"76号"特工总部的幕后靠山。

到了上海的汪精卫，没有因为上海是沦陷之地而放下心来，依然惶惶不可终日，没有非出不可的事情，不敢外出半步，生怕一不小心就被暗杀横尸街头。

中华民族到了生死存亡之际，如果能成功地暗杀一个"大人物"，就能够挽救民族于水火，那将是一个成本很低的救国行动。

陈三才就是这么想的。他是一名工程师，内心却有着勇士情结，壮心不已。"一·二八"与"八一三"淞沪之战，陈三才没有

缺席,他用自己的方式参与了抗战。"76号"的魔鬼横行上海,他又计划炸掉魔窟。汪精卫投靠了日本人,陈三才岂会袖手旁观?汪精卫从河内逃到上海,给了陈三才一个杀汪的机会。但汪住在哪里呢?知道他住在哪里,才能摸清他的生活规律,才有机会下手。

当陈三才打听到汪精卫住在影佐祯昭的"梅机关"时,认为闯入梅机关暗杀汪精卫几乎没有可能,只能等待新的机会。

不久,机会来了。

在一次晚宴上,陈三才无意中听到朋友说"汪公馆"三个字,他立即竖起耳朵,说的是汪精卫公馆吗?朋友说的正是上海汪精卫公馆,陈三才怎么会错过这个机会呢。他立即端起酒杯跟朋友攀谈起来,几杯酒下肚后,他得知了汪精卫的住处——愚园路1136弄。陈三才简直不敢相信自己的耳朵,他对这个地方太熟悉了——他曾无数次从1136弄前走过,他之前的住处是愚园路1125弄6号,就在1136弄的对面。

如果等到汪精卫离开日本人的"梅机关",是不是就有机会下手呢?第二天,陈三才就开车前往愚园路,开到1136弄前的那条路上时,他放慢了车速,在车内仔细观察着弄里的状况,不禁倒吸一口凉气。

1136弄已不是之前的模样,门前有荷枪实弹的警卫,每幢洋房的围墙上都安装了如蜘蛛网般的铁丝网,门窗上也加装了铁栅,花园里加设了起码两处瞭望亭。

陈三才知道,想混进1136弄几乎不可能,但汪精卫不可能永远不出门,只要他走出1136弄,就有机会。

回到家后,陈三才把自己关在房间内,独自苦思冥想。几天后,他恢复了往日的生活,一切社交照旧。那段时间,三才忙得"不亦乐乎",时而在商界谈事,时而与朋友相聚,时而去舞厅跳舞,时而去歌厅唱歌,还与汪伪高层人员来来往往。这一切,都是为了打探汪精卫的行踪。

陈三才是上海滩很有名气的美商,当时美国与日本还没开战,所以人家对他没有防备。再说,陈三才在同学与朋友的眼中,是个不问政治的纯商人。

陈三才在人们心目中的这个印象，为打探汪精卫的行踪提供了方便。朋友们对他没有任何防备，特别是汪伪圈里的"朋友"，为了显摆自己是重要人物，他们炫耀似的把汪伪几个重要人物的行踪透露出来。陈三才打着哈哈，把消息牢记在心里，再去核实。他一边打探汪精卫的行踪，一边托朋友买来了威力巨大的穿甲枪，还有一支能发射子弹的"司的克"（stick），就是当年在绅士中流行的文明手杖。这支手杖设计得很精巧，杖身是紫檀木做的，杖尾接的是黄铜，而就在这节黄铜里，藏着大秘密。

陈三才大智若愚，虽一副工程师的派头，心思却缜密如针。他知道，稍有一丝疏忽就会人头落地，自己死了倒不重要，可错过了这个机会，对中华民族可是一个巨大的损失，也对不起那些在抗战中牺牲的军人与受苦受难的百姓。除了周密地谋划，还要抓紧速度，一定要在上海把这事做成。如果汪精卫离开上海，"还都"南京，那就失去了一次最好的刺汪机会。

万事俱备，只欠东风。

但此时的汪精卫已不是之前的汪精卫，随便什么人都可接近。自河内遇险后，他知道有很多人想要他的命，一直如惊弓之鸟，常遁迹潜形，就连身边的人有时也不知道他的去向。所以，陈三才一直找不到接近汪精卫的机会。

这个机会没法创造，只能等待。

陈三才决定这次自己动手，让大汉奸死在自己的穿甲枪或文明杖下。这么重大的行动，一定有具体预案，比如，用那支文明杖射出子弹后，怎么逃脱？当然这一切还要看汪精卫经过的地方。

一切都要等一个情报，就是汪精卫经过哪里、停留在哪里，然后才有预案。不管预案是什么，只要射出子弹，无论能否击中汪精卫，陈三才都会有生命危险，他一定是做好了牺牲准备的。

对于这段历史，有人质疑，一个工程师兼商人哪能买到这么高级的枪械？枪手应该是受过专业训练的高级特工。一个从没受过军事训练，平素手拿尺子、仪器，养尊处优还常下舞场的富商，怎么可能亲自去伏击枪杀汪精卫这个大人物呢？

殊不知，此时的陈三才正在利用外商代理人的身份，瞒过租界当局与日军,从上海口岸给中国部队进口武器。也就是说,他正在替国家做着军火生意,因而给自己弄支手杖枪与穿甲枪是件轻而易举的事。至于射击,在"一·二八"淞沪抗战时,陈三才与他的团队上过战场,也实操过。为了伏击汪精卫,找个地方暂时训练一下还是有可能的。在南京行刺的孙凤鸣也不是专业枪手,照样有效地击中了汪精卫,为什么陈三才不可以呢?

暂时没有机会接近汪精卫,陈三才就把穿甲枪藏匿在北极公司仓库的一台冰箱里,把那支特别的文明杖藏在家里的一个隐蔽处。他一边等待机会,一边另寻办法。

魔都悲歌壮士行

就在陈三才谋划刺杀汪精卫时,国民党军统也抓住汪精卫在上海的机会,谋划第三次暗杀行动,但失败了。当然,这一切陈三才都是不知情的。

此时的陈三才并不知道军统的刺汪行动,他还在等待着汪精卫走出愚园路1136弄的消息。他哪里知道军统在上海刺汪失败

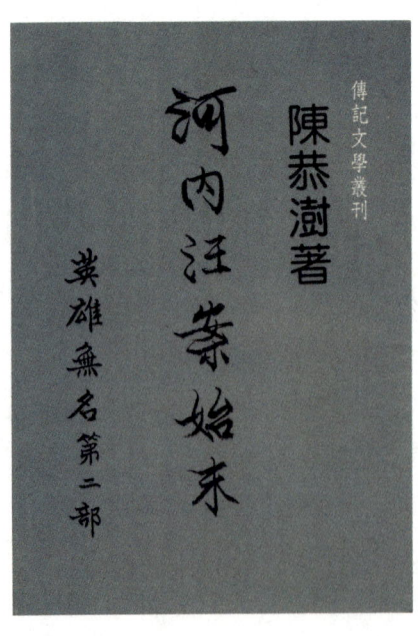

后,汪加强了防范,对自己的行踪绝对保密,连自己的亲信也不告诉。打听不到汪精卫的消息,陈三才想出了另一个办法——花钱买线索。他相信重赏之下必有勇夫。

这个办法也是不容易的。曾担任军统上海区区长的陈恭澍在他的《河内汪案始末》一书中写道:"陈三才先生接触过不少自称'有办法'的人,到后来不是虎头蛇尾,就是一去无音信,其中当然免不了也

有存心骗两个钱花花的。上海区暨新一组前后接到陈三才'备查'的函件都有好几次，结果全没有下文。这并非表示三才先生的努力不够，而的确是太不容易了。其间，三才先生运用到一名不明国籍的人，此人自称是意大利籍，这只是一种说辞，据判断，不是犹太便是白俄。"

其实陈恭澍说的这个人不是犹太人，而是白俄罗斯人。

当时的上海，有相当数量的俄罗斯人，其中包括熟练工人。据陈华伟回忆，北极公司有一个叫陶次沙格尔的技术人员，就是白俄人。关于陶次沙格尔的身份还有一种说法，汪伪司法行政部部长、伪上海市政府秘书长罗君强在他的《伪廷幽影录——汪伪情况的回忆写实》中说，陶次沙格尔当过陈三才的保镖。所有的资料都没有说明，陈三才是怎么让这个叫陶次沙格尔的白俄人参与他的刺汪行动的。执行这样的绝密行动一定是信得过的人，哪怕是用钱买来的。我们猜想，陶次沙格尔曾经是北极公司的一个技术人员，对于陈三才来说，起码是熟悉的人，也是一个让陈三才信得过的人，不然怎么会把这么绝密的事情交给他去做呢？

陈三才花钱让这个白俄人打探汪精卫的行动消息。

一天晚上，陶次沙格尔急着要见陈三才，一见面就急切地向他透露一个内部消息：最近几天内，汪精卫要去福民医院看病。陈三才追问：这个消息可靠吗？你是怎么知道的？

陶次沙格尔说，他的女朋友就是上海福民医院的女护士。据他女朋友密报，身患肝病的汪精卫将要去福民医院住院治疗。到那天，医院要闭门，清空一切闲杂人员。

这个消息来得太快，让陈三才愣在那儿好一阵才缓过来。他又问：这个消息是真的吗？陶次沙格尔一字一顿地告诉他：这个消息千真万确，我的这个女朋友到时要亲自护理汪精卫，我完全可以让她对汪下毒。

福民医院是一家日本人开的医院，地址在上海北四川路142号阿瑞里口。陈三才曾去过，医院设有内科、小儿科、产妇人科、外科、花柳科、耳鼻咽喉科、X光线科、镭锭科，全科均有专业医师担任，院长是医学博士顿宫宽。

陈三才一时不能下定论,对陶次沙格尔说:让我考虑一下,明天晚上再说。

第二天一早,陈三才让人去医院核实,得到的回复是,福民医院聘请了一个女护士,是白俄人。陈三才认为一个外籍女护士对一个病人下毒是完全可行的。

交易就在福民医院附近的一家茶馆里悄悄地进行,没有别人,只有陈三才与陶次沙格尔两人。

在两人交谈过程中,陈三才强调的是如何确保暗杀行动的万无一失,追问着下药的过程与细节,而陶次沙格尔关心的是陈三才能给他多少钱。

陶次沙格尔看出了陈三才急切地想要除掉汪精卫,也看出陈三才想确保暗杀成功,于是,这个白俄人狮子大开口,开出了一笔天价。事情到了这个地步,陈三才也不考虑钱的数量,更不会讨价还价,只要保证暗杀成功,要多少钱就给多少钱。因此,一口价交易成功。

当年福民医院的广告

二人商定：事前陈三才付三分之一的定金，汪精卫入院后再付三分之一，暗杀成功后付清余款。

一切商定后，陈三才焦急地等待着汪精卫入住福民医院的消息。在等待中，为了确保下毒的绝对成功，他们用不同剂量的毒药在不同小动物身上做试验，以确保能毒死汪精卫。确定好毒药的剂量后，陈三才在焦急中亢奋不已，每晚入睡前都会想象着中国的前途因汪精卫的死亡而变得光明起来。想到这些，他就希望汪精卫赶紧住进这家医院，一连好几夜都无法入眠。

在等待过程中，陶次沙格尔多次来到北极公司与陈三才密谋。他对陈三才说，这个女护士是冒着生命危险，一旦被怀疑或者被发现，她就不会活着走出这家医院。作为她牵线的朋友，他也不会活着走出上海。于是，要求加价。陈三才虽然感觉到这个白俄人不讲诚信，但为了谋杀成功，还是答应了，第二天又给了陶次沙格尔一笔钱。

一切都在紧张的等待中。

但是，历史因许多"但是"而改变了方向。就在汪精卫的秘书预定入院的那天傍晚，女护士出来通报，汪精卫没有按时入院。

经打听，原来是汪精卫那个精明又跋扈的老婆陈璧君在最后时刻多疑起来，建议汪精卫不要在这天去就医。于是汪精卫在入院前的最后时刻改变了主意。

陈三才精心策划的暗杀计划再一次落空。汪精卫就此又逃过一劫。

暗杀汪精卫这样的人物，谈何容易。国民政府倾整个军统之力，几次都没能成功，而陈三才以一人之力谋划这样的行动，成功的概率只会更低。

黄炎培先生把陈三才比作荆轲，荆轲刺秦王有多悲壮，三才刺汪逆就有多悲壮，只是三才把这种悲壮隐在了心里。

香港之行创造了新生命

刺杀汪精卫落空后的几天里,陈三才既沮丧又无奈。可以说,这次行动计划考虑得还是比较周全的,如果汪精卫如约而至,白俄护士按约行事,这起谋杀案也许真能成功。毕竟白俄人无关政治,他们唯一追求的就是金钱。一切都因汪精卫夫妇敏感多疑,致使行动夭折。

就在陈三才重整旗鼓、继续寻找机会时,麻烦来了。

当时陈三才与陶次沙格尔约定,分三次付款,行动之前先付三分之一的定金,汪精卫入院后再付三分之一,暗杀成功后付清余款。

按理,汪精卫没去医院,合作到此结束。但陶次沙格尔要起了流氓无赖行径,他以抓住陈三才把柄、掌握陈三才的绝密为由,来到北极公司,向陈三才索要钱财。他说,虽然汪精卫没有去医院,但不是他们的原因,要按原约定付款。

陈三才还在专注于汪精卫的动向,无暇与陶次沙格尔纠缠,当然,也怕陶次沙格尔把他们的合作说出去,就给了他一笔钱。

没过多久,陶次沙格尔带着他的哥哥或者弟弟又来到北极公司,向陈三才索要第三笔钱。三才无奈,把余下的钱付给了他们,说好此事到此为止。正当陈三才以为此事结束时,白俄兄弟又来了,这次不是要钱,而是借钱。

陈三才万万没有料到,刺汪没有成功,却被白俄无赖缠住了。这种无休止的敲诈,谁也承受不了。为了在汪精卫离开上海前除掉他,陈三才实在没有精力对付这对白俄无赖,就把这件事说给了一个信得过的朋友,让他想想办法。

这位朋友也无能为力,但他给三才提供了一个建议:听说香港抗日反汪势力很强,而且有很多能人,你何不去香港一趟,找他们来帮你,或许能打开一扇门,帮你处理好这件棘手的事情。

此时,太平洋战争尚未爆发,香港没有沦陷,因香港是英国殖民地,日军在攻下广州后没有立即对香港发动进攻。于是人们将香港视为世外桃源,纷纷由内地迁居香港,香港人口由原来的

80万猛增至约200万。各种势力也聚集在香港，特别是抗日力量。

陈三才认为朋友的建议有一定的道理，决定去一趟香港。

1940年初，陈三才只身去了香港。刘驭万先生在他的《为国舍身的陈三才同学》一文中写道：

> 卢沟桥事变后，我们一班好朋友就劳燕分飞。有的随政府退居后方，有的流亡海外，但是大多数仍滞留在沦陷区，忍气吞声，等待重庆的反攻，三才就是此中的一个。除了有一次我在香港和他匆匆忙忙见过一面，在大后方很少有人和他通过信。

当年，陈三才去香港见的第一个人就是刘驭万。好久未见，两人有着说不完的话，说着各自的近况。但陈三才没有跟刘驭万说他此次来港的目的，只跟他说到香港有点小事。刘驭万以为是一些生意上的事，也就没过多追问。

陈三才到香港的第二天就看到了香港《大公报》上的一则爆炸性新闻，这则新闻震惊中外，陈三才更是惊愕。他自认为对政治还算了解，他知道汪精卫等人投靠日本，没想到汪精卫等人把中国全卖了！

1940年1月22日这天的《大公报》头版通栏正副标题如下：

高宗武陶希圣携港发表
汪兆铭卖国条件全文
集日阀多年梦想之大成！极中外历史卖国之罪恶！
从现在卖到将来　从物质卖到思想

全文刊登了《日华新关系调整要纲》及《附件》条款的全部内容，还刊登了陶希圣写的《致大公报记者函》，揭露了汪日谈判和签订密约的经过。《日华新关系调整要纲》及其附件多达50项，内容包括领土、政治、经济、防卫、文化、交通、资源、警务、财政、人事等。也就是从天上到地下，从沿海至边疆，从陆地到海洋的中国全部主权，全都要受日本的控制。

第二天，也就是 1940 年 1 月 23 日，香港其他报纸以及重庆与大后方各大报纸刊登头条新闻与评论。

中共中央机关报《新华日报》也发表了社论：

我们向全世界人士宣布，汪精卫汉奸及其他投降分子，自其发表《艳电》之日起，即已成为中国抗战和中华民族的叛徒和罪人，这些民族叛徒没有权利和没有资格代表中国人民和中国政府。我们坚决不承认汪逆以及其他投降分子与日寇所订的任何条约，我们誓死反对任何卖国条约和任何方式的向敌投降。

蒋介石也发表了两篇文告：《为日汪密约告全国军民书》与《为日汪密约告友邦人士书》。他在《为日汪密约告全国军民书》中云：

这个敌伪协定，比之二十一条凶恶十倍，比之亡韩手段更加毒辣。我敢相信，稍有血气稍有灵性的黄帝子孙中华国民，读了这一文件，一定发指眦裂。

"汪日密约"公开后，香港炸了锅，陈三才与志同道合的朋友几乎整天聚在一起。通过朋友的引荐，陈三才在香港见到了清华的其他老同学，还有来自被日本人占领的东北地区的抗日志士，以及大后方来港从事秘密抗战的人士。

那些天，陈三才与他们彻夜长谈。清华老同学和抗日志士向陈三才描述了东北以及内地各处民众抗日的详情。此行让他对汪伪政府的丑恶嘴脸和卖国行径有了更深的了解。

陈三才去香港的目的是解决白俄纠缠之事，虽然没有找到解决办法，但令他没想到的是，香港是个抗日气氛沸腾之地，各种抗日势力都在这里聚集，包括宋庆龄、廖承志、金仲华等人也常出入香港。这些抗日力量使他的抗日热情也沸腾起来。

陈三才的香港之行收获是很大的，尤其是见到一些抗战人士，将他的价值观彻底改变了，给了他新的生命。从后来陈三才在狱中写给前妻安妮·桑梅丝的信中我们可以知道：

> 约一年以前，决意创造我的新生命，那正是我去香港之后。因为在那次旅行，得到机会遇见多年阔别的老朋友，给我新的刺激。……将来惟一的幸福是建立在为他人服务的生活上，我差不多费了十三年的工夫来了解：一个人的幸福不在乎自己有所得，而在乎为别人服务。

在汪伪政权的狱中写信，当然不能明写抗日、杀汪精卫之类的文字，只能用"创造我的新生命""为他人服务"来代替抗日话题。

郑振铎在他的《记陈三才》一文中这样写道：

> 他的转变，在这信里，写的是那末恳挚而真切。香港之行，使他与爱国者们之间取得了密切的联络。他的地下工作大约便在那时开始的。他有很好的社会关系和很好的工作掩护。汉奸们决不会怀疑到他的。所以他的初期工作，大约相当成功。但不久，终于被出卖了。他对于出卖他的人，竟也宽恕着。
>
> 这已是"仁人"的用心了。志士和仁人原是分别不开的。他的见道之言，证实了这次的中日之战，虽然显现了自私自利的卑鄙无耻的汉奸们的面目，同时也觉醒了无数的青年们，放弃了过去的生活方式，而从事于祖国的解放战争。战争使我们分别出黑与白、邪与正、忠与奸来。战争使社会的"渣滓"们沉沦了下去，而使清新的份子浮现了出来。虽然那些清新的份子们被牺牲，被杀害了不少，而留下来的却都是建国之宝。可惜的是，陈三才先生却永远不能参与这个建国的大业了！

陈三才的香港之行，使他在思想上得到了升华，但这些给陈三才思想上巨大"刺激"的阔别多年的老朋友是谁呢？陈三才没有留下任何文字记录，也没有向狱友谈及。

从陈三才后来的行为我们可以猜出，这些"阔别多年的老朋

友"肯定是抗日反汪人士,他们给了陈三才精神力量。上海外国语大学社会学院陈福康教授专门研究郑振铎,对郑振铎在孤岛上海撰写的散文《记陈三才》的发表经过,以及当时郑先生的心理状态都作了研究与分析。陈教授从郑振铎阅读陈三才遗书后的感慨分析,陈三才去香港,接触了进步人士,这些进步人士很可能是中共党员以及党外爱国进步人士。所以,陈三才回沪后,一边应付白俄兄弟,一边继续寻找新的途径谋刺汪精卫,他更加勇猛、更加无所畏惧地从事着抗日活动。

仅凭一己之力对付白俄兄弟,陈三才感觉力不从心。因此,他想到了求助于从事特务工作的陈恭澍。陈恭澍敬佩陈三才的抗日行动,立即派人找到了陶次沙格尔,向他承诺,离开上海去重庆,然后替他办好护照,先去香港,再去美国定居。陶次沙格尔一听,顿感大事不妙——这么绝密的事情居然有第三者知道,当即表示不愿意离开上海。为了让这个白俄人尽早离开上海,陈恭澍的人连续找他数次,语中甚至带着威胁。陶次沙格尔嗅出了危险,感到了恐惧。继续索钱无望,还受到威胁,他怕到了重庆,落到军统手里就不知还能不能到美国了。不如先下手为强,卖了陈三才,再弄一笔钱,然后离开上海,远走高飞。

1940年盛夏的一个夜晚,陶次沙格尔走进了"76号",向特务头目出卖了陈三才的机密。

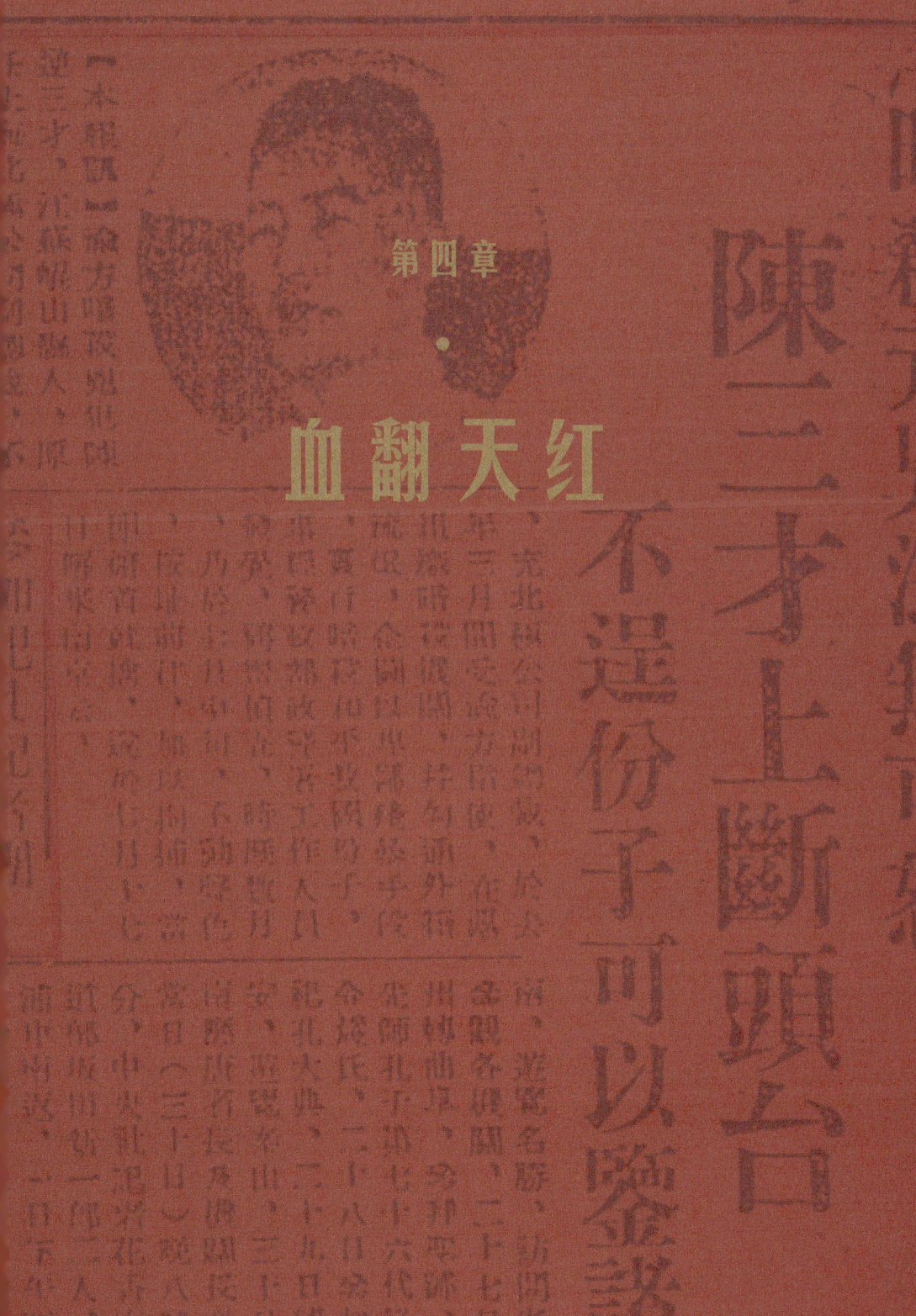

第四章

血翻天红

绑 架

1940年7月9日，陈三才家的佣人做好了午饭，表嫂汤杨锡琳像往常一样，等着陈三才与小儿子汤恢宇回来吃饭。

陈三才离婚后与表嫂一家住在上海公共租界的新区，每天都按时回家吃饭，如果有应酬，他会提前打电话告诉表嫂。这天中午，汤杨锡琳没接到三才的电话，一家人等着他回来吃饭。半个小时过去了，三才还没有回来。两个小时过去了，还是没有回来。奇怪的是，汤恢宇也没有回家吃饭。汤杨锡琳坐不住了，就给陈三才办公室打去电话，电话那头的人说：陈总今天上午没来公司。汤杨锡琳挂断电话，推测陈三才可能在去公司的路上遇到什么要紧事，来不及给她打电话了。

午饭后，汤杨锡琳坐立不安，回想着陈三才吃过早饭后，如往日一样开车去公司，没听说有什么事情要处理。想来想去，她突然有一种不祥的感觉，就又给办公室打去电话，被告知陈三才还没去公司。她接着打电话给汤恢宇工作的单位，对方找了一圈，回话说没见到汤恢宇。早晨恢宇是坐着陈三才的车子一起走的，怎么恢宇也没了音信？她又分别给陈三才的朋友和陈家的兄弟姐妹打去电话询问，都说没看到。

汤杨锡琳开始焦虑了。

她的焦虑是有原因的。最近一段时间，陈三才与长子汤定宇经常背着家人在一起商量着什么事情，听儿子不经意间说过，三才要离开上海前往重庆避难。她问定宇，三才出了什么事要去重庆避难，定宇含糊其词。她虽然没听明白定宇说了什么，但她能感觉出三才遇到事了，或者说遇到危险了。几天后，汤定宇突然向任教的学校请了假,匆忙离开上海去往重庆。

汤杨锡琳越想越害怕,她断定:三才与恢宇出事了。

晚上,陈三才依然没有回家。汤杨锡琳与家人一夜未眠,第二天与女儿汤美丽继续打听三才的下落。她们去陈三才常去的朋友家和各个业务点,都没有消息;又去上海租界机关与警察局打听,依然没有三才的消息,也没有汤恢宇的消息。

两天后,也就是1940年7月11日,《申报》刊登了题为《北极公司总经理陈三才被绑架》的新闻:

静安寺路九八九号慕尔鸣路转角北极冰箱公司副总裁兼总经理陈三才,在大西路四五弄二四号住宅附近被绑,据英文大美晚报获悉,陈氏被绑原因,实系私隙所致,据昨晨获得消息,被绑之家属,已与陈互通讯息,并信彼最近将行释放,复悉参加绑架陈氏者,有俄人两名,华人两名。

文中所说的家属,是汤杨锡琳与陈三才的姐姐。

1940年7月11日,《申报》报道陈三才被绑架(截图)

7月12日的香港《大公报》也作了报道：

沪绑架案——陈三才丁季超被绑去

[重庆十日中央社电]沪讯，静安寺路慕尔鸣路口北极冰箱公司总经理陈三才，九日晨由沪西大西路寓所乘自备汽车赴公司时，突被若干持械匪徒跃上，将陈绑架而去，闻现被拘于极司菲尔路某处。陈为上海华籍机械专家领袖，绝无任何政治关系云。

[重庆十日中央社电]沪讯，在南京路爱尔德洋行服务之丁季超，九日下午由大沽路寓所出门，正登自备汽车时，突有三匪出枪威胁，将车夫逐下，自行驾车，将丁绑架而去，被绑原因不明。

事情是这样的：汪伪"76号"特工总部实际负责人李士群接到白俄人陶次沙格尔的密报，上海北极公司总经理陈三才正在密谋暗杀汪精卫。李士群一听大为震惊，便把这件事批交给第二处处长马啸天速办。马啸天一回办公室，立即派副处长魏曙东会同第二科科长姚筠伯、第三科科长陈中芳去调查。姚筠伯原在公共租界做过翻译，关于陈三才与捕房外国人的关联由他去调查。这一查，不仅把陈三才准备暗杀汪精卫的事情查清楚了，居然还把陈三才前期准备炸"76号"的事情也查了出来。他们查到第二处专员诸亚鹏与陈三才经常在某处见面，秘密做了些什么事。马啸天听了汇报，立即找来诸亚鹏谈话。马啸天连蒙带猜、连哄带骗地把诸亚鹏与陈三才经常见面的事情点了出来。诸亚鹏一听，以为"上峰"什么都知道了，那还不如自己如实交代，就原原本本供述，不但承认与陈三才的关系，还供出陈三才交给他一部分炸药，运进"76号"，并已埋在76号与74号之间的那条小沟边的泥地里。因为还有一部分炸药未运到，所以尚未装上雷管。原定计划是从74号装上引线，把"76号"的主要建筑炸掉，后来因为"76号"突然加强了防备，此事就没有继续下去。马啸天立即派人随同诸亚鹏到76号与74号之间的那条小沟边，把埋着的炸药挖了出来，并向李士群作了汇报。

李士群听后，不但没有责骂诸亚鹏，还认为诸做事漂亮，只

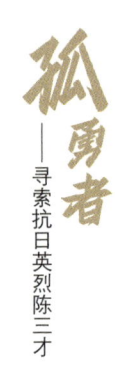

让他写了一份悔过书，仍在原处留用察看。再命第一处处长万里浪协同日本便衣宪兵于7月9日上午去绑架陈三才。

这天上午，陈三才像往常一样开车去公司。碰巧，这天汤恢宇搭乘了三才的车。他们刚开出不远，车就被几个便衣逼停了，并用手枪顶着他们的脑袋。几个潜伏已久的特务将陈三才与汤恢宇连人带车押进了"76号"特工总部。

汽车驶近"76号"，透过车玻璃，陈三才看到"76号"大门内起码有几十个人在荷枪实弹地巡逻放哨，吴世宝在二道门的墙上开的两个射击孔，正架着两挺轻机枪对准大门。

陈三才几次开车经过这里，看不到里面，只能看到贼眉鼠眼的摊贩对着他的汽车一边吆喝"快走"一边朝着车里探望。他知道这些人都是特务，是惹不得的。

"76号"是冲着陈三才去的，没想到车上还坐着汤恢宇。经过简单审讯，两天后他们把汤恢宇放了，只留下陈三才。

陈三才被直接带到了吴世宝的审讯室，在门内东边的一排平房内。三才看着"76号"院内的情景，感慨不已，如果不是阴差阳错，这座魔窟早已经被炸掉了。

陈三才还没坐稳，审讯就开始了。

审讯他的是吴世宝。吴世宝原名吴四宝，是李士群手下的"第一杀手"，是杀人无数的残暴之徒。自从吴世宝加入"76号"后，凡是"76号"拘捕的人，只要是吴世宝审讯，审一个降一个，因为他使出的下马威首先是一顿皮鞭。吴世宝人高马大，长年酒色戾气使他那张脸的肌肉往横向长，据说孩子见到他都会被吓哭，被打的人一般都是皮开肉绽。因此，吴世宝坐上了行动组的第一把交椅——"76号"的警卫大队长。

吴世宝的老婆佘爱珍也是上海有名的女流氓，比吴世宝恶名更大，是"76号"的经理主任，对女犯审讯用刑时心狠手辣。抗战胜利后，她被国民政府判刑10年，提前获释后前往日本。

吴世宝这个大魔王当然知道陈三才是上海滩的知名富商，他直截了当地对陈三才说：陈先生，你是上海留过洋的工程师，又是北极公司总经理，怎么干起这种暗杀的事情？！暗杀的人还是我们的汪主席。汪主席很开明,只要你说出同谋与后台,他会免你一死。

陈三才不紧不慢地说:我是一个无党无派的工程师,对政治没有兴趣,这些都是莫须有的罪名。

几个回合下来,陈三才还是这些话。

"76号"特务认为,陈三才与其他进来的人一样,不尝尝"套餐",是不会供出实情的。于是,吴世宝就把"76号"的刑具一一用在了陈三才的身上。

据"76号"特务后来写的回忆录称,陈三才遭受了残酷的肉刑:他们将吸满水分的皮鞭抽在陈三才裸露的后背上,将云南最辣的辣椒水灌进了陈三才的嘴巴里,将低压电线抵在陈三才的身上,陈三才的全身不由自主地痉挛,直至晕了过去,醒来后依然没有屈服。特务又将他牢牢地绑在老虎凳的木桩上,脚下的青砖垫上一块、两块、三块,陈三才身上的汗水瞬间浸湿了整个身体,喉咙里发出一声又一声沉闷的吼叫后,又晕厥了过去。特务们害怕了,陈三才毕竟是沪上大名鼎鼎的富商,不能把他与其他抗战人士一样对待。

他们把准备好的第四块砖头扔到了屋外。陈三才醒来后,动了一下腿,撕心裂肺的疼痛让他知道双腿已经折了。他咬着牙,看到了身边烧得通红的烙铁。面对特务的拷问,他不得已把他购置穿甲枪与手杖枪,以及找时机刺杀汪精卫和炸"76号"的事说了出来。特务说:你要炸死我们,又要谋杀汪主席,你一个人是干不了的,肯定有团伙,还有指使人。陈三才说:所有这一切皆是我一人所为,如果非要说有团伙,那就是全国民众,因为你们是人人痛恨的汉奸走狗。

其实,陈三才应该是有"同伙"的,炸"76号"这么个大动作,他不可能一个人完成,必定是一帮人在活动。但陈三才没有出卖任何人,敌伪资料上也没有查到陈三才的同伙。即使到现在,我们也不知道陈三才的"同伙"是谁,只能猜测,跑到重庆的汤定宇有可能是陈三才的"同伙",香港的一些抗日志士知道陈三才的壮举,但不是"同伙"。陈三才始终承认这一切皆是他一人

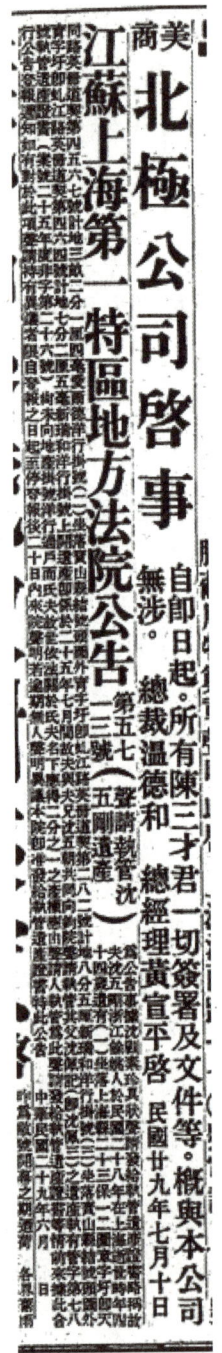

1940年7月12日，《申报》刊登北极公司启事（截图）

所为，与任何人无关。

随后，"76号"特务前往北极公司，在一台大冰箱里搜出了那支穿甲枪。陈三才告诉特务，他知道汪精卫坐的是防弹汽车，所以才购置了这支穿甲枪，准备在汪精卫出行时，用这支穿甲枪将他击毙。李士群得到这支穿甲枪后，爱不释手，但被驻在"76号"的日本宪兵准尉涩谷要去了。李士群就将这台藏枪的大冰箱作为"罪证"，让人把冰箱搬到了自己家里。特务又跑到陈三才家里，搜出了那根特制的手杖枪，李士群又把这根手杖枪占为己有，但从未使用过。

陈三才被捕的当月，美国伍斯特理工学院的校友办公室收到一份紧急快报，称陈三才先生是上海的美国工程有限公司的副总裁，1940年7月从该市发来的紧急公文称陈先生在公共租界被绑架。校友办公室向玛格丽特寻求帮助，但玛格丽特也没有消息。玛格丽特在结婚前住在伍斯特，陈三才与其他中国学生经常到她家做客。

从这份快报来看，陈三才的美国母校伍斯特理工学院非常关心陈三才，密切关注着事件的进展。

陈三才被捕，给北极公司造成了极大的损失，总经理一职暂时由副总经理黄宣平接任。黄宣平对陈三才的被捕感到惋惜与愤怒：惋惜的是陈三才正在研发新的冷气装置，马上就要完成，却因被捕而功亏一篑；愤怒的是居然有人绑架无党无派的工程师。因为他们在一起做了许多与抗战有关的事情，比如收藏铜币、代铸铝币等，所以他预感到陈三才凶多吉少。在陈三才被绑架的第三天，也就是1940年7月12日，北极公司在《申报》上发出一则启事：

自即日起，所有陈三才君一切签署及文件等，概与本公司无涉。
总裁温德和、总经理黄宣平启
民国廿九年七月十日

黄宣平是上海人，比陈三才小8岁，从上海圣约翰中学毕业后，赴加拿大多伦多大学攻读内燃机工程专业。毕业后在美国通用汽车公司及戴顿电冰箱厂工作。1932年，黄宣平回国后进入北极公司，从工程师做起，和陈三才配合默契，成为北极公司的核心成员之一。

1937年抗日战争开始后，黄宣平参加了上海市民社团，这个社团旨在救助中国伤兵。黄宣平曾积极帮助中国军队抗日，出资救助过中国伤兵，并向地下抗日人员提供经济帮助。陈三才被捕后，日伪当局一直怀疑北极公司和地下抗日组织有关系。陈三才在南京就义10天后，黄宣平也被"76号"绑架。但黄宣平比陈三才幸运，在其兄的努力下，付了一大笔赎金后得以回家。从1941年至1945年，黄宣平被日本宪兵传唤及关押达5次之多。在被关押期间，他遭受过日本宪兵的殴打，但日军最终因没有证据不得不放他回家。

陈三才被捕后，北极公司的生存环境十分艰难。黄宣平在危难中勇担重任，克服了当时美国零配件短缺等重重困难，大胆采用国产零件，保证了日常生产，同时扩大生产电风扇、马达等多种产品，使北极公司在日军

1940年11月7日《新闻报》报道《北极公司经理黄宣平出绑》（截图）

铁蹄下艰难地生存了下来。当时北极公司还有两位美籍大股东，在上海沦陷后被日军关进了外侨集中营（位于今上海中学校园内）。日军毫无人性，对这些外侨进行了残酷的虐待。在挨饿受冻又缺医少药的情况下，被关押的外侨不断有人死亡。黄宣平虽然自己也受到日军怀疑，但他还是不顾个人安危，设法将食品和药品送进集中营，接济了这两位美国人，使他们幸运地活到战后。后来，这两人继续在北极公司与黄宣平合作。

怒斥汉奸汪精卫

有了所谓的供词，也有证人陶次沙格尔，汪伪"76号"特工总部可以结案了。一周后，也就是7月17日，陈三才被押往南京。

与陈三才一同被押解到南京的还有马元放。

马元放与陈三才同龄，时任国民党江苏省政府委员及教育厅厅长，1940年6月23日在上海被汪伪特务劫持。

他们被押解到南京后，被关押在警察厅看守所。伪政府认为陈三才与马元放案情重大，属于重要犯人，不能与其他犯人关在一起，遂将他俩关在一室。不知他俩之前是否认识，但从马元放后来的文章中得知，马元放很敬佩陈三才。

据马元放回忆，押解当天，汪精卫就接到陈三才被转移到南京的报告，立即命令将陈三才"请"到他的办公室，他要亲自劝降。陈三才在报纸上见过汪精卫，面对面见到真人还是第一次。汪精卫虽年近花甲，但看上去仍然高大。陈三才百感交集，这个"儒雅"的大汉奸现在就在眼前，自己多少次想象着举起穿甲枪或手杖枪，对准这个人的脑袋或者心脏……此时，看着坐在办公桌后面的汪精卫，陈三才的脑子瞬间闪回到1910年。

彼时，27岁的汪精卫在清廷监国摄政王载沣每天上朝的路旁埋下炸弹，计划等着他经过时引爆，轰然一声响，载沣就消失在烟雾中。可是，汪精卫与如今的陈三才一样，因行事不周被捕；

也与陈三才一样，汪精卫称此事乃自己一人所为，要求释放其他人。主审官肃亲王大为震动，心生敬意，连称汪精卫是"义士"。肃亲王看着一表人才的汪精卫，居然有意让其做自己的女婿。随后，肃亲王说服载沣，免除汪精卫死刑，只以"扰乱社会治安罪"判处永久监禁。汪精卫在狱中写下那首名诗：

慷慨歌燕市，从容作楚囚。引刀成一快，不负少年头！

这首诗作很快传遍京城内外，被广为传诵。这也是陈三才特别喜欢的一首诗，每每读到它，不禁热血沸腾。他对自己说：为了国家，我也可以赴汤蹈火。

武昌起义爆发后，汪精卫被袁世凯开释出狱。据说当狱吏通知汪精卫出狱时，他竟然不肯离开，说道：我是代表四万万民众坐牢的，今天我出去了，如果民众还在受苦受难，不是跟坐牢一样吗？出狱后的汪精卫再次成为风云人物，很多人都想亲眼见到他，于是蜂拥而来，以致道路一时堵塞。此后，他成为孙中山的秘书，在国民党中央担任要职，一颗政坛新星就这样升起了。

陈三才看着这位当年才貌双全、胆识过人的男子，心里不禁感慨：他怎么就变成了遭人鄙弃的大汉奸呢？

咖啡被端上来了，汪精卫很客气地让陈三才喝咖啡。不等三才接话，他态度和气地说，中国大多数民众不了解他，陈三才也不了解他，自己是"曲线救国"。还说陈三才是位不懂政治、不谙世事的工程师，劝他不要过问政治，做好自己的事业就好。最后，汪精卫说：我深佩先生学识渊博，事业有成，实乃国家之栋梁，我国民政府刚刚成立，非常希望先生能加入国民政府。我知道你留美学的是电气工程，电政司很适合你，我可以委你电政司司长之重任。你看如何？

陈三才不看汪精卫，看着办公室墙上的一幅字冷冷地说：我不会加入你所谓的"国民政府"，更不会当汉奸，我不想遭国人唾骂，被人追杀。

汪精卫不接陈三才的话，继续说道：你不接受重任，我不怪

你，但你要杀我，我就不能不管了。我也不管你的前案，只要你道出同党，再写一纸悔过书，我可以马上释放你回上海。陈三才说：其实我与你无冤无仇，我是从国家大义出发来做这事的。说到同党，那绝对没有的事，与你当年杀载沣一样，完全是一人所为。至于悔过书，那更荒唐了，我杀汉奸，根本就无过可悔，何来这份悔过书？

汪精卫接着说：政治是很复杂的，不是非黑即白的事。我们不是汉奸，不会做汉奸的事，在国军节节败退的情形下，不这么做，将会导致全局性的毁灭。所以我忍辱负重，一面合作一面对抗，是曲线救国啊。

陈三才厉声道：你这是狡辩！你的《日华新关系调整要纲》就是卖国；你的伪军与日军一样，正在残害百姓；你的"76号"特务正在屠杀抗战人士，难道你不知道吗？如果你非让我说出同党，我告诉你，全国同胞皆是我的同党！

话说到这个份上，汪精卫也觉得无趣了。他站起身来，有气无力地说了声"来人"。

陈三才被带离汪精卫的办公室，又回到监狱。

不过，陈三才在南京的狱中并没有被施刑。不仅没有被施刑，还受到了优待，被"76号"特务摧残的身体慢慢地恢复了。

一个月后的8月17日，陈三才与马元放等人被转押到南京的看守所。

没几日，陈三才与监狱里的人都混熟了。从交谈中得知，他的下铺也是清华毕业的，是清华学校1933级的校友，名叫徐文祺。陈三才是1920级的毕业生，算是学长。他问徐文祺为什么进来，徐告诉三才，他没犯什么法，只是得罪了一些权贵。陈三才知道，徐文祺罪不至死，会有出狱之时，而自己密谋炸"76号"、谋杀汪精卫，又不悔过，生命随时有可能被终止。随着之后的交往，陈三才觉得徐文祺是一个可以信赖的人，很有必要对自己短暂的一生做个认真的总结，留给后人。

他想写几封信，托这位校友带出去。

当时的陈三才虽然被优待，但写信是不被允许的。所以，只能在夜深人静的时候在搜集来的纸片上写几笔。他用了几天时间，断断续续地给前妻安妮·桑梅丝写了一封长信；又用几天时间，给儿子和女儿写了一封短信。这两封信都是用英文写的。他把信折好，交给了徐文祺，嘱他藏好，出狱后交给他们。

1968年3月21日，徐文祺在吉隆坡时写给赓飙学长一封信，信的标题为《热诚的怀念》。他在信中写道："至陈同学自在沪被捕押解至南京后，即和我同拘一个狱室，我们是上下铺。他被汪伪特工总部杀害前，他的遗嘱即交我暗藏，后送交他的亲戚汤靖宇（即汤杨锡琳的女儿汤美丽）。……陈同学为国捐躯，表现壮烈，实为清华之光荣。"

陈三才被转押到南京后，他的表嫂汤杨锡琳与汤美丽以及侄女等人前往南京探监。侄子陈华伟在他的回忆录中写道：

她们给三才叔叔带去了干净的衣物和一些他喜欢吃的零食和水果。在汤杨夫人、我妹妹以及汤美丽探望时，三才叔叔显得冷静而开朗。汤杨夫人还把我被国立交大录取的消息告诉了他，三才叔叔听了非常高兴。

通过与陈三才的交流，汤杨锡琳知道，在被绑架前，他已经预感到了危险，就建议汤定宇立即离开上海前往重庆。也就是说，陈三才的同伙之一是汤定宇，他不想连累汤定宇，准备独自面对危情。陈三才把他被捕后的情况也告诉了汤杨锡琳，并说他很好，汪精卫对他还算不错。汤杨锡琳等听了三才的话，心里宽慰了一些。她们认为，汪精卫对陈三才没有敌意，至少是个好兆头，三才不会有生命危险。回沪后，汤杨夫人拜访了陈三才在上海的好朋友，告诉他们三才的情况，并与三才的家人四处寻找能疏通关系的人。然后，汤杨锡琳与三才的家人等待着三才的归来。

对于这段历史，陆宜泰先生认为，既然汤定宇参与了这件事，那找到汤定宇，陈三才炸"76号"、谋杀汪精卫的事件就能一清二楚了。汤定宇是汤杨锡琳长子、费孝通的表弟，也是昆山陈墓镇人，与陈三才同住在大西路美丽园24号这幢洋房里，后任香港

汤定宇

树仁学院（后改大学）中文系教授。遗憾的是，汤定宇已去世。不过陆宜泰又找到了另一个线索——汤定宇的学生黄帼坤（笔名阿谷）是香港圣公会圣三一中学"阿汤图书社"社长。因她崇拜汤定宇，故将图书社命名为"阿汤图书馆"。

2009年3月7日，陆宜泰给香港的表舅殷绥亚先生写信，请求他帮助寻找汤定宇教授的后代或黄帼坤社长，未果。在获得香港树仁大学和香港圣公会圣三一中学的通信地址与电话后，陆宜泰立即给香港树仁大学校长办公室及香港圣公会圣三一中学阿汤图书馆馆长阿谷写信，请求帮助查询汤定宇教授的生平资料、照片及其后人。

香港树仁大学黄葆芝老师给陆宜泰复信告知：汤定宇（1915.9.7—1999.2.2），字行健，洋名乔治（George），早年毕业于清华大学，获文学学士，后入金陵大学（成都）中国文化研究所历史学研究生部，任哈佛燕京学社研究员，获硕士学位。历任华西大学历史系讲师、武汉大学历史系副教授及西北大学历史系、金陵女子大学、华东师大历史系研究生部指导教授。1971年至1992年，担任香港树仁学院文学院院长、中文系主任。著有《胡人之南侵》《东汉尚书制度考略》《两汉史籍考》等作品。

陆宜泰又辗转联系上了汤定宇的女儿程岩。程岩为陆宜泰提供了她所知道的信息与照片。另外，陆宜泰也与汤定宇的妹妹汤美丽（汤靖宇）的儿子钱大定（居美国）取得联系。汤美丽是陈三才生前最喜欢的表侄女，用陈华伟的话来说，她是三才的干女儿。陈三才被捕对于汤美丽而言无异于一场灾难。陆宜泰与钱大定经常在网络上交流，内容主要涉及陈三才与汤家的事，包括汤定宇、汤美丽等，并得知汤美丽后来担任过台湾基督教青年会总干事、秘书以及台湾知名企业家、海峡交流基金会首任董事长辜振甫先生的英文秘书。

这些碎片化的资料，勾勒出陈三才被捕与就义的大致轮廓。

毋庸置疑，汪精卫希望说服陈三才加入他的傀儡政权。陈三才侄子陈华伟的回忆录也证明了这一点：

在上海的国际商务区，三才叔叔可能是清华校友中最杰出的领导者。汪精卫殷切希望提高他的政权在国际社会的威望，特别是提高他在上海与南京一带的威望。三才叔叔就是他理想的人选，适合担任他的外交部部长。当三才叔叔收到汪精卫的邀请时，叔叔当场拒绝了，理由是他大学里学的是工程专业，因此没有该职位的背景和才能。尽管汪精卫和他的高级官员一再试图说服他，但三才叔叔坚持拒绝该项任命的建议。

当三才叔叔拒绝担任外交部部长的候选人时，汪精卫及手下就开始盘问他，他们想知道三才叔叔暗杀汪精卫的幕后黑手是谁，他的同伙是谁，他为什么这样做。三才叔叔拒绝说出任何人的名字，并反复说："上天让我这样做。"他的话激怒了汪精卫一伙人。然而，汪精卫本人还是佩服三才叔叔的勇气，想要"赦免"他，也就是放他走，他的得力助手褚民谊也全力支持此举。即使是日本军事领导人，也暗自钦佩三才叔叔的勇气。暗杀对象和准刺客之间的"爱慕"再次出现，但只出现了一瞬间。尽管汪精卫本人和其他人表现出了钦佩和同情，但汪精卫的妻子陈璧君，为了她丈夫的安全，坚持陈三才必须被处决，以警告未来可能的刺客。

陈华伟的回忆与汪伪官员及其他人员的回忆有些出入，出入在汪精卫利诱陈三才的任职上，一个是电政司司长，一个是外交部部长。从汪伪政权伪职安排逻辑来看，电政司司长的可能性更大些。

打捞一段历史，并使这段历史清晰起来并不容易。在陈三才暗杀汪精卫这段历史上，还有一种说法。民国外交家施思明在他的口述自传中说到陈三才时，说他为了杀汪精卫，把自己装扮成一位名厨，被汪精卫邀请到家里当厨师，计划借机行刺汪精卫。施思明出身世家，是外交家施肇基的儿子，可谓名流，与陈三才属同时期的人，道听途说了这段历史，还写进了书中。这也说明陈三才事件在当时就扑朔迷离。

营 救

  陈三才被捕一案震惊了社会各界，特别是上海、南京、重庆等地。清华同学会、中国工程师学会得到消息后，首先展开了营救。陈三才是上海清华同学会主席、中国工程师学会发起人、上海联青社社长。这几个会社的成员都是社会名流，他们通过自己的人脉帮忙疏通关系。还有陈三才在美国时的同学、时任上海联合广告公司经理的陆梅僧及大夏大学理学院院长邵家麟等人也在积极地营救。

  就在社会各界营救陈三才时，家人也在想尽办法。此时，陈三才的父母皆已去世，但三才的哥哥、姐姐、表哥、表嫂等在社会上都有一定的影响力，不知是哪一位亲友找到了时任汪伪国民政府行政院副院长兼外交部部长的褚民谊。褚民谊是汪精卫的连襟，也是汪伪政权的"总管家"，在汪伪政府党政两方面都有实权。凭着与汪精卫的私交，他是汪伪政权实际上的第四号人物。陈三才亲友托人辗转找到了褚民谊，褚在得到一大笔钱财后，允诺在汪精卫面前为陈三才开脱。

  褚民谊收下钱财后，陈三才的亲友们放心了，特别是陈三才的表嫂汤杨锡琳，从南京回到上海后就等待着他的归来。

  时任伪司法行政部部长的罗君强在他的《伪廷幽影录》中这样写道："陈三才被解往南京拘押数月，周佛海、李士群都认为陈三才罪不至死。"

  在处置陈三才的问题上，汪伪高层意见不一，大多数人的意见与周佛海、李士群相同，唯有汪精卫的老婆陈璧君，因其夫多次遭暗杀，对暗杀者痛恨不已，为确保今后汪精卫的安全，要求处死陈三才，杀一儆百。此时的汪精卫因奔忙于"还都"南京后的事务，一时无暇顾及陈三才案。

褚民谊知道陈璧君的意见后，为陈三才的命运着急，收人钱财，就要为人消灾。谁知随着褚民谊的参与，陈三才的命运急转直下。

一天，褚民谊有事去颐和路34号面见汪精卫。说完正事后，他便把话题引到了陈三才的案件上，请求汪精卫网开一面，予以开释。褚以为，以他与汪的关系，汪这点面子还是会给的。哪知汪精卫指着褚民谊的鼻子愤怒地说道：重行，你是不是也要杀我？

褚民谊闻言，木然以对，不知所措。

汪又说：陈三才是来杀我的，你却来替他说情，不等于你也要来杀我吗！

看来，汪精卫把陈璧君的话听进去了。他一边生气地说着，一边站起来在许多文件中把陈三才的那份报告找了出来，看也不看，便在报告上写下"着即枪决"四个字。然后把这份报告朝褚民谊扔去，愤愤地重复道：陈三才要置我于死地，你却替他求情，难道你们是串通一气来害我？

汪精卫在找陈三才案子的报告时，看到陈觉吾与陆庆颛两人的案卷，顺手抽了出来放在一边。扔掉陈三才的卷宗后，盛怒之下的汪精卫又拿起他俩的卷宗，看也不看，在案卷上面批了"一并枪决"四个字。

褚民谊看此情况，尴尬至极，不敢再作声，唯唯诺诺地退了出来。

陈觉吾与陆庆颛都是南京人，只是在汪伪内部从事抗日活动的国民党南京市党部委员，未曾谋杀汪精卫。他们二人于1940年8月8日深夜同时被捕。11月19日上午，两人被汪伪政府以"反间"罪名枪杀于雨花台。

离如春草

1940 年 10 月 1 日，万物开始凋敝，汪伪政权统治下的南京进入了秋季。秋风吹起的梧桐枯叶飘落在冷清的街道上，肃杀之气让过路人周身战栗。

位于宁海路 25 号的伪特工总部南京区的看守所内，清晨起床的陈三才不知夜里梦见了什么，有些不安。他拿起身旁的书，翻到前一天看的页码，内心很快安宁下来。

与陈三才关押一室的马元放不知从哪里得来了一个消息：第二天，也就是 10 月 2 日，陈三才将被押往雨花台刑场。

马元放内心极度悲凉，但看着毫不知情的陈三才正通过狱中小窗看着外面的世界，他心里有着说不出的难受。他想为陈三才做些事，当时唯一能做的就是在生命终结之前留下想说的话。他调整了自己的心情，装得若无其事，轻声地喊了一声：陈先生！陈三才似乎没有听见，他的眼睛还看着窗外，说了句"自古逢秋悲寂寥"。马元放顺着陈三才的目光也看向窗外，院子里枯黄的树叶被秋风吹起，飘扬在空中，像极了百姓祭奠时烧的纸钱。他不想看，就把头转了过来，脱口而出：这也是大自然的生死轮回吧。然后对陈三才说：陈先生，现在这里被关的人，就数我和你二人的案情最重，真是今天不知明天事，我们也该有个准备。陈三才看着马元放，等他说完，只是"哦"了一声，没接话。

马元放继续说道：我有一个朋友从上海来南京了，我已写下遗嘱，托他带给上海的家人，要不你也写一份吧，我可以托他一同带去。陈三才听他这么一说，若有所思地微微点头。马元放后来在他的《归汉记》一书中这样写道："他是早抱必死决心的血性青年，果然经我这般一劝，也就毫不迟疑地把遗嘱写好交我。我当时内心的难受，比什么都痛苦。"

郑振铎在《记陈三才》一文中写道："他在监狱里，曾寄出好几封信，在就义的前两天写给他家属的一封长信，可以说是最后的一封，也可以说是他的遗嘱。原信是英文，他的家属曾把它译出。"

马元放让陈三才写的信不知是不是郑先生提及的这封信，总之，陈三才在信中交代了后事，将他的财产做了分配。这封信由马元放的朋友带出监狱，送到了上海陈三才的亲属手上。这是后话。

1940年10月2日凌晨，陈三才被狱卒的叫喊声惊醒。他被带出监牢，接受宣判。在听到自己被判处死刑时，陈三才很镇定。也许他在前一天写遗嘱时就预料到了这一切。

回到监牢，陈三才努力地保持平静。此时，他不再回忆过往，他知道自己做的是一件伟大的事情，是代表全中国同胞的心愿。事情虽然失败了，但他知道，他会被人们记住，会被人们敬仰，会被人们当作英雄。自己死而无憾，唯有一痛，就是再也见不到儿子华伦了。还有一件事情让他感到遗憾，就是没能给儿子华伦买8岁的生日礼物。华伦的生日是9月5日，现在没有机会为儿子补上礼物了。陈三才想着儿子，泪水一滴一滴地落下来。

午后，狱警打开牢门，陈三才知道要上路了。他缓缓站起身，与狱友徐文祺、马元放等握手道别，这是后会无期的诀别。

陈三才被汪伪宪兵队押往雨花台刑场的路上，市民看到中等个子的陈三才面部表情淡然，站得非常挺拔，看上去很威武。笔者的外婆家住在南京瞻园路上，汪伪时期，载着囚犯的汽车都要经过外婆家门前的那条马路或中华路。处决之前会有布告公示，市民们会站在街边观看。外婆说那时即将被枪决的抗战勇士站在卡车上都很威武，一副不可侵犯的样子，有人还会喊口号。当时的南京市民非常清楚，伪政府杀的人多半是抗日英雄，他们会向抗日志士投去敬佩的目光。

在市民们的注视下，陈三才被押往雨花台山岗的东边，即现在的东殉难处。此时的阳光开始西沉，斜照在陈三才略显憔悴的脸上。陈三才一步一步地走向刑场，见路边的杂草丛中有一座墓冢，墓碑上刻着"明方正学先生之墓"。左右石柱上的对联是：十族殉忠无遗方氏，一抔埋血地接孝陵。陈三才知道这是明朝大学士方孝孺之墓。在苏州读中学时，老师曾讲过方孝孺的故事。600多年前，明朝惠帝朱允炆的重要谋士方孝孺因拒绝成祖朱棣让

他起草即位诏书,被株连九族,自己被处死,故吏、门生等被连累而死的有 873 人。方孝孺的遗骸被埋在雨花台岗的东边。

没想到在这里竟遇到了方孝孺的墓,陈三才一时感慨不已,竟忘了自己身在何处。他放慢脚步,想上前给这位忠贞不渝、舍生取义的前辈拜一拜,宪兵的一声呵斥把他拉回了现实。陈三才踩着飘零于荒地上的落叶,发出了"沙沙沙"的声响。这种声音带给陈三才的是一种安宁,这不就是大自然的旋律吗?人生一世,草木一秋,他也像这些草木一样,即将飘零于此,让这片土地肥沃起来。来年的春天,这些不知名的草木将因他而长得更加茁壮。陈三才抬起头,看着远处深邃碧蓝的天空,站得更加挺拔,像极了身旁的一棵水杉树。

一阵枪声后,这位 38 岁的清华才子、电气专家、商界精英就倒在了雨花台这片血染的土地上。

时间是 1940 年 10 月 2 日下午 2 时许。

雨花台是刑场,是墓地,也是战场。

此前的十余年间,许多先烈与陈三才一样,为了自己的信仰,倒在了雨花台的北殉难处。3 年前的 1937 年 12 月 9 日至 12 日,国民革命军第 88 师将士在这里英勇抗击日军。这个师就是从上海淞沪会战的前线撤下来直奔南京,投入南京保卫战的。淞沪会战时,陈三才曾与这个师有过接触。在这 4 天里,第 88 师的数千名官兵血沃雨花台。1937 年 12 月 12 日正午时分,262 旅少将旅长朱赤被日军炮弹击中,肠子流了出来,他把肠子塞进肚子,用弹夹带勒紧肚子,继续指挥战斗。为了不让自己的遗体落入日军手中,朱赤叮嘱战友一定将他的遗体埋好,不要被日军发现。朱赤牺牲后,战友在朱赤身体两侧挖了深坑,并埋下两枚手榴弹。手榴弹被拉响后,朱赤的身体就被埋在了掀起的尘土中。朱赤被埋的地方就是陈三才被枪杀的地方——雨花台的东岗。

陈三才在雨花台就义的第二天——1940 年 10 月 3 日,汪伪政府办的《南京新报》刊登了标题为《暗杀元凶法无可恕 陈三才上断头台 不逞份子可以鉴诸》的报道:

[本报讯]渝方暗杀凶犯陈逆三才，江苏昆山县人，原任上海北极公司副总裁，不料利令智昏，于去年七月间，接受渝方巨金，专事暗杀阴谋，曾唆使中俄无聊份子，企图暗杀和运同志，幸防备周密，未遭毒手，嗣经政治警察署严密侦察，知系陈逆主谋，当于本年七月派员加以逮捕，该逆以证据确鉴，即直认不讳，政警署以暗杀元凶，法无可恕，经呈准于本月二日下午二时，特派南京区副区长王玉华为监刑官，验明该犯正身，押赴雨花台执行枪决，并布告周知。按该逆年仅三十九岁，早年曾受高等教育，且历任上海各洋行要职，不料误入歧途，遭此结果，亦属可惜云。

按：陈三才江苏昆山人，美国哥伦比亚大学毕业，历任各公司职员，现年卅九岁，住上海大西路美丽园廿四号，充北极公司副总裁，于去年三月受渝方指使，在沪组织暗杀机关，并勾通外籍流氓，企图以卑鄙残暴手段，实行暗杀和平救国份子，事经警政部政警署工作人员发觉，秘密侦查，时历数月，乃于七月中旬，不动声色，按址前往，加以拘捕，当即俯首就擒，遂于七月十七日解来南京云。

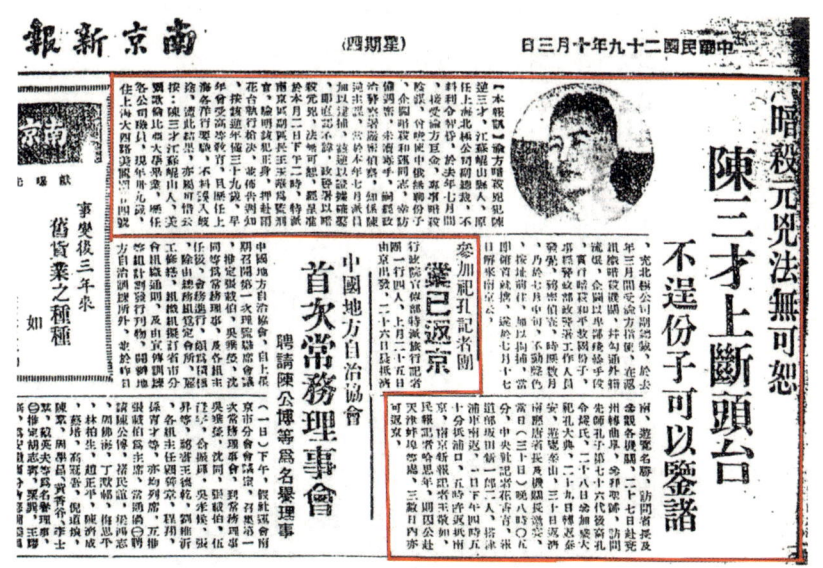

1940年10月3日《南京新报》报道陈三才上"断头台"

陈三才的亲属大多生活在上海，没看到这张报纸。第二天，也就是陈三才就义的第三天，10月4日，上海《申报》报道了题为《陈三才被枪决》的新闻：

据华闻社云，前任上海北极公司副总裁之陈三才，江苏昆山县人，于去年七月间，在沪活动，嗣被沪西方面逮捕，解往南京，顷悉于本月二日下午枪决。按陈三才，年仅三十九岁，曾受高等教育，历任上海各洋行要职，兹遭此结果，闻者无不可惜。

陈三才的亲属和好友看到这个消息都惊呆了，他们尽了全力，也得到了许诺，以为不久将能迎来三才出狱，谁知等来的却是噩耗。他们拿着报纸的双手在颤抖，泪水瞬间模糊了他们的双眼，濡湿了报纸。

在上海的郑振铎先生闻此噩耗，非常震惊，不顾身体有疾，连夜撰写纪念陈三才的文章《记陈三才》。郑振铎先生在他的文章中说，汉奸们那么公开地宣布杀人，恐怕还是第一次。他们向

1940年10月4日《申报》报道陈三才被枪决（截图）

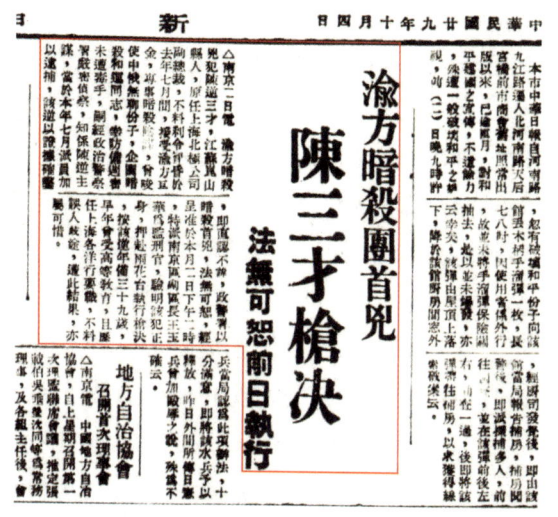

1940年10月4日《新申报》报道陈三才被枪决（截图）

来惯用鬼鬼祟祟的暗杀手段，为什么这一次会这样"大张旗鼓"呢？如果没有什么深仇大恨，他们怎么敢下如此毒手呢？

在香港的刘驭万先生看到新闻，也很震惊，他在后来的文章中说：

晴天霹雳！这个霹雳实在可怕。不消说得，凡是我们认识三才的闻此消息都是悲伤叹息，如丧手足！抗战胜利还都后，我和几位清华同班在上海静安寺路底万国坟园拜过他的墓。他不会说话了，可是他最可爱的微笑总是在我们心里永远地微笑着！在那个时候，我们见过他最爱的也是最爱他的——汤太太和她女儿汤美丽。到狱中送他衣食的，到处奔跑营救他的，领尸埋葬的，以及后来帮助 Ann 清理他遗产的，都是这两位仁爱忠诚的女士。三才生前，我并没有见过汤太太母女，在三才的墓前，我碰见他们的时候，我觉得这两位女子简直是我的亲人，毫不陌生！

可以说，陈三才是汪伪政权公开枪杀的第一人。马元放在他的《归汉记》一书中也说，以前汪伪组织都是秘密杀人，到了陈三才就义，开始对外公布了。

汤杨锡琳一家最为震惊,三才与他们在一起生活许多年,亲如一家。汤杨锡琳与汤美丽母女无法相信这个消息是真的,她们多么希望这是误传的小道消息。但遗憾的是,这个消息是真的。她们确认了这个噩耗是真的后,决定与陈三才的两位姐姐陈定志和陈定秀去一趟南京雨花台,把三才的遗体从南京迁出。她们不能让三才孤零零一人待在外地,将其移葬上海,他们日后可以经常去祭奠三才,与他说说话。

对于这段历史,陈定志的儿子王俊怡先生是清楚的。王俊怡曾留学美国,是位归国华侨,他对舅舅陈三才印象深刻。陈三才就义时他已经22岁,虽然没有与母亲一起前往南京雨花台及在上海参加舅舅葬礼,但他多次从母亲那里听到有关舅舅移墓上海及葬礼的情况。2000年10月23日下午,陆宜泰先生拜访了王俊怡先生,这次拜访让陆宜泰有了意外的收获——王俊怡将保存的陈三才的一件哔叽西装与一件花呢大衣取了出来,捐赠给了陈三才纪念馆。从王俊怡的回忆中,我们得以略知当时的情况。

汤杨锡琳母女与陈定志姐妹选定了一个适宜移墓的日子,身着玄衣,乘上轿车从上海前往南京。她们根本控制不住悲伤之情,一路上大哭不已。车子开进雨花台东岗后,她们下车直扑一座新坟,"陈定达之墓"赫然出现在她们的眼前,几个女人的哭声震动山野。司机带来的人将陈三才的遗体移进棺材时,几个女人更是伏棺恸哭,闻者无不跟着悲伤落泪。

陈三才遗物哔叽西装

陈三才遗物花呢大衣

他们连夜将陈三才的遗体运回上海。亲友们在上海静安寺路底的万国公墓里为陈三才选定了墓地。

陈三才的葬礼定在1941年2月1日，地点选在上海公共租界越界筑路新区的一家殡仪馆。棺椁前面是一片花的海洋，出席葬礼的人很多，除了三才家属和其生前朋友，还有许多商界的朋友，包括国际商界的成员。悼词是用中英文宣读的，外国牧师为陈三才的英灵祷告。入葬仪式庄严而凝重。陈华伟也参加了陈三才的葬礼，几十年后，他还记得当时的场景。

葬礼上，我回忆了叔叔对我的影响，特别是前一年在墨梯女校校园里举行的清华校友会，三才叔叔主持了年会，并对来自世界各地的与会者发表了演讲。葬礼上，角色转换了，一些来自世界各地的商界代表在讲话，而躺在棺木中的三才叔叔成了悼词的对象。我无法集中注意力听他们讲话，脑海里出现了过去的情景，我想到了"好叔叔"的死意味着什么，以及"好叔叔"的死对我们的影响。我们大多数小孩子叫他"好叔叔"，而大一点的孩子有时就用英语叫他"Uncle"，没有比"好叔叔"更贴切的称呼了。他对家人、亲戚和朋友以及他遇到的任何人都充满爱心、体贴、真诚、慷慨、理解和支持。我为他以生命为代价的爱国情怀感到无比自豪。他是伟大的英雄与烈士。在"好叔叔"的影响下，我选择了电气工程专业，这个选择影响了我的未来职业生涯。三才叔叔的个性、对他人的关怀、快乐的性格和幽默感也影响了我。

尽管三才叔叔对我影响很大，但在他去世时，"榜样"一词还不在我的词汇里，到20世纪80年代才变成了一个美国流行语。三才叔叔，对不起，我花了40年才学会这个词，你绝对是我的榜样。葬礼期间，我凝视着棺材，意识到我们再也见不到三才叔叔了。我想到了三才叔叔深爱的儿子华伦和继女琼，坐在长椅上，悲伤笼罩着我。

陈三才是陈家子弟中的佼佼者，他的死不仅影响了陈华伟，

孤勇者
——寻索抗日英烈陈三才

陈华薰

也影响了陈家的其他子弟。两年后的1942年，陈三才的堂侄陈华薰目睹日本飞机对昆明进行狂轰滥炸，毅然从昆明中法大学物理系退学，考入空军军官学校第十五期驱逐机班。随后与同学从昆明搭乘运输机飞越喜马拉雅山脉，到达印度加尔各答，再转火车到达孟买，换乘英舰MARRIPOSA号，绕南非好望角，横渡大西洋，最后在纽约登岸，再乘火车抵达亚利桑那州凤凰城美国空军训练中心所属的威廉士、雷鸟、马拉那、路克等空军基地，相继完成了初级、中级、高级空中轰炸机和战斗机等训练。

回国后，陈华薰被分配到美国陆军第十四航空队旗下的中美混合联队"飞虎队"第三大队第八中队第四分队，任少尉三级飞行员。第三大队是战斗机大队，陈华薰驾驶的是"飞虎队"主力战机P-40-675号，也就是鲨鱼式战斗机，在四川梁山等空军基地投入了对日作战。他出征频繁，屡建战功。1945年1月5日下午1时20分，陈华薰随编队由孝感进入武汉上空，出击汉口及武昌日军机场时与敌机遭遇，发生了激烈空战，当场击落敌机10架。接着轮番俯冲扫射投弹，炸毁地面敌机多架，又冒着地面日军猛烈的炮火，低空俯冲往返扫射8次，在再次俯冲投弹时不幸被日军高射炮击中，飞机当场坠毁，尸骸无存。陈华薰壮烈殉国时年仅23岁，衣冠后葬于南京抗日航空烈士公墓。

马元放于1943年8月26日出狱。他出狱后的第一件事就是与一位难友秘密前往雨花台凭吊陈三才等人。他没找到陈三才的墓，后来在文章中写道："在荒烟蔓草中，对着故国河山，凭吊被难同志就义之处，低徊多时。那时的心潮起伏，真是不可名状，同时对于几位烈士，也深深感着惭愧！"

陈三才的美国母校伍斯特理工学院的档案馆中有一份档案，内容如下：

日本侵华战争受害者。

4年来一直有传闻说1924级的陈三才在中国被日本人杀害。这传闻通过两个渠道的消息得到证实。负责收集陈先生情况的是曾在伍斯特理工学院工作过的玛格丽特·福勒·高德纳夫人，她是1924级校友海军少将罗杰·福勒的姐姐。陈先生和其他中国学生是福勒家的常客，他们在很长一段时间里一直保持着联系。（第1段的译文）

Japanese Victim

1. For the past four years, there have been rumors that Sarcey T. Chen, '24, had been killed by the Japanese in China. The rumor has finally been confirmed from two sources. Mrs. Margaret Fuller Gardner, formerly of Worcester, and a sister of Lt. Comdr. Roger A. Fuller, '24, is responsible for securing the information. Chen and other Chinese students were frequent visitors at the Fuller home, and contacts with them was maintained as long as possible.

2. In a letter to Mrs. Gardner, Chih Meng, director of the China Institute in America, writes, "Unfortunately, it is true that Sarcey Chen was assassinated by the Japanese. The information is rather meager. It happened about 1940." Another similar statement came from Mrs. Chu Shih-ming, wife of a Chinese admiral in the diplomatic service in Washington. "What you wrote about Sarcey Chen is all true. I am sorry I cannot give you further information regarding him while the war is going on, as there are others to be considered at present. After the war, I will be glad to furnish you with more information."

3. According to the last report received, Chen was vice-president of the American Engineering Corporation in Shanghai. A dispatch from that city in July 1940, stated that he had been kidnaped from the International Settlement.

4. Sarcey Chen was one of the first six in the class, a member of Tau Beta Pi and Sigma Xi. He was captain of the soccer team, captain of the tennis team and singles champion of the college. He was also treasurer of the Cosmopolitan Club, and vice-president of the debating society. He was born in Soochow, China, August 4, 1902, and graduated from Tsing Hua College before entering the Institute

伍斯特理工学院档案馆保存陈三才牺牲消息的文件1

在美国的中国研究所主任迟蒙（音译）给高德纳夫人的信中写道："很不幸，陈三才被日本人杀害的消息是真的。消息很不详细，事情大约发生在1940年。"另一条类似消息来自朱世明（音译）夫人，她是中国驻华盛顿外交机构的一位海军上将的夫人。她写道："你信中写到的关于陈三才的情况都是真的。很遗憾我不能给你提供更多的情况，因为目前战争尚未结束。并且还有许多其他情况要了解。待战争结束后，我会很乐意为你们提供更多情况……"（第2段的译文）

伍斯特理工学院档案馆保存陈三才牺牲消息的文件2

说到陈三才就义，陆宜泰先生也是感慨不已，他用带着吴侬软语口音的普通话说："有人说我们江南人大多是读书人，非常儒雅，很少有人能做出这种轰轰烈烈的事情。陈三才、陈华薰证明了我们江南人也有热血，也有血性。国家面临生死存亡时，他们放弃生，选择死，向死而生。"

第五章

身后诸事

寻找遗信

陈三才在上海万国公墓入葬后不久,徐文祺出狱,将陈三才的两封英文遗信随身带出。回到上海后,他将这两封信辗转交给了汤美丽。

陈三才的这两封遗信,一封是写给前妻安妮·桑梅丝的,另一封是写给儿子陈华伦与女儿陈华琼的。

此时,安妮·桑梅丝与她的第三任丈夫朱尔斯·温克尔曼带着两个孩子生活在香港浅水湾,做着进出口贸易生意。

当安妮·桑梅丝在香港的报纸上看到陈三才在南京就义的新闻时,大脑瞬间一片空白。待缓过神来,她反复看着这条新闻,确定自己没有看错后,她把报纸捂在脸上,哭泣起来。哭了一阵之后,安妮把报纸拿给温克尔曼看。她的荷兰籍丈夫也大为震惊,放下报纸不断安慰着安妮。安妮哭着跟丈夫说,我要去一趟上海,处理三才的后事。温克尔曼说,你现在这么悲伤,不合适一个人去,我和你一起去。安妮哽咽着说,两个孩子要上学,我也不想让孩子们知道他们的父亲死了,你还是在香港陪着他们吧。温克尔曼坚持要陪妻子去,安妮想到了陈三才的同学刘驭万正在香港,就给他打去电话求助。

刘驭万发表在《传记文学》上的《为国舍身的陈三才同学》一文中写到了这段经历:

有一天,Ann 来电话,说他夫妇将到上海去为三才办理后事,并说有要事相托,如能帮忙,嘱即至浅水湾和他夫妇一谈。

我生平爱多事，为朋友做事，总是觉得义不容辞的。我满口答应后，就跑到他们家去吃晚饭。

到了她家，Ann夫妇二人对于三才之死都非常难过。Ann说：我要是知道Sarcey（三才英文名）会有如此遭遇，一定不会离开他。当她说"就是今天，我还是爱他"的时候，她丝毫不觉得在座的除了我以外，还有她的现任丈夫！Winkleman（温克尔曼的

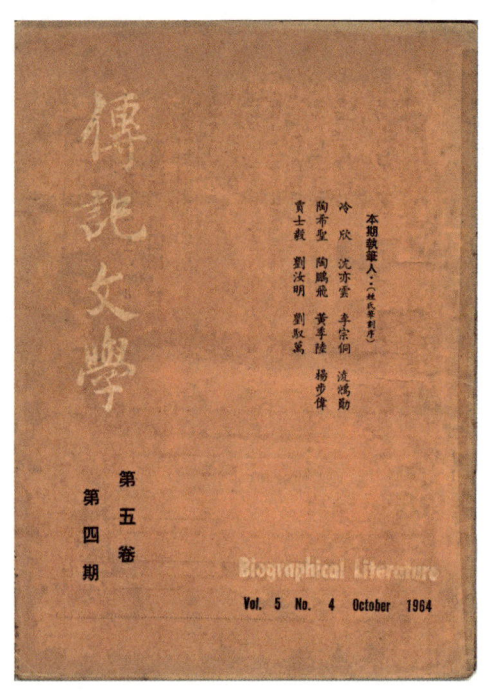

《传记文学》

英文名）也不断地说三才是个好汉，是个英雄，可惜汪精卫没有死，他倒死了。言下大有三才不愧为他的"老前辈"的样子！

Ann到上海去为三才办理后事，她的丈夫不放心，一定要陪她去。留下儿子华伦住在浅水湾，他们两人都不放心。港沪来回共十天，要我每天晚上到浅水湾他们家里去住，照料华伦。三才死了，好男儿岂可无后！所以我在香港小住期间，有十天是每天晚上从九龙到香港浅水湾去陪华伦的。

两个孩子知道父亲的死讯，还是继父温克尔曼告诉他们的。几十年后，陈华琼在《追忆中国》一文中写道：

一天晚上，他（朱尔斯·温克尔曼）说有事要跟我和弟弟说。凭直觉，我马上知道我的第二任父亲死了。早些时候，他在一张碎纸片上给我和弟弟写了一封短信，他说他也许再也见不到我们了，让我们乖乖的，听母亲的话并照顾好母亲。我试图掩饰我的

悲痛，假装开心地说："快告诉我，快告诉我。"可是他再也没有说什么。直到回到家里，他把我和弟弟叫到一块儿，才告诉我们，我的第二任父亲在被抓走的几个月里，受尽了酷刑，最后被处决了。

从陈华琼的文中可以得知，陈三才的死讯是这位继父告诉他们的，是母亲和继父从上海回到香港后的某一天。看得出来，大人们，包括刘驭万，都在刻意地把这个噩耗瞒着两个孩子，但最后还是被温克尔曼说了出来。

多年后，陈华琼在给刘驭万的女儿刘年玲的一封信中说：

直到我们与母亲和她的荷兰丈夫在香港度假时，荷兰继父告诉我和弟弟，我们的父亲被捕的噩讯。不久我与华伦收到一个信封，里面有父亲给我们的信，说道今后不会再相见了。他叮嘱我们要听妈妈的话，好好照顾她。我与弟弟即刻意识到父亲已经与我们永别了。甚至于今天，当我回忆收到他给我和弟弟的信时，我也忍不住感伤泪流。父亲的死给予我一个教训，千万不要延误向所爱的人表示爱意，因为他可能忽然永别而去。我十分爱我的第二个父亲，我企望他知道我对他的爱，这会给予我永远的安慰！

安妮·桑梅丝是否在她去上海办理三才后事时看到这两封遗信，已不得而知，但这两封信最终到了安妮手上。

安妮把陈三才写的这两封信交由刘驭万收藏。毕竟当时她正处于漂泊不定的状态。不久后，他们一家就去了美国定居。其实，刘驭万也是处在漂泊不定的状态，但他一直把三才的遗信带在身边，即使后来担任国民政府的多国大使，他也随身把信带着。他在文章中说：

十几年来，我都是藏在我紧要文件包的。去年古巴政变，我有一箱私人行李与一箱公物被转运公司弄错了码头，把公物（写

明运往海地）送到台湾，而把我的那箱私人行李（写明运往台湾）反运到海地去了。现在仍在来韩国的途中。以后有人写正式的陈三才传记时，可以再把它发表。

刘驭万

令人遗憾的是，1966年，刘驭万突然病逝于任上，两封遗信也下落不明了。

为了找到这两封信，陆宜泰开始查找刘驭万留下的文字。

他看到刘驭万在一篇文章中提到，20世纪60年代，他的小女儿刘年璋在美国与陈三才的儿子陈华伦曾见过面。陆宜泰想，要找到这两封遗信，必须找到刘年璋与陈华伦。

从2000年开始，陆宜泰就开始追寻这两封信。他托朋友和老乡帮忙，转托在昆山的台商寻找刘年璋，几年来都没有结果。他又在陈家的后人中询问陈华伦的现状，也没有结果。

究竟在哪里可以找到刘年璋和陈华伦呢？1940年陈三才遇难时，儿子陈华伦才8岁，后跟随其母与继父回美国定居，此后60多年来从未与大陆的亲戚有过联系。陆宜泰在得到陈华伦的美国地址后，不断给陈华伦写信，写了5年的信都石沉大海。时间到了2005年感恩节这天，陆宜泰终于与陈华伦联系上了。在留学美国的乡友、热心人朱彩方先生的努力下，2006年1月3日，陆宜泰终于收到了陈华伦的第一封信，随信一起寄来的是他父亲陈三才在南京监狱里写给他和姐姐的那封英文信的复印件。

捧着这封遗信的复印件，陆宜泰激动得双手发颤。5年了，他苦苦追寻了5年，终于有了结果。信的中文内容是这样的：

陈华琼（右）与陈华伦（左）姐弟

亲爱的华伦和琼：

　　如果你们已回到上海并已见到梅或黄弗雷，你们一定已经知道我出了什么事。我现在要写信告诉你们的是我身体很好，近况尚可，估计不久就可以回家，你们不必担忧。如果你们想进一步了解我现在的情况，可以给梅打电话，或直接去见她。要记住，我是永远爱你们的，时常想念着你们。

　　我现在待的地方是不大可能收到来信的，因此你们也不必费神给我写信。如果你们仍在香港，梅会把此信交给你们的。

　　大约两周前是华伦的生日，我整天都在想念你，我未能送给你我许诺的生日礼物，感到十分遗憾。但我希望不久能予以弥补。不管怎么说，我预料能在圣诞节前见到你们，你们至少能收到我的圣诞礼物。

　　请代我向你们的妈妈和Joules问好！

　　吻你们

爱你们的爸爸
1940年9月25日于南京

Sept. 25, 1940
Nanking.

Darling Wallen & June,—

If you have returned to Shanghai and seen either Wilfred Wong or May, you must have known what had happened to me. I am writing you this note to tell you that I am well and quite content. There is nothing to worry about and I expect to be back soon. If you want to know more in detail what I am doing, telephone May or still better go to see her. Just remember that I love you and am thinking of you often. Where I stay, I am not supposed to receive many letters. So, please don't bother to write. If you are still in Hongkong, May will try to forward this letter to you.

About two weeks ago it was your birthday. I remembered you all day and regretted very much in not being able to give you the present which I promised. But I hope to make it up to you soon. At any rate, I expect to see you before Christmas, so that you can at least have a X'mas present from me.

Please remember me to your mother and Joules. With love & kisses from
Your Dad.

1940年9月25日，陈三才在狱中写给儿女的信

陈华伦夫妇与锦溪籍留美博士朱彩方（左）合影

老年陈华伦

从信中可以看出,陈三才没把自己的事情看得很严重,他想可能会在圣诞节前出狱见到儿子。也许他是在安慰儿子,也许想到儿子时,他渴望能获得自由。毕竟儿子才8岁,他的成长是需要亲生父亲陪伴的。

三才给儿女的信找到了,就是陈华琼在文章中说的"在一张碎纸片上给我和我弟弟写了一封短信",但那封给安妮的长信还没有下落,陆宜泰认为,一定要找到它。

2007年11月21日,陆宜泰照例在网上查找有关陈三才的线索,突然"刘驭万"的名字跳了出来。这是冯亦代先生写的《与作家木令耆的缘分》文章里的内容。文章中说到刘年玲的父亲是刘驭万,1932年冯亦代先生曾去过刘驭万在上海福履里路的家,那时刘年玲尚年幼。

"刘年玲",陆宜泰默默念着这个名字,心想一定要找到她。

刘年玲,笔名木令耆。1949年随父亲刘驭万定居美国。她是著名美籍华裔作家,美国哈佛大学亚洲研究中心研究员,编选过《海外华人作家散文选》,编译过中国女作家小说选《玫瑰晚餐》等。曾邀请艾青、萧乾、北岛、刘心武、王蒙等作家到美国做访问学者,这些作家也去过刘年玲的家。

陆宜泰在网上寻找刘年玲的资料时,看到李健吾先生在一篇文章里也说到了刘年玲,李健吾说刘年玲比他小28岁。陆宜泰就上网查李健吾的年龄,李健吾出生于1906年,那刘年玲应出生于1934年左右。陆宜泰推算出刘年玲那年是73岁,如今73岁不算高龄,应尚健在。

刘年玲住在美国什么地方呢?陆宜泰又上网找,但网上是找不到家庭住址的。陆宜泰在网上看到2006年海外华文女作家在上海复旦大学有一次学术活动,他查到了报到名单,结果名单上没有刘年玲的名字(后来得知刘年玲因有事没来上海参加这次活动)。陆宜泰没有放弃,继续查找。他在网上看到了王蒙先生在一篇文章中提到了刘年玲,说刘年玲曾在美国波士顿接待了他。这是条很有用的线索,如果能联系上王蒙先生,那刘年玲的联系方式就有眉目了。

　　于是，陆宜泰找到他的乡友、中国作协会员陈益，向他打听到了中国作协的地址。2007年12月4日，陆宜泰写了一封挂号信，寄往中国作协秘书处转交王蒙先生收。寄出信后，陆宜泰算着时间等回音，等到第20天时，还没接到回音，就给秘书处打了一个电话，说明情况。秘书处回答道：你去问问收发室，再说我们也转不到王蒙那里。陆宜泰又与收发室联系，得到的回答是：我们每天都有很多邮件往来，谁能记得你的信件。陆宜泰无奈，只能放弃这条线，又找北京乡友蔡华同先生帮忙，蔡先生当即就打听到王蒙先生的通讯地址及其秘书的电话号码。

　　12月25日，陆宜泰又给王蒙先生写了一封信，一并寄去陈三才的有关资料，请求他提供刘年玲的通讯地址。2008年1月12日，陆宜泰终于收到了王蒙秘书的回信，信中提供了刘年玲的美国住址。陆宜泰拿着信激动得连夜给刘年玲女士写了信。在信中，陆宜泰请她查询其父刘驭万先生保存的陈三才的遗书。

　　就在信寄出后的第12天，即1月25日上午8时40分，陆宜泰接到了一通来自美国的陌生电话，对方说："我是刘年玲，陆先生您好！"刘年玲很感慨地接着说："您怎么会找到我？！陈三才是我父亲生前最好的同学、朋友，我们时常怀念他，他就义时我还小，常听父亲说起陈三才……"在电话中，刘女士告诉陆宜泰，当年太平洋战争爆发，香港沦陷，他们家把所有的文件资料都销毁了，但陈三才的那封遗信一直放在其父随身带的公文包里。可惜的是，其父于1966年在驻泰国任上突然去世，家人也不知道陈三才那两封信的原件藏在何处。陆宜泰信中说到其父写的那篇纪念文章，他们家人还没有看到过……

　　挂了电话，陆宜泰同样感慨，功夫不负有心人，终于找对了人。随后，陆宜泰把刘驭万写陈三才的那篇文章通过邮箱发给了刘年玲。

　　两人联系上后，陆宜泰方知，刘驭万文章中提到的刘年璋是刘年玲的妹妹，定居新加坡。此后，他俩经常用电子邮件交流，内容围绕陈三才的往事以及陈三才的那封遗信。从刘年玲那里，陆宜泰知晓了不少陈三才的事情。刘年玲告诉陆宜泰，她见过陈三才，但那时她还很小，陈三才在她的心中只是一个模糊的影子。她说：在我童年时，有一天定居在香港的父亲带我到半岛酒店看望他的一个同学，父亲与这位同学说话时，让我不要发出声音。我看着父亲与这位同学神情严肃地谈着什么，不像是谈商务。我虽然记不起父亲的这位同学是谁，但后来想想，那人一定是三才叔叔。因为三才叔叔是上海名流、大企业家，住半岛这样的全球著名酒店是合适的，不久就出现了轰动一时的陈三才刺汪事件。许多年来，我一直在想，一个大企业家、清华留学生，为何要做暗杀这件事？后来，在父亲的文章中知道了答案，因为汪精卫一旦组织了伪政府，对抗战会带来很大的危害。刘年玲发给陆宜泰的电子邮件都是用英文写的，陆宜泰看不懂，就不得不麻烦他的舅舅李世虬帮助翻译。

　　受父亲刘驭万与陆宜泰的影响，刘年玲非常想到陈三才的故乡昆山看一看，再参观一下陈三才纪念馆。2008年4月17日，刘年玲从新加坡妹妹家转道上海，来到陈三才的故乡昆山锦溪镇。她给陆宜泰带来了在美国伍斯特理工学院征集到的部分陈三才的珍贵资料。

陆宜泰陪同刘年玲参观陈三才故居

陆宜泰赴沪采访刘年玲

刘年玲童年时与陈三才的儿子陈华伦经常在香港浅水湾嬉戏，成年后断了联系，她很想再与陈华伦重续旧谊，陆宜泰便将陈华伦的电话号码给了刘年玲。后来，两人终于联系上了，畅叙童年友情之余，共同怀念陈三才。

半年后的 10 月 6 日，刘年玲再次来到上海。第二天，陆宜泰就前往上海拜访她。陆宜泰还在追寻陈三才给安妮的那封信，他想与刘年玲面对面地聊聊遗信一事。见面后，陆宜泰再次请刘年玲出面查询其父刘驭万当年的那只公文包。

刘年玲回到美国后，陆宜泰的信也追到了美国。2009 年 2 月，他在给刘年玲的信中继续请求她查询其父生前的那只公文包的下落。刘年玲非常理解陆宜泰的做法，她虽然年近 80 岁，但对寻找陈三才遗信这件事仍然很热情。她给陆宜泰的回信经翻译后如下：

亲爱的陆先生：

我打算到阁楼上我母亲留下的几只箱子中寻找一下，看看有没有我父亲留下的文件和信件。如有进展，我会及时告诉你的。你可用中文给我写信，我的电子邮箱可以收中文文件，但我不会用中文写信……

我饶有兴趣地阅读了我父亲写的东西。我打算在星期四去拜访伍斯特理工学院的档案员,因为他打电话给我说,他那里有不少关于陈三才的文件。

刘年玲翻遍了其母留下的所有遗物,没有找到陈三才的那封遗信,但找到了父亲生前珍藏的摄于1918年清华学校足球队的几张合影,其中一张前排右边第三人是陈三才,穿着足球服,左腿跷在右腿上,周身散发着自信与魅力。

刘年玲又一次去了陈三才的母校伍斯特理工学院的档案馆查找线索,这一次收获很大,找到了伍斯特理工学院80多年前的毕业纪念册,纪念册中有许多陈三才的照片。她向校方要了一册1920—1924级的同学年鉴,在这本年鉴里也有陈三才的多张照片。

在刘年玲寻找遗信无果后,陆宜泰又通过苏州市台办诸根元副主任得到了当时台湾地区台北县板桥市两岸人民服务中心副主任周国代博士的联系地址,写信请求他向台湾相关部门申请查找刘驭万的遗物公文包。他的执念是,只要找到这只公文包,就能找到陈三才的那封遗信。

刘驭万珍藏的1918年清华足球队合影,前排右三为陈三才

钱大定（后排左）与陈华伦（后排右）及陈华琼夫妇合影

感动于陆宜泰的执着，远在美国的钱大定先生（汤美丽的儿子）愿意帮助他，在台北托人查询刘驭万逝世后的遗物，特别是那只公文包。钱先生让陆宜泰先征得刘驭万家属的同意，刘年玲表示同意，结果没有找到那封遗信。

陈三才给安妮的这封信的原件终究没有找到。好在郑振铎先生看过原件，在他的《记陈三才》一文中录有这封遗信。

亲爱的安妮·桑梅丝，吾儿华伦见信安：

在沪六日，可谓最苦。备尝悬吊及各种肉刑。而廿四小时后之处置，尤为严厉。住所，食物，绝非人情所能忍受。

迁移后的待遇，确是好得多。生活很有规则，也合卫生。不意又恢复了我的学校生活。不过这里的学生待遇，是有等级的，分了头、二、三等。……我侥幸作了头等生，事实上我和其他四位还作了特等生，有机会和教授先生们谈话，并享几种为其他头等生所不许的特权，比如可以公开吸烟，而别人只能背地吸。

我的健康的确有进步，照起镜子来，显然我的气色比以前好，

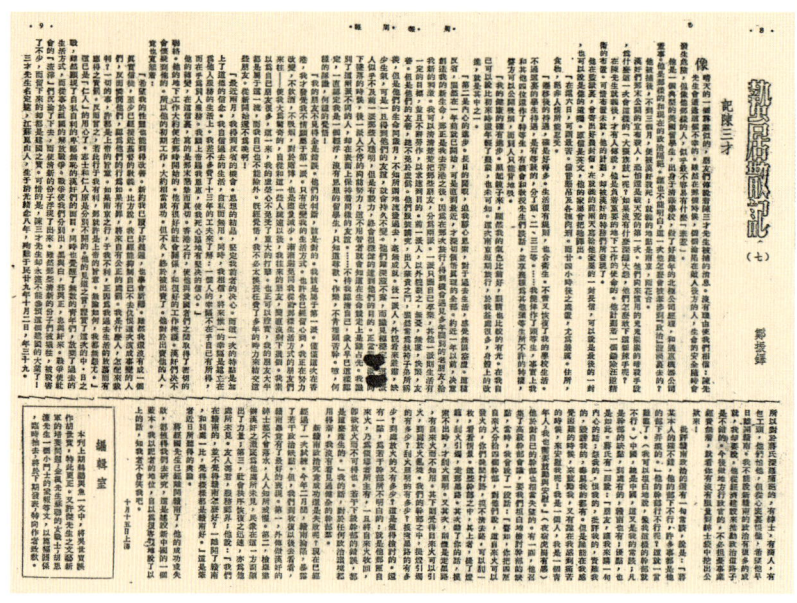

郑振铎文章《记陈三才》

眼睛也比较的有光,在我自己可以说比初来时还年轻了几岁,也未可知。这次南京短期旅行,于我益处很多,身体上的改进,就是其中之一。

第二是内心的进步。长日的闲暇,迫我静心思索,对于过去生活,感觉无限空虚。这种反省,固然在一年前就已开始,可是直到最近,才深切领悟真理的全部。约一年以前,决意创造我的新生命,那正是我去香港之后。因为在那次旅行,得到机会遇见多年阔别的老朋友,给我新的刺激。我可以清清楚楚地把那些朋友,分为两派。一派只图自己享乐,其他一派则生活有一定的目标,并且不辞劳作,以求达到目的。前一派人,以外貌观之,无忧、无虑、快乐、友善。但是他们的友善,总不免于虚伪。他们服装讲究,出入华贵之门,固然常为纨绔子弟所称美,但是他们的生命同岁月,不知所谓地流荡过去,毫无成就。后一派人,外貌看来严肃,缺少生气,可是一旦得到他们的友谊,就会持久不变。他们虽然深藏不露,而识见极稳定。这一派人似乎不及前一派那些人聪明,但是有毅力,终会很稳健地达到他们的目的。正当第一派人向下坠落的时候，后一派人不停地向前努力，这不用智者就会知道，在生命竞走上是谁占先。我识别了这两派不同的人，却在表面上保持着同样的友谊。……不待我认清自己，众人早已这样认定，一直认定我是一个轻浮、没有思想的留学生，只知道寻欢、作乐，不肯埋头苦干。噫，何种的认识，何种的觉悟！

我的朋友不见得全是错误。他们的判断，该是对的，我该是属于第一派。仅仅这次在香港，我才发觉我不情愿属于第一派。只有改变我的生活方式。也许你已经留心到，我正在努力改变，不饮酒，不吸烟，对于赌博，也是尽量减少。渐渐避免同我从前那样生活方式的朋友来往。使我大为惊奇的，自从和这一些人疏远以后，我往来的朋友，简直没剩下几个。我素以为自己朋友很多，这一来，我的虚荣心不免受了重大的打击。也正可以证实，我的朋友大半都是属于这一流，而我自己也不能除外。既经觉悟，我不必太懊丧枉费了多年的时力来结交这些朋友。重新开始还不为晚啊！

最近两月，我得到反省的机会。思想的结晶，坚定我前者的决心。而这一次的特点是加上了道德的信念。我自信过去的生活，自私而无用。同时，我相信，将来惟一的幸福是建立在为他人服务的生活上。我差不多费了十三年的工夫来了解：一个人的幸福不在乎自己有所得，而在乎为他人服务。

……我已经能抑制自己不去仇恨这次演成事变的人们，反而怜悯他们，认为他们的行为如果有罪，将来自有公正的处罚。我是什么人，怎配来裁判？一切事，许都是上帝的旨意。如果南京之行于我不利，正因为我过去生活的放任而有应得之责罚。反而言之，若此行于我有利，那就许是上帝的旨意。无论如何，我都无怨尤。

信的原件是用英文写的，这是翻译后的中文。从这封信中我们能看出，香港之行让陈三才脱胎换骨地改变了。他对自己以前的生活方式感到不满，甚至可以说感到厌恶，他向往新的生活。

这个新的生活方式就是抛弃掉过往的没有思想、寻欢作乐的生活，去追求与国家同呼吸、共命运的战斗方式。我们虽然不知道他在香港接触的"后一派人"是什么人，但从当时的环境来看，这些人一定是爱国者与抗日人士。在这封信中，陈三才有许多不能直言的地方，比如抗日，比如杀汪精卫。他把汪精卫等人对他的审讯说成"和教授先生们谈话"。从这封信中，也能看出陈三才的高贵品格与操守，他有信仰，他恨罪恶，却怜悯罪人。

这是一个无党无派、有信仰的思想者的信。与他的前期相比，陈三才的精神已经得到了升华。此时，他已经不是为自己而活，而是为大众而活。

陈三才在上刑场的前一天又写下了一封信，此信是遗嘱。这份遗嘱是狱友马元放托朋友带到上海的，收信人是陈三才表嫂汤杨锡琳的女儿汤美丽。陈三才在遗嘱中将他的财产留给了两个孩子——他的亲子陈华伦与他的继女陈华琼。陈三才的这份遗嘱还上了报纸。

1940年12月14日，《新闻报》刊载题为《北极公司经理遗产继承》的新闻：

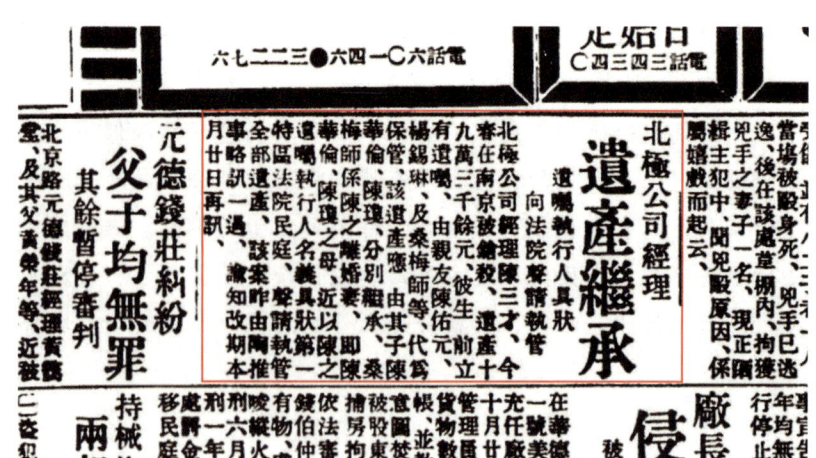

1940年12月14日的《新闻报》

遗嘱执行人具状向法院声请执管：北极公司经理陈三才，今春（应为秋）在南京被枪杀，遗产十九万三千余元。彼生前立有遗嘱，由亲友陈佑元、杨锡琳及桑梅丝等代为保管，该遗产应由其子陈华伦、陈琼（陈华琼）分别继承。桑梅丝系陈之离婚妻，即陈华伦、陈琼之母，近以陈之遗嘱执行人名义具状第一特区法院民庭，声请执管全部遗产。该案昨由陶推事略讯一遇，谕知改期本月廿日再讯。（标点为编者修订）

1941年3月12日，《申报》刊登了陈三才遗产的具体数目：

江苏上海第一特区地方法院一七五八公告
（声请执管陈三才遗产由）

为公告事：据陈佑之、黄宣平、陈定秀、汤杨锡琳、桑梅丝（Ann Summers）具状声请发给执管遗产证书，略称：已故陈三才（Sarcey T.Chen），江苏昆山县人，于民国二十九年十月二日在南京逝世，遗有：

（一）上海美商北极公司陈三才户普通股第十八号股单，计十一股；第二十号股单，计十股。同上优先股第六二号股单，计四股。

（二）中国通惠机器股份有限公司陈三才户第二号股单，计二十股。

（三）东海影戏院陈三才户第五二号股单，计十股；同上陈定达户第五四号股单，计十股；同上陈偶卿户第五三号股单，计十股。

（四）邓脱摩饭店陈三才户第十九号股单，计十股。

（五）英商永康人寿保险公司陈三才人寿险第一四〇九八七号保单，赔偿金额美金一万二千四百八十二元，除借过美金一千元外，应得赔偿金额美金一万一千四百八十二元。

（六）花旗银行陈三才户存款国币四千四百九十九元六角七分。

（七）大通银行陈三才户存款美金二百零三元零七分。

陈三才于其财产生前立有遗嘱，预定处分方法，并指定声请人等为遗嘱执行人。为此，声请本院对于上开各项遗产发给声请人等执管遗产证书，以便执管及依法处理等情前来。据此，合行公告登报周知。如有对于此项声请持有异议者，限自登报之日起至停登报后二十日内来院声明。若逾期无人声明异议，本院即准发给执管遗产证书。特此公告。（标点为编者修订）

中华民国三十年三月十二日

1941 年 3 月 12 日《申报》报道（截图）

他到底是哪方面的人？

一直以来，陈三才的身份备受人们疑惑与猜测，一位上海滩的商界名流、电气工程专家，怎么会去炸"76号"，又怎么会去暗杀汪精卫？在同学、朋友及同仁的眼中，陈三才优雅多才，乐善好施，与世无争，怎么会牵扯到政治当中，进而失去了生命？陈三才被汪精卫枪杀后，人们对他的身份更是有着浓厚的兴趣与好奇。对于他到底是哪方面的人，众说纷纭。

经梳理，关于陈三才身份的说法大致有三类：第一类，说他是戴笠的下属，是军统局上海站的一名特工或者编外特工；第二类，说他受到共产党人的影响，为共产党做事；第三类，说他无党无派，抗战出自爱国情怀，完全是他的个人行为。

日本"梅机关"主要成员犬养健在《扬子江今天仍在奔流》一书中说，他在与汪伪

"76号"特务机关丁默邨、李士群等人交谈中，得悉北极公司系重庆特工新型的地下活动据点。这个公司的主人陈氏竟是谍报网的地区主任。这个日本人显然是将新上任的军统上海区区长陈恭澍误认为陈三才了。

有一本抗日谍战书中说，陈三才是军统情报人员，配合军统从事锄奸工作。他的这个军统身份是一个叫吴道绅的军统特务出卖给"76号"的。"76号"根据吴的密报，认定陈三才是军统在上海的情报负责人，而且负责军统与公共租界捕房的联络。于是，陈三才被"76号"逮捕了。很明显，此书的作者没看过抗战胜利后审判白俄兄弟陶次沙格尔和陶次波里斯的新闻。陈三才不是被吴道绅出卖的，而是被白俄兄弟出卖的。书中还说，陈三才在"76号"被关了一年多，直到1941年春。显然关押时间也是错误的，就义时间也不对，不是1941年春，而是1940年秋，当时的许多报纸都作了报道。书中还说，由李士群命令第一处万里浪派人将陈三才押赴上海中山北路一撮小丛林里枪杀，地点也不对。

1946年4月，军统局编辑的《先烈史略稿（初辑）》一书是这样介绍陈三才的：

廿八年，得朱世明先生夫人谢韵（文）秋介绍，入本局沪区担任制裁汪逆精卫之工作，不辞艰险，购求线索，事为运用之白俄所泄，不幸被逮，缧绁三月，备受荼毒。

此外，在国民党编纂的《国防部情报局史要汇编》中列出了"本局忠烈同志事迹表"，表中将陈三才列入了军统局上海区行动员的名单。

中国第二历史档案馆研究员马振犊一直关心陈三才申烈一事。经多年研究，他否定了陈三才是军统人员这个说法。在即将出版的《白鹿塬论丛（总第三期）》（周棉主编，中国社会科学出版社）一书中，收录了马振犊先生的文章《刺汪烈士陈三才事迹身份考》。文中对陈三才的身份进行了严谨细致的论证与分析，最终得出结论：军统方面关于陈三才是上海区行动员身份的两处记录都缺少根据，基本属于事后"追认"的自我"贴金"。

还有书中说，北极公司是军统局开办的，是军统的一个联络点。这些说法显然不符合史实，北极公司早在1924年就成立了（军统局正式成立时间为1938年），是在美国领事馆注册的，更不是军统的联络点。

那军统为什么要把陈三才列入当年上海区行动员的名单？我们认为主要有三种可能。一是不了解实际情况，只知其一不知其二。当时上海是沦陷区，受日伪控制，军统上海区的活动是地下活动。笔者在研究这段历史时，发现同时期的军统行动人员对同一件事的回忆也不尽相同；二是他们有意把陈三才的刺汪行动纳入军统局上海区的行动，是给上海区脸上增光。毕竟，陈三才的就义在上层社会引起震动，也得到了重庆政府包括蒋介石的褒扬；三是刺杀汪精卫一直是军统想完成而未完成的任务，一次又一次以失败而告终，并且损失了好几位大员。他们把陈三才列入军统阵营，以此说明刺汪的艰难。

时任军统上海区区长的陈恭澍在《河内汪案始末》一书中写道：

陈三才先生也是戴雨农先生交由"上海区"联络的义务工作人员。尚不只一通电文而已，因其间颇多周折，故戴先生曾多次来电有所指示。我始终没有和陈三才先生见过面，经常与三才先生保持联系的，则指定"上海区"所属的"新一组"负责。"新一组"是一个情报、行动混合编组的单位，素质高，技术水准也优越。同时在于能给予三才先生有力的支援协助。……业余致力于社会福利事业，平时尤关心国家大事。民国二十一年"一·二八"日军侵犯上海，三才先生即结合爱国志士多人，以技术协助我军构筑防卫工事，出钱出力，贡献良多。三才先生是怎样与雨农先生相结识的，我不十分清楚，是否透过某将军的妻滕一位姓田的女士或姓陈的女士所介绍，实在不敢说一定，总之，他们之间的关系是朋友而绝非僚属。三才先生协助本局进行制裁汪精卫的事，完全是义举，也可以说是出于激愤而升华的爱国忠忱。只因三才先生得不到手刃奸佞的机会，所以才不吝财帛的广征线索，以期不负戴先生之付托，进而达成锄奸报国的心愿。

陈恭澍的这篇文章否定了陈三才是军统人员，"绝非僚属"，语气相当肯定。陈恭澍是当事人，他的这个说法应该是可信的。

第二类说法，就是陈三才去了香港，受到了共产党人的影响，回到上海后从事抗日活动。

其实，陈三才在1931年"九一八"事变时就开始关注日本政府对中国的侵略言论及行动，并参与了为东北人民募捐的活动。1932年"一·二八"淞沪抗战时，开始了他的个人抗战史。那时，他是沪上一名电气工程师，以上海联青社社长和中国工程师学会会员的名义，带着一群爱国工程师进入闸北的前沿阵地，帮助中国军队修筑防御工事。1937年全面抗战后，陈三才更是全身心地投入了抗击日伪活动。他前往香港受到一些抗战人士影响，在影响他的这些抗战人士中也许有共产党人。当年国共两党合作抗战开始时，中共中央派遣了张文彬、廖承志等人急赴香港，先后建立中共香港市委、八路军驻香港办事处等组织与机构，中共香港文化工委建立中华全国文艺界协会香港分会等多个文化进步团体，还组织夏衍、茅盾等在港的百余名文化名人开展抗日文化创作，培养和团结了大批进步人士。中共筹划创建的保卫中国同盟广泛开展群众统战工作，通过义卖、义演等活动募集抗日物资，激发香港同胞抗战热情。

这些活动与陈三才个人抗战的行为是一致的，三才在香港完全有可能接触了中共中央派往香港的人员，从而有"最近两月，我得到反省的机会""我相信，将来惟一的幸福是建立在为他人服务的生活上"的说法。受到共产党人的影响是可能的，但陈三才绝不是中共方面的人，也不是受他们影响而去刺杀汪精卫。

第三类说法，陈三才的抗战是出于爱国情怀的个人行为。

陈恭澍在他的回忆文章中说，陈三才的刺汪行动"完全是义举，也可以说是出于激愤而升华的爱国忠忱"。此时陈恭澍的身份是军统上海区区长，如果陈三才是军统在编人员，陈恭澍一定

是知道的。在这篇文章中，陈恭澍肯定了陈三才的刺汪行动是个人行为。

陈三才被绑架后，香港《大公报》报道：

重庆十日中央社电，（陈三才）九日晨由沪西大西路寓所乘自备汽车赴公司时，突被若干持械匪徒跃上，将陈绑架而去，闻现被拘于极司菲尔路某处。陈为上海华籍机械专家领袖，绝无任何政治关系云。

《大公报》说陈三才被绑架"绝无任何政治关系"。陈三才被绑架后，汪伪三号人物周佛海与伪特工总部负责人李士群在派人对他进行调查后，认为陈三才是位无党无派的工程师，而非政界或特工系统的人，其抗战行为不是受重庆政府的指令，而是自发行为。

在雨花台与陈三才同拘一室的马元放在他的《归汉记》中写道：

陈烈士是一位完全技术人才，据他对我说，他在研究发明冷气装置的新设计，已快要完成，今竟功亏一篑，很是可惜！陈烈士在学校毕业以后，并没有担任党务或政治方面职务，这次参加暗杀汪逆工作，完全是基于爱国热忱，虽未成功，但已成仁。他那种纯洁的胸襟、爽朗的性情，使我永久留着深刻的印象。

陈三才的侄子陈华伟在他的回忆录中也说：

三才叔叔不是特务组织的成员，他的行为完全是出于他的良知和爱国热情。

陈华伟代表的是陈三才的家人，他的说法也是可信的。

陈三才的清华同学曾劭恂说：

我们清华庚申级同学七十九人中，对国家具有贡献者，除三才外，尚有在菲律宾任所殉职的杨光泩同学，他当时在我国驻菲大使馆之下任总领事，因日人攻菲而成仁。我原想将三才、光泩两位写成一篇"清华庚申级二烈士传"，一则因光泩的事实未得其详，二则光泩因有官守殉职，而三才以一介平民，不惜牺牲一切为国舍身，其正气磅礴，更应为后人世法。但是最可惜者，他为国捐躯以后，不久抗战就胜利了。

在曾劭恂的观念中，陈三才是一介平民，非官方抗日，更值得人们尊重。

陈三才就义后，总社迁至重庆的仁社接到了上海支社的报告：

陈三才同仁前曾被绑，解往宁垣，近忽被枪决，闻其罪状为政治暗杀，其实陈同仁对于政治向不感兴趣，今乃以此而丧身，实非意料所及，可不悲哉！同仁闻之，均极为之扼腕叹息不止！

陈三才曾是仁社四位负责人之一。仁社称陈三才对政治不感兴趣，是否也认为陈三才暗杀汪精卫是出于个人行为呢？

1941年2月1日，重庆各界纪念陈三才时，《中央日报》在介绍陈三才时说："七七事变起，君慷慨激昂，以报国己任，厥后汪逆附虏，为伪组织于南京，河内烈士狙击未中，君义愤填膺，谓救国当先杀败类，乃集沪上爱国分子，谋再投博浪之锥，不幸事泄被捕。"同日的《新华日报》在介绍陈三才时说："汪贼被河内烈士狙击未中，乃集沪上爱国分子，谋再投博浪锥，不幸事泄被逮。"均说陈三才"乃集沪上爱国分子，谋再投博浪锥"，言下之意，完全是个人行为。

1947年3月12日，清华同学会为了替陈三才雪冤，在《东南日报》《申报》等报纸上登文，要求处两名白俄人以极刑。文章中有一句话是这样写的："当沪市沦陷，为汪组傀儡政府之时，陈氏基于爱国热忱，单人匹马，独谋策划，行刺汪逆精卫。"清华同学也认为陈三才刺汪完全是"单人匹马，独谋策划"的个人行为。

综上，我们认为，陈三才的抗战行动完全属于个人行为。各位怎么看？

行远还生

汪伪特工总部杀人无数，几起大案引起震动，陈三才案是其中一起。陈三才案不仅仅是特工总部的案子，还是汪精卫亲自签署枪决令的重大案件，在汪伪内部也引起了争议。

陈三才在南京就义后，纪念他的活动一直不定期地举办。最大的追悼活动是1942年2月1日在陪都重庆举行的追悼会。这天是陈三才遗体安葬于上海万国公墓一周年的日子，主办方特意选在这天为三才举办沉痛肃穆的追悼会。这次纪念活动由中国工程师学会、清华同学会以及梅贻琦、黄炎培、顾毓琇、吴国桢、陈立夫等41人发起，会址就选在夫子池新运模范区忠义堂。

1942年1月28日的《中央日报》对这次纪念活动的筹备作了详细的报道。题为《渝各界筹备追悼陈三才 谋刺汪逆事泄遇害》，报道如下：

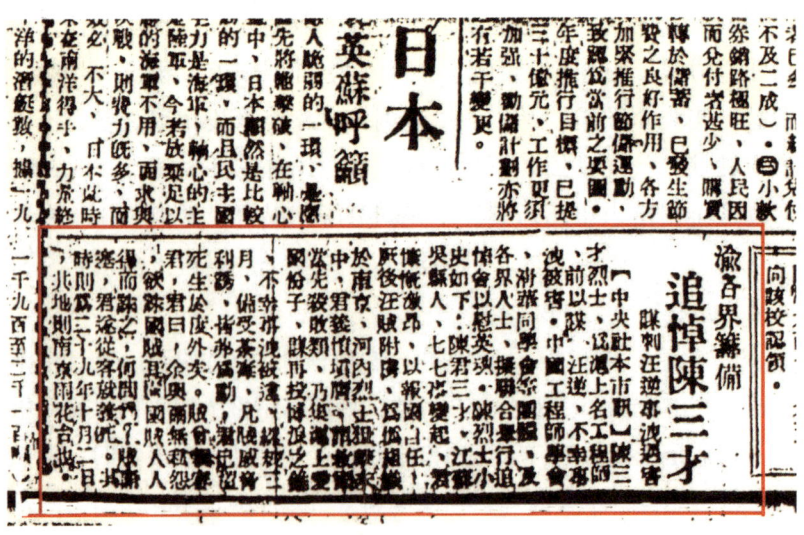

1942年1月28日《中央日报》报道（截图）

（中央社本市讯）陈三才烈士，为沪上名工程师，前以谋刺汪逆，不幸事泄被害。中国工程师学会、清华同学会等团体，及各界人士，拟联合举行追悼会以慰英魂。

陈烈士小史如下：陈君三才，江苏吴县人，七七事变起，君慷慨激昂，以报国己任，厥后汪逆附房，为伪组织于南京，河内烈士狙击未中，君义愤填膺，谓救国当先杀败类，乃集沪上爱国分子，谋再投博浪之锥，不幸事泄被捕，经押三月，备受荼毒，凡贼威胁利诱，皆弗为动，君已置生死于度外矣。贼曾亲审君，君曰，余与尔无私怨，欲诛国贼耳，国贼人人得而诛之，何问为？贼语塞，君遂从容就义死。其时则为二十九年十月二日，其地则为南京雨花台也。

同日，《新华日报》也作了题为《渝各界筹备 追悼陈三才》的报道，内容如下：

（中央社讯）陈三才烈士为沪上名工程师，前以谋刺汪逆不幸事泄被害。中国工程师学会、清华同学会等团体，及各界人士，拟联合举行追悼会。

按陈烈士江苏吴县人，曾肄业清华大学，后留美乌斯脱大学习电机科。一二八之役，烈士以技术助抗日军种种工事设备，后秘密参加沪上救亡工作。汪贼被河内烈士狙击未中，乃集沪上爱国份子，谋再投博浪锥，不幸事泄被逮，贼亲审时，烈士曾曰余与尔无私怨，欲诛国贼耳。遂从容就义，时二十九年十月二日，其地则南京雨花台也，年三十有九。

1942年1月28日《新华日报》报道

第二天，即 1942 年 1 月 29 日，《中央日报》又报：

陈三才烈士追悼会：烈士陈三才竟因谋刺国贼不幸在沪被执，于廿九年十月二日壮殉国。同仁等为表彰忠勇，宣扬节爱，定于二月一日上午十时，在夫子池新运模范区忠义堂举行追悼大会，盼各界人士莅临参加，同申哀思。如蒙赐哀挽文字，请交模范区代收为荷。

发起人：中国工程师学会、清华同学会、联青社

王化成	王文山	王祖廉	王慎名	王国华	石志仁	朱一成
何浩石	吴保丰	吴敬恒	吴国桢	杜镇远	李惟果	侯家源
徐恩曾	胡博润	韦以诚	吴 伦	翁文灏	高惜冰	张一麐
梁寒操	梅贻琦	凌鸿勋	陈立夫	曾养甫	黄仁霖	黄炎培
叶楚伧	赵敬恒	刘攻芸	刘师舜	刘驭万	欧元怀	潘光迥
蒋廷黻	蒋梦麟	霍亚民	戴自牧	顾毓琇	顾毓瑔	

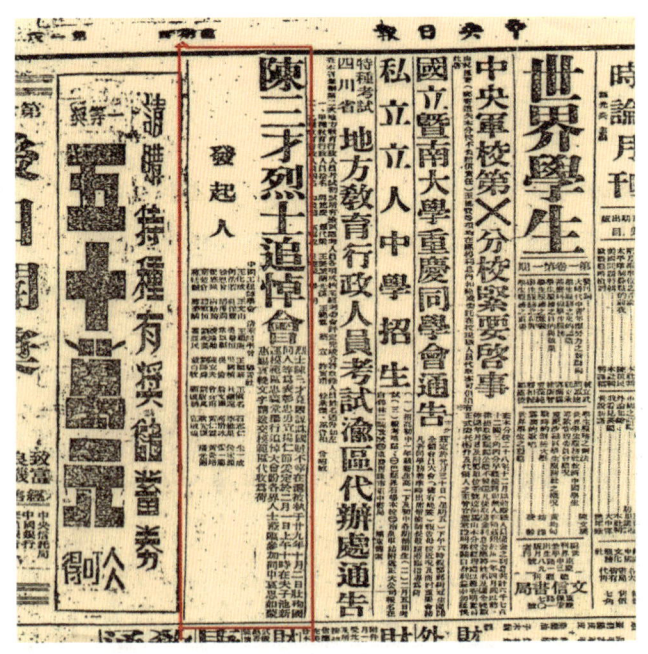

1942 年 1 月 29 日《中央日报》报道（截图）

这41位发起人中包括当时在重庆的名流及一些政府官员。

1942年2月1日，重庆夫子池新运模范区忠义堂内如期举行了社会各界人士隆重追悼陈三才烈士的大会。参加人数有二百余人，多为陈三才的学友与同志。大家怀有一颗诚挚而愤激的心，在悲壮严肃的氛围中纪念陈三才精神长存。

时任国民政府军事委员会委员长、中国战区最高统帅的蒋介石为陈三才题写的"烈并常山"横挽悬挂在祭堂中央陈三才遗像的上方；副委员长冯玉祥致送的挽联悬挂在陈三才遗像的两侧；叶楚伧、朱家骅、陈立夫、蒋廷黻、翁文灏、谷正纲、何浩若、张一麐、黄炎培等诸位先生均送了挽词；到会的名流及各位好友赠送的花圈、挽联两百余件摆满了追悼大厅。

10点整，追悼会开始。

追悼会主办方邀请张一麐主祭，冯玉祥、吴国桢等陪祭。

张一麐也是苏州人，与陈三才同乡，曾为北洋政府教育总长，因不满袁世凯称帝而辞职归乡，转为带有实业思想的新式知识分子。1937年抗日战争全面爆发后，张一麐力主抗日，并从事抗日宣传工作，激发民众爱国热情。1938年底，汪精卫逃离重庆发表"艳电"，公开叛国投敌后，张一麐作为苏州士绅的领袖，对新闻界发表

张一麐

了讲话，对汪精卫的可耻行径进行了强烈的抨击，并提出了"肃清汪逆余毒""发动沦陷区民众"、派大员到沦陷区"宣抚敌寇麻醉下的民众"等三条解决汪逆的具体办法。他痛斥了汪精卫集团的卖国罪行，要求"查究主名，宣示全国，以明是非黑白，庶纲纪肃然"。作为政坛耆宿，张一麐一度与马相伯等筹办老子军，欲与日军以老命相搏。他对苏州小老乡陈三才的抗战事迹崇敬有加，主办方邀他作为主祭再合适不过。

张一麐宣读祭文后，在《归来战士》的哀乐中，许多人拿出

了手帕，擦拭着满是泪水的脸颊。刘驭万先生报告了陈三才生前的事迹，并朗诵了三才的遗信。他说："这封信就是陈烈士死难前由狱中连同遗嘱一并秘密转送给一个朋友的。信中述说被绑架以后的经过情形。汪逆及其狐群狗党，对他时而威胁，时而利诱，不知道有若干次，怎奈陈烈士始终持节不屈，于是情形便极端恶化起来。为什么会恶化呢？拿陈烈士自己的话来说，就是'我不愿做他们让我做的事'。终于，陈烈士骂贼殉难，血溅雨花台，追随明代的方孝孺，并效古今双忠。……"刘驭万最后说："陈烈士名三才，诚然，他是无愧于天、地、人的！"

"三才"出自《易经》，指的是天、地、人，想必陈三才的父亲给他取的这个名字是想让他高扬"三才之道"。正如刘驭万所说，三才无愧于天、地、人。

黄炎培先生在追悼会上朗诵了他在前一晚为陈三才撰写的悼诗：

> 书生作贼贼计滋益凶，
> 书生杀贼杀术或未工。
> 金风剪剪鸣秋淞，
> 白郎林袖藏龙钟。
> 左手捉其腕，
> 右手指其胸。
> 一击不中隳全功，
> 壮哉三才人中龙。
> 负笈万里重洋通，
> 百工有学君是宗。
> 余泽既及千儿童，
> 大义咸奋冠发冲。
> 谨厚亦复心理同，
> 呜乎汉贼不两立。
> 敌我不两容，
> 请读虏廷侃侃君亲供。

人憎柔靡三吴风，
从此乡耻雪鬫茸。
民纪廿九秋涉冬，
雨花台血翻天红。
呜乎杀贼不成兮，
君当为鬼雄。

接着是冯玉祥的讲演，他简单致辞之后，谦逊地说：我素来不会讲话，今天为陈烈士写了一首《丘八诗》来读一读：陈三才，大烈士！陈三才，大英雄！不爱钱，不要命！为国家的独立，为民族的复兴，誓杀奸贼汪精卫，绝不为私只为公！博浪一击，抱定牺牲，真是最好的模范！芬芳万古，永世留名！我为了国家损失而悲痛，也为了国家有人而死！我们在这里向你三鞠躬！很盼望因为你的死，把全中国人心感动！如今是，我们笃信一定有许多志士像陈烈士一样的忠义血性男儿前往前线，再接再厉！国贼汪精卫的死期已不远了！

随着冯玉祥讲演完毕，这场追悼会就此结束。

重庆各界为陈三才举行追悼会的消息，由中央社报道，《中央日报》《新华日报》《大公报》等重要报刊纷纷刊登转发。追悼会的第二天，即1942年2月2日，《新华日报》刊登题为《刺逆未成身先死 陪都哀悼陈三才》的报道：

（本报讯）烈士陈三才谋刺汪逆，事泄被害，已历年余。中国工程师学会、清华同学会、联青社，及其友好张一麐、冯玉祥、翁文灏、吴国桢、梁寒操等，特发起于昨（一日）假夫子池新运服务所，举行纪念会。由张一麐主祭，冯玉祥、吴国桢等陪祭。祭毕，由烈士同级同学某君报告生平事迹及殉难经过，略谓烈士在校时，即为才学冠侪辈之一人，后赴美国留学，在电工方面造诣极深。烈士本为不问政治之人，但八一三战起，即纠合工程界同志协助上海抗战，后以汪逆卖国，遂愤而谋诛此奸逆，不幸事泄被害。烈士在狱时，曾托友人捎出遗书，备道奸逆威迫利诱之

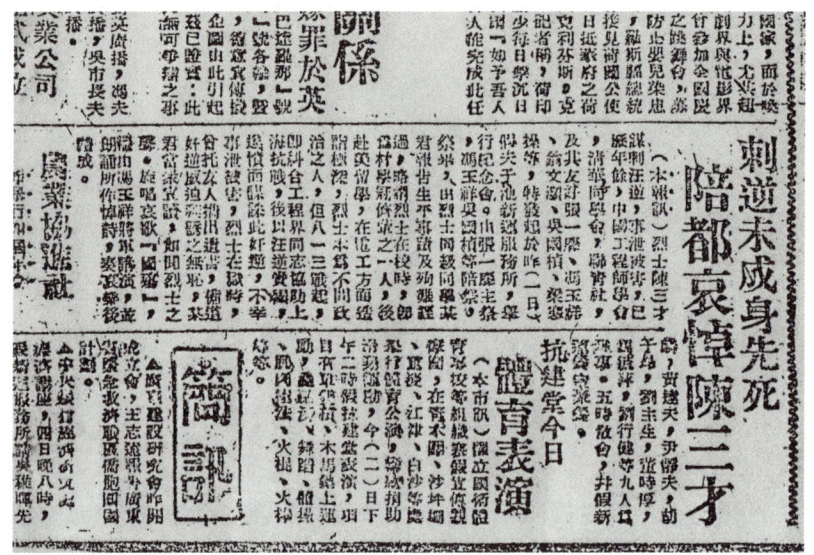

1942年2月2日《新华日报》报道（截图）

无耻。某君当众宣读，如闻烈士之声，旋唱哀歌（国殇），继由冯玉祥将军讲演，并朗诵所作悼诗，奏哀乐后礼成。

清华大学校长梅贻琦在参加完陈三才的追悼会后，又在《清华校友通讯》上发表了《表扬忠烈——校友陈三才君为国牺牲》一文：

在抗战期中，本校校友以身殉国，死事之烈，若沪上之陈三才，赣北之姚明达，缅甸之齐学启，皆足名垂青史，实亦母校之光，将来拟于清华水木之间勒碑纪念，或更编印纪念册，以资流传。最后尚有一事，虽至可悲，不得不向校友诸君报告者，即校友陈三才君之殉国是。陈君以前年殉国，然因真相未明，不及于去年报告中及之。一二八之役，以及八一三沪战开始

任清华大学校长时的梅贻琦先生

后,参加救援工作不遗余力,及汪逆叛国,设伪政权于南京,陈君在沪上以为巨奸苟除,群丑自败,遂决心图谋暗杀,不幸机密泄漏,功败垂成,卒至以身殉国。陈君于民国廿九年七月初旬,被汪逆党羽绑赴南京,备受刑毒后,于十月二日被汪逆枪杀南京雨花台。陈君殉国之经过大要如此。我校校友于抗战期内杀身成仁者,以陈君为最著亦以陈君为最惨,今后应如何于文字上及事业上纪念陈君,永垂久远,一部分校友正在筹划中。

此后,悼念陈三才的诗词、文章屡见报刊,纪念活动也断断续续地在进行。

陈三才就义五周年,即1945年10月2日,联青社、仁社、中国通惠机器公司、北极公司共同发起,在上海贝当路(今衡山路)53号国际礼拜堂举行了陈三才烈士追悼会。当时,陈三才的侄子陈华焕先生刚刚从光华大学毕业,正在上海,也参加了这次追悼会。陆宜泰先生拜访陈华焕时,陈华焕还记得当时悼念的情况。

追悼会在下午4点半开始。人们走进追悼会现场,迎面就看到一幅陈三才身着西装、面带微笑的清秀照片,照片上方是何应钦(时任国民政府军事委员会参谋总长、中国陆军总司令)题写的"陈烈士三才遗像"。顾毓琇、李惟果、邵家麟、李元信诸位先生为三才致悼词,虽然三才离开大家已经5年,但他们讲到悲愤处,还是令在场的人潸然泪下。此时的顾毓琇先生兼任上海市教育局局长,他把陈三才的抗战事迹选入了上海市中小学语文教材。顾毓琇一生都没有忘记他

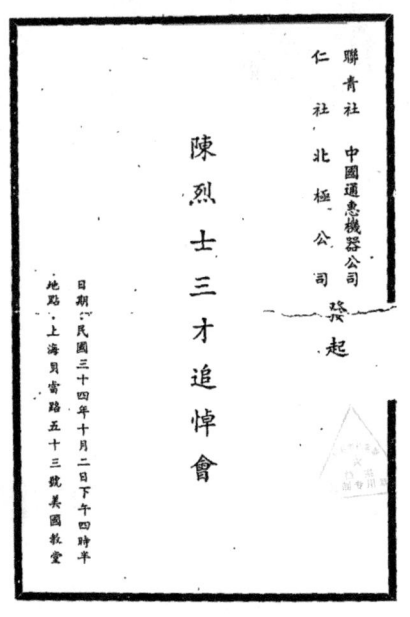

1945年,陈三才就义五周年追悼会通知

上海贝当路（今衡山路）53号国际礼拜堂外景

陈三才就义五周年追悼会　何应钦题字

的同学、好友陈三才，在美国定居时还写过一首题为《陈三才》的诗。

陆梅僧先生、黄宣平先生、汤杨锡琳女士行述。陈佑之先生作为家属致谢词。追悼会上，有琴师奏乐、丁光训牧师祈祷、唱诗班唱诗。在全体人员的唱诗声和祝福声中，追悼活动宣告结束。

参加这次追悼会的一位叫张美棣的先生或女士，从教堂回去后，无处话凄凉，铺开纸张，写了一篇《从美国教堂归来——悼陈三才烈士五周年》的文章。从这篇文章中，可以知道当时悼念陈三才的情景：

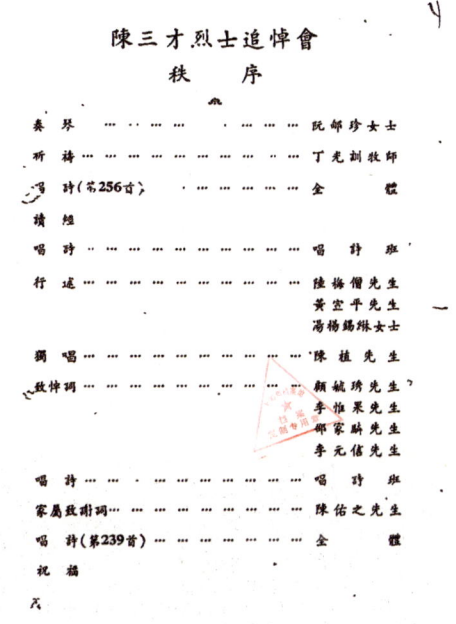

陈三才追悼会秩序表

　　秋天，是够萧条的了，再加上凄风苦雨，去赴一个伟大烈士陈三才先生的追悼会，更觉得一颗心非常悲痛。踏进美国教堂，庄严肃穆的会堂，已挤满了中外来宾，首先映入眼帘的是何应钦总司令题的纪念册，神采奕奕的烈士遗像，令人肃然起敬。……烈士生前待人可以说是和蔼可亲，我第一次看到他是在一九三七年春天，国际联青社在南京联欢社举行年会，记得那时我们同住励志社的。

　　在追悼会中，行述与悼词由陆梅僧、黄宣平、顾毓琇、李惟果、李元信诸先生担任，讲到悲愤处，令人凄然泪下！尤其是黄宣平宣读烈士由南京狱中寄他的一封英文信，表明他的心迹，更值得吾人敬仰。威武不能屈，烈士可以风矣！夜色茫茫中，我踏上归途，仿佛脑海中映着浩然正气四个字，虽然烈士已是长眠地下了！

　　这篇文章于10月7日刊登在《立报》上。10月20日，著名作家郑振铎先生在《周报》第七期上发表了散文《记陈三才》，文中盛赞陈三才是上海汪伪统治时期"孤岛"中的"砥柱人物"。

　　家乡民众早在抗战胜利后就为陈三才建立了纪念塔。1946年

11月23日,《苏州明报》刊载文章《陈墓各界筹款建塔》,内容如下:

> 吴昆陈墓镇地方人士因忆念烈士陈三才先生之忠魂起见,特于日前由昆山陈墓镇中心国民学校朱校长及徐进初、陆调梅先生等发起,筹款募建陈烈士纪念塔,一俟经费筹集成数,即日兴建,希望与陈烈士生前有关系人士,慷慨解囊,俾便早日完成,永垂纪念。

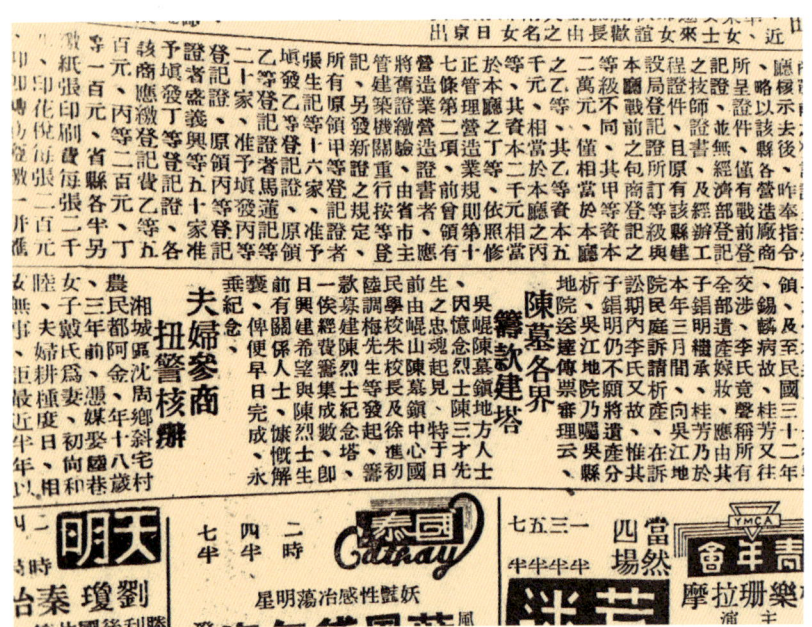

1946年11月23日《苏州明报》关于筹款建塔的报道(截图)

1947年1月1日,陈三才的故乡昆山县政府在中山堂隆重举行忠烈入祠大典,昆山中学校园内修建了"忠烈祠",并立碑公祭。当地报纸详细记录了实况:

忠烈入祠典礼，定今日上午十时于庆祝大会后举行，核定入祠忠烈计陈三才等二十三位。入祠行列如下：一、横额，二、驻军宪兵，三、鼓手，四、烈士神位亭，五、烈士家属，六、细乐队，七、参议会及党团，八、县政府及所属各机关，九、农工商渔教育自由职业团体，十、各学校代表，十一、警察及保安队。其经由路线：由中山堂大门出发，经新县前宣化坊，右折入中大街至老县前，经县西边百花街，过半山桥向西走西塘街入忠烈祠。入祠典礼举行时，由沈县长亲临主祭，各忠烈遗族，亦已由筹备会邀请出席观礼。

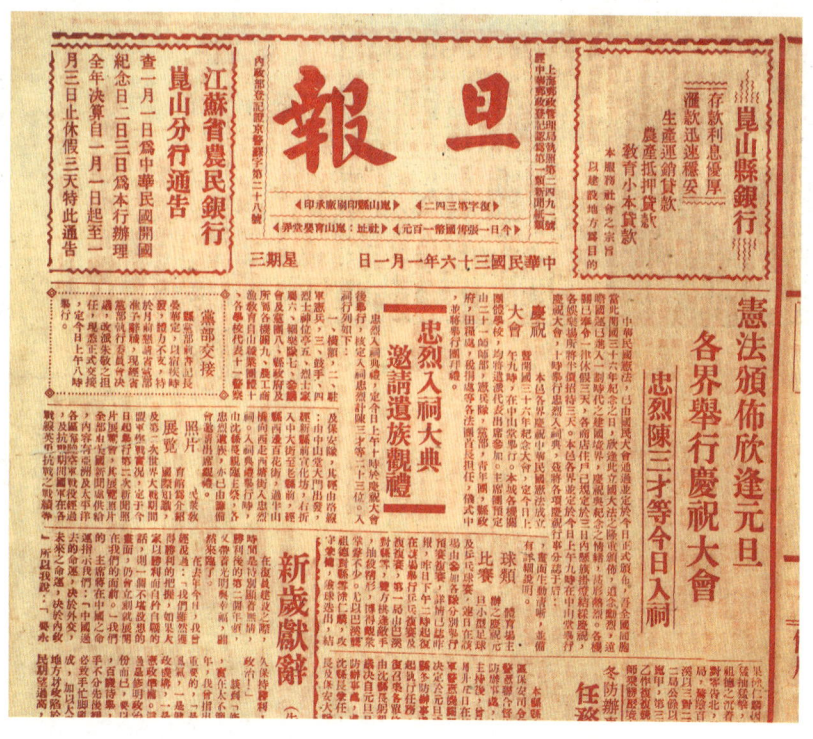

1947年1月1日昆山《旦报》公告忠烈入祠

陈三才的英名经由《新华日报》《中央日报》《申报》《旦报》《秋海棠》等报刊，流传于神州大地。

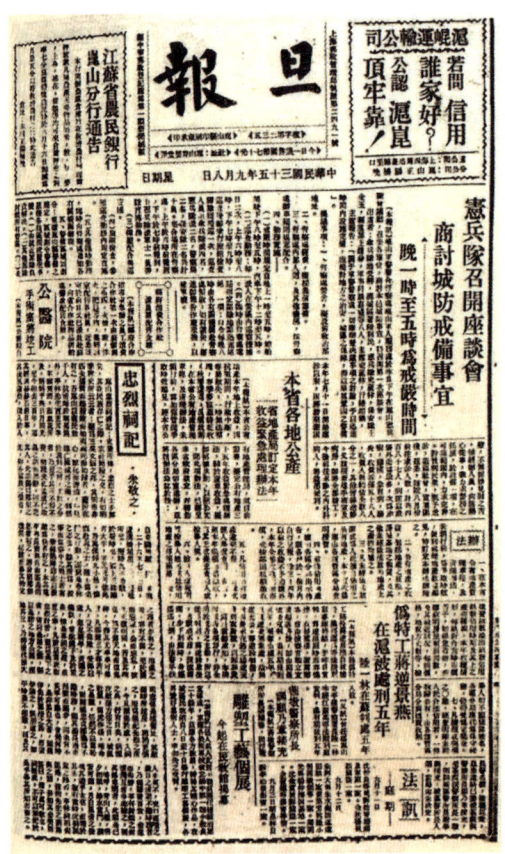

1946年9月8日，昆山《旦报》载忠烈祠记

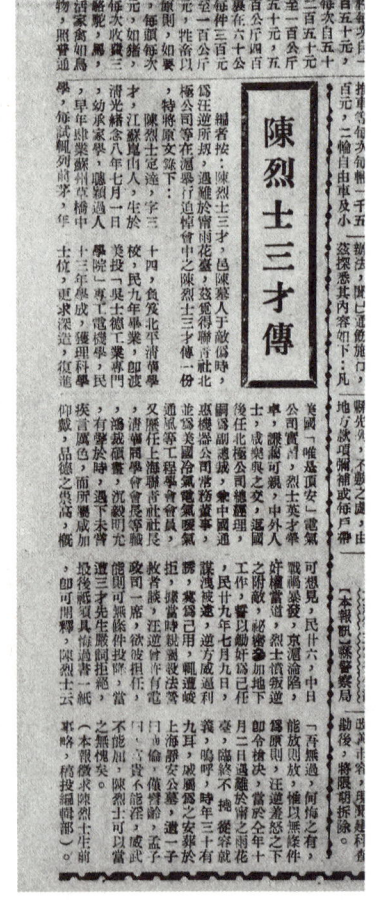

1946年9月12日昆山《旦报》载陈三才传（截图）

1946年第四期《秋海棠》封面

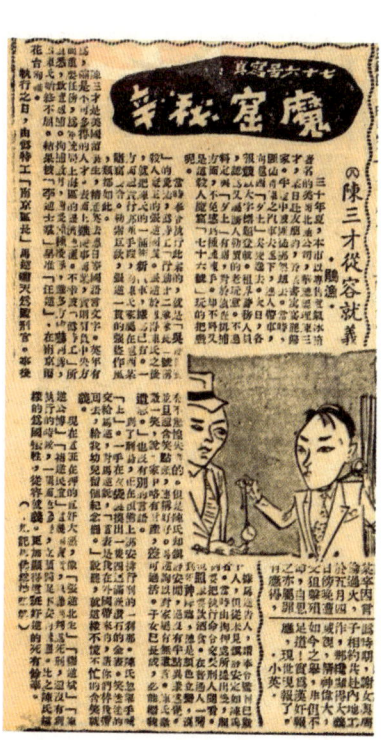

1947年1月6日《申报》忠烈祠相关报道（截图）　　《秋海棠》刊载陈三才事迹

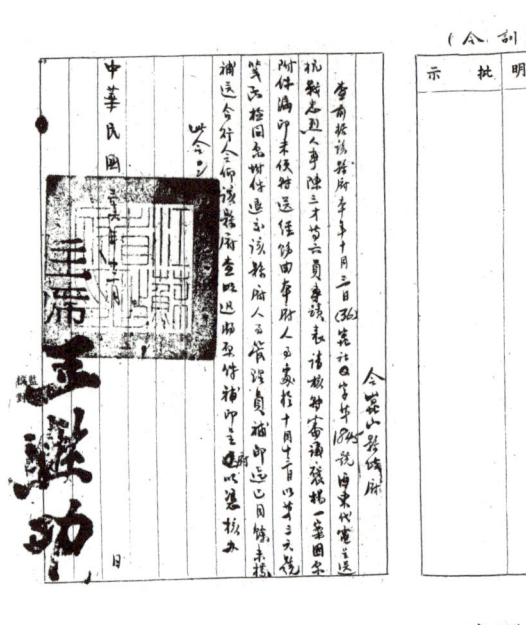

1947年12月江苏省政府与昆山县政府申报陈三才等为忠烈的来往公文

陈三才的母校伍斯特理工大学也没有忘记他。大学图书馆的阿瑟·卡尔森在给陆宜泰先生的信中称陈三才为英雄人物，信中说："陈三才先生同时也是我校最珍贵及最有成就的校友之一，毕业于1924年。陈先生多年来深受教授们和同学们的喜爱。1924年的一篇关于陈三才先生的校刊报道中，大家都称他是学府里首屈一指的文武双全的学员。"

2012年2月，伍斯特理工大学为纪念本校1924级优秀毕业生、中国抗日烈士陈三才诞辰110周年，举行纪念活动。在伍斯特理工大学教中国现代政治史的詹妮弗·鲁道夫教授上台向大家介绍了陈三才烈士的生平。学校还特地举行陈三才烈士生平事迹报告会暨《陈三才传记》（*Biography of Sarcey Chen*）首发式。

伍斯特理工大学出版的《陈三才传记》扉页

詹妮弗·鲁道夫教授向大家介绍陈三才生平

追 凶

各位还记得出卖陈三才的白俄人陶次沙格尔和陶次波里斯兄弟吗？陶次沙格尔跑到"76号"出卖了陈三才后，并未被军统惩办，在人们的视线中消失了几年，直到抗战胜利后才被秋后算账。

当然，抗战胜利后，大大小小的汉奸皆受到审判。最大的汉奸汪精卫5次遭暗杀皆失败，但他最终还是死于暗杀。1944年11月10日，汪精卫因1935年孙凤鸣射入其背部的那粒子弹弹头的铅毒渗入脊椎骨髓引发并发症而死于日本名古屋帝国大学附属医院。李士群被日本人毒死。他们都逃过了战后的审判。两个白俄人意识到大事不好，就躲藏了起来。1946年初，这对白俄兄弟被抓捕归案，押往南京，于7月在高院接受审讯。白俄兄弟不认罪，请来律师为他们百般狡赖辩护，与陈三才同时被绑架的汤恢宇也来到法庭作证。据当时的报载，陈三才被绑架的那天，汤恢宇也坐在车上，两人一同被带进"76号"。当天，汤恢宇就被审讯。审讯时，汤恢宇听特工说，此事是一个白俄人来"76号"密报的。汤恢宇被释放后，曾报请工部局将陶次沙格尔拘捕，拘捕后被监禁于静安寺捕房。因受到"76号"的压力，不久后工部局把白俄人释放了，但工部局人员为陶次拍下了一张照片。于是，汤恢宇拿着当年拍的这张照片当庭指证两个白俄人犯下的罪行。7月12日的《申报》作了报道：

残杀志士两凶手　罗宋密探昨受审

俄人道氏陶次两兄弟，在敌伪时期充任七十六号密探，廿九年七月率领特工第二大队捕捉我爱国志士陈三才，送往南京，不久即被杀害。昨日在高院审讯时，由陈之同志汤恢宇到庭指证无误，并称：当时机枪扫射大美晚报及农民银行炸弹案等恐怖事件，该两俄人皆参与。但被告皆矢口否认，该案展期再讯。

殘殺志士兩兇手

羅宋密探昨受審

俄人道氏陶次陶兄弟，在敵偽時期充任七十六號密探，廿九年七月率領特工第二大隊捕捉我愛國志士陳三才，送往南京，不久即被殺害。昨日在高院審訊時，由陳之同志湯俠宇到庭指證無誤。並稱：當時機槍掃射大美晚報及農民銀行炸彈案等恐怖事件，該兩俄人皆參與。但被告皆矢口否認，該案展期再訊。

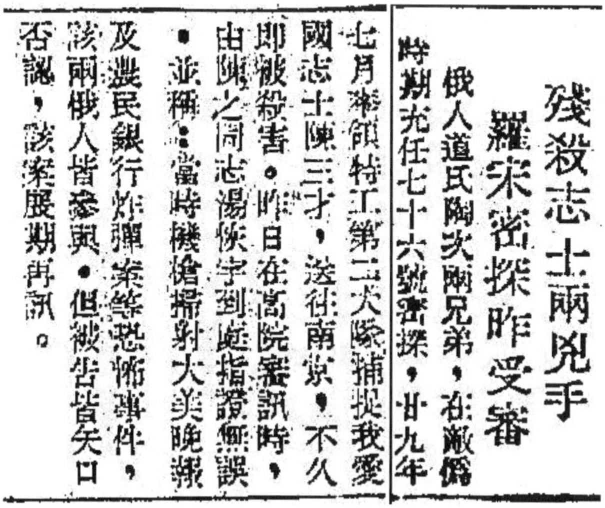

1946 年 7 月 12 日《申报》报道（截图）

8 月 9 日《申报》再报：

……（四）范日新将我地下工作人员陈三才之行踪报告“七十六号”，白俄情报员陶氏道次，陈卒为所害，昨提陶氏道次当庭与范对质，皆矢口否认，并称素不相识，以上各案均展期再讯。

本月十五日上午九時半宣判。

毛鐵梅等，發回更審

同日審理多案：(一)漢奸偽南京警察廳督察偽政治保衛局情報員毛鐵梅，(二)敵偽情報員張根榮，前被判刑八年，經上訴申請覆判，發還更審，(三)敵江灣憲兵隊司令部翻譯方應[illegible]，前被判有期徒刑十二年，上訴發還更審，(四)范日新將我地下工作人員陳三才之行蹤報告「七十六號」白俄情報員陶氏道次，陳卒為所害，昨提陶氏道次當庭與范對質，皆矢口否認，並稱素不相識，以上各案均展期再訊。

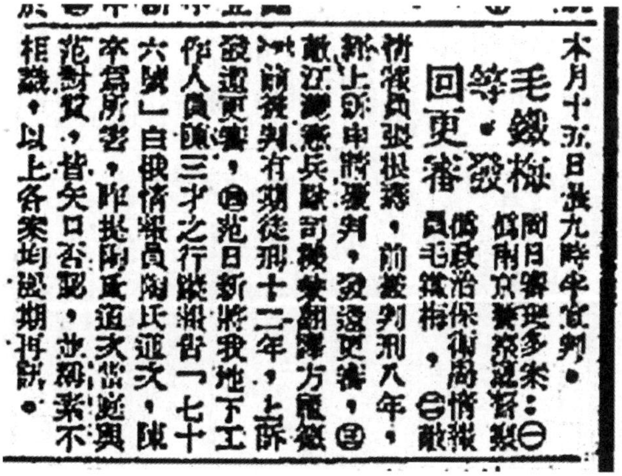

1946 年 8 月 9 日《申报》再报道（截图）

伪特工总部充任情报员的邮差范日新,也因密报陈三才及其他地下工作人员,经开庭审讯后被羁押,但其始终矢口否认。8月,范日新终因查无实据,被宣告无罪释放。

在经过三度审讯后,法院准备于1947年3月宣判。清华大学同学会、上海联青社等知悉审判情况后纷纷上书高院,以事实俱在为由,要求法院对两凶犯处以极刑。《东南日报》以标题为《清华同学会为陈三才雪冤 要求处二白俄间谍以极刑》,《前线日报》以标题为《清华同学为陈三才鸣冤》,《申报》以标题为《陈三才杀身成仁 请处两白俄极刑 清华同学会上书鸣冤》,于1947年3月12日同日作了报道:

> 北极公司前总经理陈三才氏,生前历任上海联青社社长,上海清华同学会会长,当沪市沦陷,陈氏激于爱国热忱,策划行刺汪逆精卫,当时曾与两白俄陶次沙格尔及陶次波里斯兄弟预谋进行,不料为两白俄所卖,旋即成仁,最近两白俄始经捕获,解送法院。本市清华大学同学会董监事,及上海联青社全体社员,已分别上书,请求法院对两白俄凶犯处以极刑,为陈烈士雪冤。

遗憾的是,清华大学同学会与上海联青社的呼吁没有成功。陶次沙格尔于1947年3月15日以通谋敌国罪被判处有期徒刑15年。

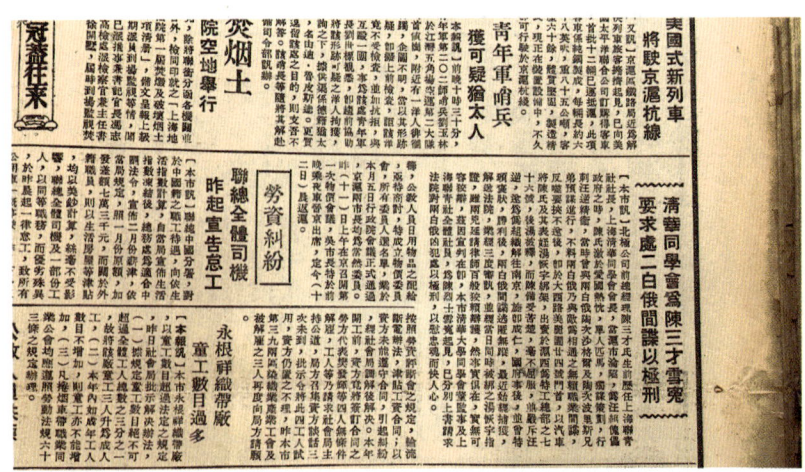

《东南日报》报道

清华同学 为陈三才鸣冤

[本市讯] 北极公司前总经理陈三才氏，生前历任上海联青社社长，清华同学会会长，当沦陷时期，陈氏激于爱国热忱，策划行刺汪逆精卫，当时曾与两白俄陶次沙格尔及波里斯兄弟预谋进行，不料为两白俄所卖，反遭松木不逞，以汽车运至芙蓉里廿八号凶首，即两白俄陶次沙格尔及波里斯兄弟预谋进行，不料为两白俄所卖，旋即成仁，最近两白俄始经捕获，解送法院。本市清华大学同学会筹备处，及其他各社全体社员，为陈烈士鸣冤起见，已分别上书，请求法院对两白俄凶犯处以极刑，以慰忠魂而快人心。

《前线日报》报道

陈三才杀身成仁 请处两白俄极刑

清华同学会上书鸣冤

北极公司前总经理陈三才氏，生前历任上海联青社社长，上海清华同学会会长，当沦陷时期，陈氏激于爱国热忱，策划行刺汪逆精卫，当时曾与两白俄陶次沙格尔及波里斯兄弟预谋进行，不料为两白俄所卖，旋即成仁。本市清华大学同学会筹备处，及上海联青社全体社员，已分别上书，请求法院对两白俄凶犯处以极刑，为陈烈士鸣冤。

1947年3月12日《申报》报道（截图）

陈三才殉难案 谋刺汪逆不成

白俄密告人 判刑十五年

[本报讯] 前北极公司总经理陈三才，抗战期间在沪担任地下工作，因计划谋刺汪逆兆铭，事机不密，被白俄陶次出卖，被捕后在京牺牲。胜利后该白俄当局陶次被捕获，清华同学会等迭请予以严惩。兹悉：陶次已于本月十五日由高院判处徒刑十五年。披露此事全系白俄陶次所暗害，故出卖陈等密谋行刺汪逆，当时与谋计划行刺汪逆人员陶次等聚赌额数项，发现出卖真象，十六号之陶次寓所在大西路美丽新村，当时被捕获护送将军廿九年七月中所谓"歹土"区域内。陶次引领伪方人员将陈捕去，解送南京。汪逆初尚不拟加害，但陈不为所动。后汪逆再度迁怒于陈，于该年十月二日绑赴雨花台枪决。当陈被捕之时，其友朱桧宇亦一并被

伪罪特工 两被害

呂工证状 告发

1947年3月20日《申报》报道（截图）

跋

终成英烈

2001年4月29日,北京,春雨绵绵不绝地飘洒在大地上,如丝般的雨水把多日夹杂着沙尘的空气洗得清爽而新鲜,花草的芬芳弥漫在清华园内。清华大学建校90周年校庆如期而至。会场外,错落有致的雨伞犹如荷塘中开出的莲花,惊艳了走进会场的嘉宾,温柔了清华的岁月。

校庆庆典在新落成的清华大学综合体育中心举行。会场内鲜花盛开,乐声悠扬。江泽民等国家领导人出席了庆典大会;清华师生、校友及各界人士6000余人参加了庆典,包括台湾地区新竹的清华人,92岁的费孝通先生也来到了会场。在此之前,费老在得知陈三才的名字被增添到清华英烈纪念碑上时,欣然题写了"陈三才烈士纪念馆"匾额,寄往昆山。

时任中共中央总书记、国家主席江泽民代表党中央、国务院在大会上发表讲话,他说:"清华大学有着光荣的历史,涌现了许多可歌可泣的杰出人物……"这些可歌可泣的杰出人物当中,当然也包括陈三才。

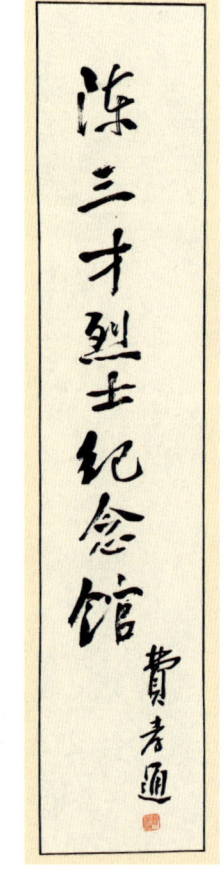

费孝通题馆名

一部分可歌可泣的杰出人物被刻在了清华英烈纪念碑上。此碑建于1989年9月25日中华人民共和国成立40周年之际，坐落于水木清华的北山之阴。纪念碑高约两米，正面镶着"祖国儿女 清华英烈"8个铜铸大字，背面镌刻着"在抗日战争和解放战争时期献身的清华英烈永垂不朽"以及23位清华英烈的英名。

这23位英烈是：杨光泩、闻一多、阎裕昌、沈崇诲、张甲洲、孙世实、纪毓秀、彭国珩、熊大缜、袁永懿、陶守文、齐振铎、凌松如、李冠英、黄诚、杨学诚、钱泽球、刘国鋕、齐亮、荣世正、钟泉周、潘琰、李鲁连。

清华英烈纪念碑全景（2001年4月重建）

在庆祝清华大学90周年校庆之前，清华大学对英烈碑进行了修葺，碑石下修建了基座和追思台，将原来碑石背面的碑文移至基座正面的大理石上，改为"在民族独立和人民解放斗争中献身的清华英烈永垂不朽"。在1994年增加的16位烈士的基础上又增加了4位英烈，其中一位就是陈定达（陈三才）烈士，实现了清华大学校长梅贻琦早在1942年的愿望——陈三才"足名垂青史，实亦母校之光，将来拟于清华水木之间勒碑纪念，或更编印纪念册，以资流传"。

位于纪念碑第一位的杨光泩与陈三才同年赴美留学。抗战时，

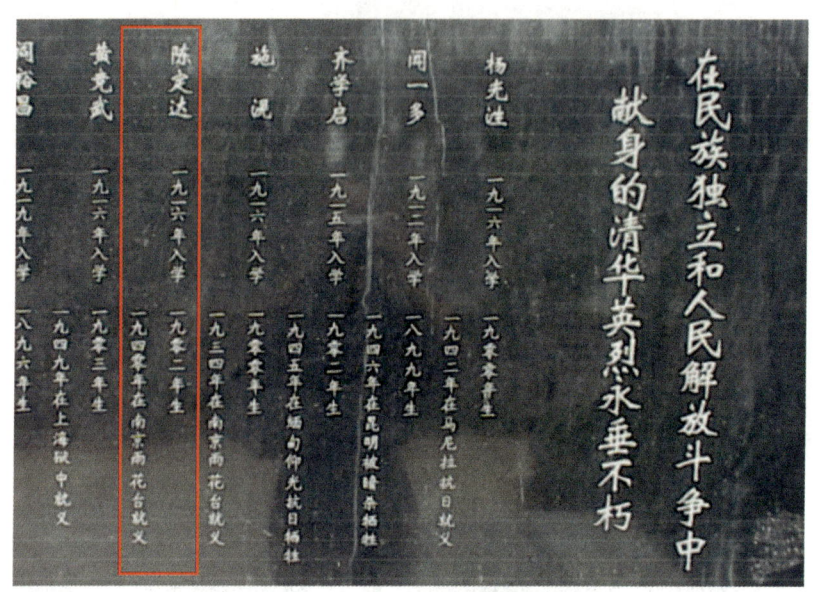

清华英烈纪念碑

杨光泩出任中国驻菲律宾马尼拉总领事馆总领事。太平洋战争爆发后,菲律宾首府马尼拉陷于日军的包围中。杨光泩在形势严峻的情况下决定放弃撤离,坚守岗位,并宣布:"身为外交官员,应负保侨重责,未奉命令之前,绝不擅离职守。"

1942年1月2日清晨,马尼拉沦陷,日本宪兵逮捕了杨光泩等8名外交官。当日,日本驻马尼拉副领事木原太次郎约见了杨光泩,宣称日本政府不承认重庆政权,要求中国驻马尼拉总领事馆承认汪伪政权,否则将被剥夺外交豁免权,人身安全亦不受保障。杨光泩当即拒绝了日方的要求。日军遂将他们软禁于菲律宾大学美术学院。不久后,日军得悉领事馆烧毁了各种爱国捐款存据、救国公债登记表及其他重要文件,并参与领导过马尼拉华侨的抗战捐款活动,便要求他们在3个月内为日军募集2400万菲律宾币,并组织新华侨协会与占领当局合作,杨光泩又一次严词拒绝了。日军见此事不成,又逼迫他说出滞留在马尼拉海关的一船法币的去向,杨光泩还是拒绝。当日军知道满载法币的船被烧毁后,于1942年4月17日悍然践踏国际公约,将杨光泩等8名外交官秘密枪杀于华侨义山的东南草洼地。

杨光泩生前是陈三才的好友,二人在抗日救国的理念与行动上是一致的。1929年9月8日,杨光泩与上海名媛严幼韵在上海大华饭店举办盛大的婚礼,陈三才亦前往祝贺。陆宜泰先生听说陈三才在这场婚礼上还留下一张与新郎新娘的合影,立即设法寻找这张照片。经过一波三折,最后通过美国驻华大使馆人员的帮助,查到杨光泩女儿杨雪兰的联系方式,又通过杨雪兰联系上了居住在上海的杨雪兰的表妹、严幼韵的外甥女徐景灿女士。陆宜泰在徐景灿处得到陈三才的这张珍贵照片时,距寻找起始已过去一年多。尽管寻找过程跌宕起伏,结果还是圆满的。此时,清华大学校史馆正在征集清华英烈的资料,校史馆人员托陆宜泰向杨光泩亲属征集烈士的遗物与照片。受清华大学的嘱托,陆宜泰坚持8年做杨光泩亲属的思想工作,终于在2023年7月13日,从徐景灿家中征集到一批杨光泩烈士鲜为人知的资料。清华大学校史馆的丰富史料,也有陆宜泰的一份功绩。

陈三才(左一)在杨光泩与严幼韵的婚礼上

如今，杨光泩是南京雨花台抗日外交九烈士之一，两位好朋友在清华英烈纪念碑上相聚了。杨光泩位于纪念碑的第一位，第二位是闻一多，陈三才列第五位。

每年的清明节，清华学子都会向他们的英烈学长致敬，而万泉河边的这座英烈碑也在向学子们述说着一段又一段的悲壮故事。

陈三才的名字终于被刻上了清华英烈纪念碑，陆宜泰在得知这一消息时，激动得热泪盈眶，既为陈三才，也为他自己。

此后，陆宜泰并未停下为陈三才正名的脚步，持续奔走呼吁。2014年12月8日，经江苏省民政厅请示民政部优抚局烈士褒扬处同意，认定陈三才为烈士。这天，陆宜泰将江苏省民政厅认定陈三才为烈士的电子文档分别发给了国内外陈三才的亲属。

又一个秋天来了。陆宜泰先生端坐在书桌前，窗外的树叶仍然绿中带黄。他的眼睛盯着电脑屏幕，手中的鼠标上下滚动，屏幕上终于跳出了"中华人民共和国退役军人事务部"页面，随之一行醒目的文字也跳了出来："退役军人事务部关于公布第三批著名抗日英烈、英雄群体名录的公告——为隆重纪念中国人民抗日战争暨世界反法西斯战争胜利75周年，经党中央、国务院批准，现公布第三批185名著名抗日英烈、英雄群体名录。"陆宜泰有些激动，手中的鼠标滚动得更快，由于激动，翻过185个名字之后，没有看到"陈三才"的字样。他又把名单翻到最前面，放慢了速度，一个名字一个名字地看，看到第71个名字时，终于看到了一行字："陈三才（1902—1940），上海联青社社长、清华同学会会长。"

陆宜泰激动地盯着屏幕上的"陈三才"三个字，久久不愿离开。他知道，陈三才是目前为止昆山市唯一荣获"全国著名抗日英烈"称号的人。

陆宜泰给清华大学复函的时间是1999年9月3日，而公布第三批著名抗日英烈的这天是2020年9月3日，陆宜泰为陈三才申烈走过了整整 21 个春秋。这 21 年，几乎是陆宜泰生命中最年富力强的年华，从壮年走进了老年。他说，陈三才最终被追认为烈士，这一切的付出，值，很值。

2024 年 12 月 21 日完稿